国家社科基金
GUOJIA SHEKE JIJIN HOUQI ZIZHU XIANGMU
后期资助项目

# 改革开放 40 年中国经济转型绩效的理论与实证研究

陈丹丹　著

学习出版社

**图书在版编目（CIP）数据**

改革开放 40 年中国经济转型绩效的理论与实证研究 /
陈丹丹著．-- 北京 : 学习出版社，2024. 12. -- ISBN
978-7-5147-1283-4

Ⅰ．F121.21

中国国家版本馆 CIP 数据核字第 2024VC3078 号

改革开放 40 年中国经济转型绩效的理论与实证研究
GAIGE KAIFANG 40NIAN ZHONGGUO JINGJI ZHUANXING JIXIAO DE LILUN YU
SHIZHENG YANJIU

陈丹丹　著

责任编辑：王振宁
技术编辑：刘　硕
封面设计：杨　洪

出版发行：学习出版社
　　　　　北京市崇外大街11号新成文化大厦B座11层（100062）
　　　　　010-66063020　010-66061634　010-66061646
网　　址：http://www.xuexiph.cn
经　　销：新华书店
印　　刷：北京市密东印刷有限公司

开　　本：710毫米×1000毫米　1/16
印　　张：17.5
字　　数：296千字
版次印次：2024年12月第1版　2024年12月第1次印刷

书　　号：ISBN 978-7-5147-1283-4
定　　价：38.00元

如有印装错误请与本社联系调换，电话：010-66064915

# 国家社科基金后期资助项目

## 出版说明

后期资助项目是国家社科基金设立的一类重要项目，旨在鼓励广大社科研究者潜心治学，支持基础研究多出优秀成果。它是经过严格评审，从接近完成的科研成果中遴选立项的。为扩大后期资助项目的影响，更好地推动学术发展，促进成果转化，全国哲学社会科学工作办公室按照"统一设计、统一标识、统一版式、形成系列"的总体要求，组织出版国家社科基金后期资助项目成果。

全国哲学社会科学工作办公室

# 前　言

改革开放 40 年以来中国经济转型取得了举世瞩目的成就，党的十九大报告明确指出，"中国特色社会主义进入新时代"，在回顾改革开放 40 年发展历程的同时提出了高质量发展战略，中国经济开始了从数量型的增长阶段向质量型的发展阶段转变。党的二十大报告提出，"推动经济实现质的有效提升和量的合理增长"，这充分说明中国特色社会主义进入新时代以来我国实现高质量发展的决心。在以习近平同志为核心的党中央坚强领导下，我国深入贯彻落实新发展理念，以中国式现代化推进中华民族伟大复兴。回顾改革开放 40 年经济改革的历史进程可以看到，在经济转型的初期，追求数量型的经济增长方式在实现了经济高速增长的同时也对生态造成了破坏，限制了经济可持续发展的动力，并逐渐成为制约长期经济转型绩效提高的瓶颈。而新发展理念认为人、自然和社会是有机统一的整体，在经济转型中人、自然和社会是密不可分的，因此在研究改革开放 40 年经济转型的过程和特征时，坚持以新发展理念为导向对经济转型绩效展开科学的研究和评价，这对推动实现低成本、高质量的经济转型有重要的现实意义。基于这个研究理念，本书在写作过程中通过对改革开放 40 年以来中国经济转型的阶段性特征及其绩效表现进行"诊断"，精准找出影响经济绩效的硬约束，并在未来转型深化的过程中直接以其为目标解决现实发展问题，实现经济可持续发展。这对于推动构建现代化经济体系，更好地实现经济转型的目标，跨越中等收入陷阱，实现共同富裕和创新驱动的经济发展方式转型等尤其重要。

自 20 世纪 80 年代起，原社会主义国家由于计划经济所面临的效率困境，开始大规模地转向市场经济体制。这场经济转型的浪潮涉及了世界范围内的 30 多个国家和地区，涵盖了苏联、东欧 12 国以及中国、越南等国，影响到了大约 1/4 的世界人口。经济转型以来，各国经济转型道路差异很大，绩效迥异，对经济转型的认识也呈现出显著差异，如何评估经济转型绩效，以便推动并深化下一步经济转型成为转型经济学一个重要命题。本书试图通过建立经济转型绩效的成本—收益分析框架，从而科学地评估中国改革开放 40 年来经济转型的绩效。国内外相关研究成果在很大程度上深化了对经济转型绩效的认识，但是不同国家由于经济转型任务、初始条件以及所处的发展阶段不同，构成其市场运行的制度基础也不一致，因此传统惯用的比较研究方法缺乏相应的科学性。而且一些经济转型绩效评价缺乏可操作的量化指标，主观评价的成分较大。同时，市场化改革并不是中国经济转型过程的全部内容，用市场化改革的速度和程度来衡量中国经济转型绩效难免缩小了对经济转型的认识。因此，在对以往有关经济转型绩效研究的文献进行梳理的基础之上，作者将从一个新的视角提出关于经济转型绩效的成本—收益分析框架，并以此分析框架为理论基础构建经济转型绩效的评价模型，实现对经济转型绩效较为全面的科学评价。

中国经济转型带来的大规模制度变迁在取得收益的同时必然付出一定的成本，中国经济转型 40 年来取得了巨大的成就，但随着中国经济向新时代迈进，原来被推迟、忽略的矛盾日益显现，随着社会主要矛盾转变为人民日益增长的美好生活需要和不平衡不充分的发展之间的矛盾，经济转型的不平衡不充分背后的经济转型代价成为目前不得不关注和需要着力解决的重要问题。在界定经济转型成本的内涵和分析维度的基础上，通过设计经济转型成本的测度指标体系，采用 AHP 统计技术方法测度了 1978~2017 年中国经济转型成本的综合指数。在此基础上结合使用 HP 滤波法、Fisher 最优分割法以及指数平滑法分析了改革开放 40 年来中国经济转型成本的整体变动趋势及阶段性变化特征，并对未来经济转型成本的变化趋势作出预测，与此同时采用相同的方法对中国经济转型收益的演变趋势进行研究。

在分别得到中国经济转型成本和经济转型收益各自变化趋势的基础上，根据成本—收益分析方法建立了经济转型绩效的综合评价模型与指标体系，在建立了相关研究的理论基础并归纳了测度方法后，采用熵值法确定权重从整体上测度了 1978~2017 年中国经济转型绩效的时序变化规律和阶段性变动特征。同时，根据所收集与估算出的全国范围内部分省、自治区、直辖市的面板数据研究了区域经济转型绩效的地区性差异和空间分布特征，进而最终完成了转型绩效的综合量化评价。这一工作具有一定的创新性，为综合评价改革开放 40 年以来全国范围内部分省、自治区、直辖市的经济转型绩效及其差异程度作出了努力和尝试。

实证研究的结果显示中国经济转型的综合绩效正在逐渐释放出来，中国经济转型已经进入一个全新的历史阶段。新时代以来，中国经济转型正在从以往关注经济转型效率和收益为重点的生存型转型模式向关注公平与可持续发展为重点的发展型转型模式转变。新时代的经济发展更加注重协调一体化、共享和融合，构建更加创新的经济社会发展体系，因此需要着力解决好经济转型的成本问题，解决经济发展中不平衡不协调的问题，在保持收益递增的前提下走上一条低成本的经济转型发展道路。

为了解决当前经济转型面临的困境及不平衡不充分发展的问题，要求开辟一条低成本视角下的经济转型之路。在有关经济体制、技术创新、市场化改革和经济发展战略等相关方面构建低成本高质量视角下的经济转型制度体系，同时通过控制和合理分摊逐渐激升的经济转型成本来促进经济转型绩效实现可持续增长。本书分别从成本控制与成本分摊的角度设计了新时代低成本经济转型的路径选择，为新时代实现社会公平和经济可持续发展提供了理论支持。经济转型成本是否能够合理分摊是新时代社会各利益团体在承担经济转型的代价时能否获得相对公平的重要影响因素。经济转型成本的合理分摊需要依靠与之相适应的制度安排来实现。新时代构建低成本经济转型路径的政策取向必须注意处理好效率与公平的关系，使更多的人能够分享经济转型的成果，并以实现人民福祉作为政策设计的长远目标。

基于实证分析的结果和对经济转型存在问题及原因的分析，本书研究了新时代全面开放格局下中国经济转型的长效机制，随着经济进入新常态，中国经济转型一方面在国内推动供给侧结构性改革消化过剩产能，优化产业结构，另一方面对外提出共建"一带一路"倡议，打开了全面开放的新格局。在这一时代背景下，经济转型发展进入新的历史阶段，立足开放经济条件下结合内外优势互补的原则建立低成本经济转型长效机制，加强国际合作建立经济发展的命运共同体，提高资源的国际配置效率，提高我国经济发展的国际竞争力，推动经济转型突破瓶颈期，真正实现以创新驱动经济增长的转型目标。最后，对于经济转型中存在的一些不可量化和测度的成本问题也进行了一些分析和研究，这些不可测度的成本问题真实存在于经济转型的过程之中并影响着经济转型绩效，本书最后一部分尝试着从马克思主义政治经济学的研究视角和方法出发，将诸如低成本经济转型的经济伦理原则以及价值导向对经济转型绩效的影响纳入研究中，以阐明当前及未来中国经济转型中的制度激励问题。这对提高经济转型的微观经济效率和建立以诚信为基础的市场经济体系具有重要的现实意义，中国经济转型的微观主体是社会主义制度下的企业和劳动者，社会主义核心价值观为促进和提高经济转型绩效提供了来自经济伦理方面的保障，也为矫正可能产生的摩擦成本提供了依据。

# 目　录

# Contents

# 绪 论

## 第一节 研究背景及意义

自 20 世纪 80 年代开始，原社会主义国家基于计划经济效率困境纷纷放弃计划经济制度向市场经济体制转型。这场大规模的经济体制转型涉及世界 30 多个国家和地区，包括苏联、东欧 12 国，加上中国、越南等国，全世界约 1/4 的人口卷入了这场变革探索①。经济体制转型 40 年来，各国转型道路差异很大、绩效迥异，对转型的认识也不尽相同，如何评估经济转型绩效，以便更好地深化未来的经济转型是转型经济学一个重要命题。本书从成本视角出发，分析中国经济转型的收益与成本，并科学地评估中国经济转型的综合绩效与地区时序差异。

### 一、研究背景

（一）背景之一：各转型国家经济增长表现不一

从转型的路径来看，各转型国家大致走了两种不同道路，一种被称为"大爆炸式"的激进转型，按照预先设定的路线迅速推翻原制度而建立新制度，试图最大程度地降低转型成本，提高经济效率；另一种则是"渐进式"转型，承认传统计划经济体制的部分历史合理性，认识到市场经济与原来的计划经济体制不仅有矛盾的一面，而且有兼容的一面。实行分步推进，双轨过渡战略，在探索与实践中建立适应国情的市场经济体制。就长久来看，这两种不同的经济转型道路所表现出的经济转型绩效走势究竟如何不好妄下结论，但就目前来看，这两种迥异的经济转型路径导致的经济绩效差异很大。表 1 显示的是经济体制转型 40 年来 6 个主要转型国家经

---

① ［波］格泽戈尔兹·W·科勒德克：《从休克到治疗——后社会主义转轨的政治经济》，刘晓勇、应春子等译，上海，上海远东出版社 2000 年版，第 1 页。

济增长率。我们可以看到中国经济除 1989 年、1990 年外均处于高速增长
状态，年均增长率为 9.5%；然而东欧主要转型国家增长比较缓慢，在有
些年份甚至为负值，1998 年东欧主要转型国家加权平均国内生产总值只
达到了转型前的 67%。近些年随着国际能源市场的大幅上涨，东欧各国
和俄罗斯经济增长得到了一定程度的恢复。1999 年以来，俄罗斯经济增
长趋势较快，许多学者认为这是其制度变革的后期效应，但实际上，俄罗
斯受能源市场波动的影响及近些年不断调整其政治经济政策，从"休克"
到"治疗"，实行可控民主与可控市场经济，使制度能够不断契合其民意，
这可能是俄罗斯经济增长最主要的原因。

**表 1　1988~2017 年 6 个主要转型国家经济增长率**

| 年份 | 中国 | 捷克 | 波兰 | 罗马尼亚 | 俄罗斯 | 乌克兰 |
|------|------|------|------|----------|--------|--------|
| 1988 | 11.3 | 2.0 | 3.3 | −0.5 | — | — |
| 1989 | 4.1 | 4.5 | 3.8 | −5.8 | — | — |
| 1990 | 3.8 | −1.2 | −7.2 | −5.6 | — | — |
| 1991 | 9.2 | −11.5 | −7.0 | −12.9 | — | — |
| 1992 | 14.2 | −3.3 | 2.0 | −8.8 | — | — |
| 1993 | 14.0 | 0.6 | 4.3 | 1.5 | −8.7 | −14.2 |
| 1994 | 13.1 | 3.2 | 5.2 | 3.9 | −12.7 | −22.9 |
| 1995 | 10.9 | 6.4 | 6.7 | 7.1 | −4.1 | −12.2 |
| 1996 | 10.0 | 4.2 | 6.2 | 3.9 | −3.6 | −10.0 |
| 1997 | 9.3 | −0.7 | 7.1 | −6.1 | 1.4 | −3.0 |
| 1998 | 7.8 | −0.8 | 5.0 | −4.8 | −5.3 | −1.9 |
| 1999 | 7.6 | 1.3 | 4.5 | −1.2 | 6.4 | −0.2 |
| 2000 | 8.4 | 3.6 | 4.3 | 2.1 | 10.0 | 5.9 |
| 2001 | 8.3 | 2.5 | 1.2 | 5.7 | 5.1 | 9.2 |
| 2002 | 9.1 | 1.9 | 1.4 | 5.1 | 4.7 | 5.2 |
| 2003 | 10.0 | 3.6 | 3.9 | 5.2 | 7.3 | 9.6 |
| 2004 | 10.1 | 4.6 | 5.3 | 8.5 | 7.2 | 12.1 |
| 2005 | 10.4 | 6.5 | 3.6 | 4.1 | 6.4 | 2.7 |
| 2006 | 11.1 | 6.4 | 6.1 | 7.7 | 6.7 | 7.1 |
| 2007 | 11.5 | 5.6 | 6.6 | 6.3 | 7.0 | 6.7 |

续表

| 年份 | 中国 | 捷克 | 波兰 | 罗马尼亚 | 俄罗斯 | 乌克兰 |
|------|------|------|------|----------|--------|--------|
| 2008 | 9.0 | 4.2 | 5.0 | 7.1 | 5.6 | 2.6 |
| 2009 | 8.7 | 1.7 | 1.7 | −5.52 | −7.8 | −15.14 |
| 2010 | 8.7 | 1.8 | 2.0 | −3.9 | −2.1 | 4.1 |
| 2011 | 9.2 | 1.7 | 4.3 | 2.5 | 4.3 | 5.5 |
| 2012 | 7.7 | −0.8 | 1.9 | 1.9 | 3.4 | 0.24 |
| 2013 | 7.7 | −0.48 | 1.6 | 3.5 | 1.3 | −0.03 |
| 2014 | 7.4 | 2.5 | 3.3 | 2.8 | 0.6 | −6.55 |
| 2015 | 6.9 | 5.31 | 3.84 | 3.7 | −2.83 | −9.77 |
| 2016 | 6.7 | 2.4 | 2.86 | 4.8 | −0.2 | 2.4 |
| 2017 | 6.9 | 4.5 | 4.6 | 7.0 | 1.5 | 2.36 |

（二）背景之二："华盛顿共识"的破产与"北京共识"的确立

"华盛顿共识"是建立在以下3个核心命题之上的：第一，政治制度的民主化是经济改革获得成功的必要条件，在经济体制改革的同时需要推进政治体制改革，建立宪政制度；第二，私有产权得不到确立，企业不会对市场信号作出反应，而且存在严重的机会主义行径，大规模私有化、确立私有产权是前提之一；第三，宏观需要创新，否则经济体制转型不可能成功，需要宏观经济政策的创新提供制度保障。以这种思路指导的经济体制转型结果让人大跌眼镜，正如热若尔·罗兰概括的那样，"经济学家事先没有预料到价格自由化和宏观创新化之后产量的大幅度下降；私有化的结果导致了'内部人'控制；有组织的犯罪活动显著增长，俄罗斯的黑手党现象严重；如此多的国家分崩离析"[①]。虽然推崇"华盛顿共识"的经济学家认为中国转型绩效取决于中国经济转型的初始条件，即工业化程度低、经济不发达和模仿资本主义工业化，而与转型的路径和政策无关；他们推断中国经济转型获得的绩效是有限的，模仿的空间越来越小，并将其归因于经济体制转型过程中没有建立宪政制度；而像俄罗斯那样实行宪政规则的彻底改变所造成的短期经济下滑将会带来持续繁荣。[②] 然而，我们

---

[①] ［比］热若尔·罗兰：《转型与经济学》，张帆、潘佐红译，北京，北京大学出版社 2002 年版，第 18 页。

[②] Jeffrey Sachs、胡永泰、杨小凯：《经济改革和宪政转轨》，《经济学》（季刊）2003 年第 3 期。

不能忽视"华盛顿共识"对各转型国家经济造成的伤害,而漠视中国经济转型所取得的成绩,因为制度变迁是一个长期过程,也是一个不断学习即"干中学"的制度创新过程,以新自由主义为基础的"华盛顿共识"受到了广泛的批评,而中国经济高速增长的奇迹让世界范围内许多经济学家重新审视中国经济转型的道路,从而提出了"北京共识"。"北京共识"的确立在某种程度上动摇了新古典主义经济学理论,确立了以分步改革、示范效应、诱导变迁、政策引导的一种独具特色的制度变迁路径。

（三）背景之三：中国经济转型进入了新时代

既然中国采取的是渐进式转型策略,那么中国经济转型也应当具有阶段性的特点。中国的经济转型总体上可以划分为 4 个阶段：从 1978 年党的十一届三中全会到 1992 年党的十四大,打破计划经济体制并逐步建立社会主义市场经济体制的改革目标,这是转型初期；从 1992 年党的十四大到 2003 年党的十六届三中全会,初步建立起社会主义市场经济体制基本框架,这是转型的中期阶段；自 2003 年党的十六届三中全会以后,中国经济转型的任务是完善社会主义市场经济体制,这意味着中国已进入了转型新阶段；从 2012 年党的十八大对中国特色社会主义发展阶段作出了新的重要判断,为全面建成小康社会打下了坚实基础,2017 年党的十九大指出,中国特色社会主义进入新时代,我国社会主要矛盾转化为人民日益增长的美好生活需要和不平衡不充分的发展之间的矛盾,再到 2022 年党的二十大报告提出,"以中国式现代化推进中华民族伟大复兴","建设现代化产业体系","坚持把发展经济的着力点放在实体经济上","加快发展数字经济,促进数字经济和实体经济深度融合,打造具有国际竞争力的数字产业集群"。① 这进一步说明中国经济体制已经从传统时代走向现代化,中国已经完全进入了转型的新阶段。因此,回顾中国经济体制转型 40 年的历程并对其进行特征分析,有利于及时诊断经济转型中的突出矛盾和问题,并以解决这些问题作为促进长期经济发展的政策任务。由于我国采取了渐进式经济转型道路,转型过程中一些原来被推迟、掩盖、隐藏的问题也逐渐开始显现。随着中国特色社会主义进入新时代,经济社会不断发展,经济体量不断扩大,人民日益增长的美好生活需要使得当前经济转型面临异常艰巨的任务。例如国有企业既依赖市场又依赖政府,公有制

---

① 习近平：《高举中国特色社会主义伟大旗帜　为全面建设社会主义现代化国家而团结奋斗——在中国共产党第二十次全国代表大会上的报告》,北京,人民出版社 2022 年版,第 7~30 页。

与市场经济兼容性问题比较突出；资本市场、土地市场和劳动力市场的双轨制，造成要素价格的扭曲和价格信号的失真，不利于提高资源配置的效率；中央和地方行政权力转化中的冲突似乎也有加剧的趋势，以至于有不少人担忧中国经济会不会掉进经济停滞、失业严重、腐败横行、贫富分化和社会动荡等问题并发的"拉美陷阱"，出现权力和资本相互渗透、转化、控制和结合的所谓"权贵资本主义"。

（四）背景之四：经济转型的道路充满了不确定性与风险

在世界范围内，无论是对经济增长比较快的中国、匈牙利、捷克等国，还是对增长较慢的俄罗斯、乌克兰等国而言，经济转型都没有结束，虽然上述国家建立起了市场经济体制的基本框架，但经济转型的基础并不稳固，转型过程中仍充满了不确定性与风险。这种风险来自以下 3 个方面。第一，经济转型中产生的经济转型成本。经济转型从本质上来看是各种利益不断博弈和分配的过程，这决定经济转型绝不可能是一种朝向"帕累托最优"的福利改进过程，而本质上是一部分人利益受损而一部分人的利益增大或者不变的过程。因此，经济转型将不可避免地会产生一定的成本和代价。经济转型成本需要消化、吸收与分担，而不可能完全消除。一旦经济转型成本积累足够大，而又没有合理的分担和消解机制，那么将对经济转型绩效产生很大的影响，甚至影响转型已取得的成绩。第二，政治约束。政治约束包括事前约束与事后约束，事前约束主要指的是对改革策略可行性的约束，意味着对改革方案必须进行妥协，需要制定对受损者补偿的政策方案；事后约束则是指决策已经制定并在看到结果以后的反作用和逆转约束，与它相联系的是改革是否具有可逆转性。这两种约束的存在使得经济转型表现为一个信息不对称下的动态博弈过程，其间伴随着讨价还价的过程，这意味着经济转型策略需要在改革的可接受性与不可逆转性之间谋求一个均衡。均衡是多重的、不固定的，因此转型也就具有不确定性。第三，国际经济形势的不断变化。国际经济形势对当今世界经济运行产生了很大影响，一个国家不可能在封闭中转型，而需要借助国际力量推动，在开放中实现经济体制转型、资源配置效率的提高。然而，开放的环境也为经济转型带来了一定程度的外部冲击和外部风险，一旦处理不当将可能对经济造成重大打击，例如越南原被投资机构视为中国之外最佳投资地，但由于其内部经济结构失衡，农业发展缓慢，面临土地资源短缺和气候变化及自然灾害的威胁，制造业缺乏创新能力和核心技术，难以跟上全球产业链的转型升级，同时本国经济又过度依赖进出口，对国际市场的波动敏感度高，难以形成自主的竞争优势和品牌效应，加之外资投资疲软等原因，导致越南经济在短期繁荣后快速衰退，经济增速陡然下降。

## 二、研究意义

根据上述分析，可以判断中国经济转型在改革开放 40 年以来已经取得了优异的成绩，但经济转型远未结束。当前，经济转型绩效的优异并不能确保在国际经济环境剧烈变动和贸易保护主义在全球范围内重新抬头，技术引进及核心零部件进口受限的新背景下，中国经济进入新常态后仍然会遵循同样的路径继续演进。事实上，随着中国进入经济转型的新阶段，过去经济转型中一些长期被推迟、忽略、隐藏的问题正在逐步显现，它们将会以累积、转移的方式在后续的经济转型过程中或者转轨结束时反映出来，从而对最终经济转型绩效评价产生矫正作用[①]。如何客观评价中国经济转型的综合绩效，分析并持续关注经济转型成本的变化与演变规律，及时控制经济转型成本，合理分担经济转型费用，并推动其他层次的转型，是下一步中国经济转型所必须面对的问题。从成本视角来分析转型绩效具有以下两个意义。

（一）理论意义

第一，就研究内容而言，转型绩效是转型经济学研究相对薄弱的环节，目前还没有形成完善的理论体系。如何认识经济转型绩效，分析经济转型成本与收益的变化，以便指导下一步经济转型策略是理论研究的一个命题。同时，在目前的相关研究中理论论述的方法最为常见，实证检验的方法较少，这意味着关于经济转型绩效的实证研究具有较为广泛的空间，有待进一步尝试和探索。本书正是在前人积累的理论研究成果之上运用数理统计工具对中国改革开放 40 年来的经济转型绩效评价作出新的实证检验，努力在评价大规模制度变迁过程中，在涉及综合经济转型绩效问题的量化方法上作出尝试和贡献。

第二，就方法论而言，之前的研究大都是从经济转型结果的角度出发，运用比较分析方法，尤其是通过中俄比较来评价和肯定中国经济转型绩效。尽管比较研究方法能够直观观察不同经济体的经济转型绩效表现，但是也忽略了二者之间因转型任务、初始条件等方面的不同可能对经济转

---

① 吕炜：《经济转轨理论大纲》，北京，商务印书馆 2006 年版，第 552 页。

型绩效产生的约束，也就是说，各国市场经济制度的具体条件和政策并不是同质的，因此评价不同国家经济转型绩效应当具有不同的"参照系"和指标体系。事实上，目前中俄之间的绩效比较都是基于中短期分析，但从长期视角来看很难给出中国经济转型绩效一定优于俄罗斯经济转型绩效的判断，即便如此也应当有实证分析的结果提供真实而充分的论据。尽管经济转型绩效相当于经济转型收益与经济转型成本的综合分析，从本质上看也是比较方法，但是只有经济转型收益超越经济转型成本，转型经济体获得了真实的净利润时，经济转型绩效才会表现为综合的提高，这种以经济学成本收益分析方法及量化实证研究为基础的比较分析显然是更符合逻辑和具有说服力的。因此，本书认为分析经济转型绩效应当从转型经济体本身的特殊性出发，通过建立量化评价的指标体系来分别考察转型经济体在制度变迁中所付出的经济转型成本与取得的经济转型收益，只有将成本与收益综合比较的结果作为反映转型经济绩效的依据，才更加符合转型经济体的经济转型实绩。

（二）现实意义

第一，经济转型作为一种大规模制度变迁的过程，本身既产生收益也带来成本，因此如何认识目前的经济转型绩效十分关键，这关系到中国对过去经济转型道路的认识及对经济转型深化阶段策略的选择。第二，经济转型成本必须引起人们的高度重视。经济转型中产生的成本是不可逆转的，然而经济转型成本究竟让谁承担、如何承担是可以改变的。从群体来看，在改革开放的初期和中期经济转型成本主要由农民和工人承担了[1]，在户籍制度、财税体制、社会保障、征地制度等一系列城市偏向政策的作用下，生产要素由农村不断流向城市，城市则以较低的成本实现了城市化发展，而农业自 20 世纪 90 年代初之后增长缓慢，城乡收入差距不断拉大。工人承担的经济转型代价体现在国有企业改革时产生的大量下岗职工方面；从区域来看，经济转型成本则主要是中西部地区承担了，在区域非均衡发展策略下，中西部以资源、资金、人才等支持了东部发展，而中西部广大地区则发展相对缓慢，尽管国家实施西部大开发战略，但受到广大西部欠发达地区落后的健康、医疗、教育等软约束的限制，使得国家对这一地区的基础设施和资金投资无法充分释放出应有的效率和生产力水平，

---

[1] 陆铭：《谁在承受经济转型的代价——评〈经济转型的代价〉》，《经济学》（季刊）2005 年第 3 期。

导致东西差距尤其是城乡差距的扩大。因此，研究经济转型成本，合理分担转型费用，无疑对促进经济高质量发展推动社会和谐具有重要意义。

## 第二节　研究思路和主要内容

### 一、研究思路

　　从上述分析来看，无论从哪个角度研究经济转型绩效都可以把它归结为转型收益与转型成本的综合分析，即转型在多大代价的基础上取得了收益，这种定义是合乎逻辑的。如果把经济转型绩效定义为经济转型收益和转型成本的比较分析，那么核心问题就是建立经济转型成本函数及转型收益函数，考察经济转型成本、收益的变化及对绩效的影响。从对经济转型收益的研究来看，许多学者用经济增长率来代替，本书认为这种思路是具有较强局限性的，因为虽然经济增长一方面来自转型，但更多的是来自经济转型的优良制度安排所引起的经济体制转型、经济结构转型、经济发展方式转型和经济全球化转型等推动的共同获得的综合收益，所以在建立收益函数的过程中必须充分考虑到中国特色社会主义基本经济制度包含的经济体制转型、经济结构转型、经济发展方式转型以及经济全球化转型对经济转型收益产生的各方面影响。当然，中国的经济增长与社会主义基本经济制度的不断完善都是经济转型收益的表现，这部分可以考虑用市场化指数及现代化指数来作具体的时间序列分析。

　　目前，对经济转型成本则主要是按照实施成本与摩擦成本来区分并分析，这种方法的优点是充分考虑了不同经济转型策略对经济转型成本的影响，缺点则是很难建立可以量化的数量评价指标来客观全面地描述经济转型成本。作者拟建立经济转型的成本函数，考虑经济转型策略等对经济转型成本的影响。当然，经济转型成本的表现则是收入差距的扩大、寻租、机会主义等，这些都是经济转型成本的结果及表现，也可以考虑作具体的时间序列分析。

### 二、研究内容

　　本书研究的内容可以概括为成本视角下的经济转型绩效分析。总体上可以概括为以下两个层次的内容。

　　第一个层次是根据对以往经济转型绩效评价方法的研究提出一种不同以往的评价经济转型绩效的分析框架，即成本—收益分析。改革开放以来中国经济体制改革已经走过了 40 年的光辉历程，经济转型也在持续推进，那么如何评价中国经济转型绩效，目前还没有统一的范式。这一方面与中国经济转型过程的特殊性有关，另一方面也与转型经济学作为独立的经济学分支时间较短有关。目前，比较流行的范式是比较研究，尤其是通过中俄比较从而直接得出中国经济转型绩效优异，但是这种范式的逻辑有待完善。由于不同国家之间转型的初始条件、路径、策略都不同，因此结果视角的比较分析也就很难用一个国家转型绩效的好坏来评价另一个国家转型的优劣。本书认为经济转型绩效等于经济转型收益与经济转型成本的综合分析，依照这个思路，就可以从逻辑上建立一种评价经济转型绩效的成本—收益分析框架。

　　本书把经济转型绩效定义为经济转型收益与转型成本共同形成的结果，那么衡量综合绩效就需要确定这两个变量。关于经济转型成本和经济转型收益这两个关键性概念的界定和度量，本书以改革开放 40 年来中国经济转型的关键方面作为选取评价维度的客观现实依据，通过建立指标体系的方法来开展综合量化研究。经济转型成本与经济转型收益的决定不是单一因素，而是各种因素交织在一起，这就需要考虑不同因素对其经济转型成本和经济转型收益的影响。通过对现有文献的研究，我们发现目前对于经济转型成本这一概念的界定，学术界主要将转型成本分为摩擦成本和实施成本，这种分析范式无疑能够从理论上分析渐进式转型与激进式转型在转型过程中发生成本的不同。但也存在着缺陷，例如渐进式转型过程中的实施成本是否一定大于激进式转型过程中的实施成本？在现实转型中很难找到依据。这种分析方法是一种理论抽象，很难计量。本书试图突破这一分析范式，建立能够更加与实际经济转型相符合的经济转型成本的度量方法。结合数理分析方法，观察其变化，从总体上分析经济转型成本、经济转型收益和经济转型绩效的特点。

　　第二个层次是建立中国经济转型的成本—收益模型，通过研究中国经济转型过程中成本的变化、收益的变化，对中国经济转型的绩效作出检验和解释。并且试图结合现实中已经发生的经济转型实践，来预测中国经济转型未来走势的变化。根据以上的研究，这里提出了一个关于低成本视角下中国经济转型路径选择的问题。研究经济转型绩效的目的不仅仅在于评价过去转型绩效如何，更在于今后如何进行转型，以便降低经济转型成本，增加转型收益，提升经济转型综合绩效。这不仅具有理论意义，而且具有重要的现实意义。毋庸置疑，中国经济转型目前的成本越来越高，应当如何控制和化解经济转型的经济成本，提高转型的收益？为了寻求这一答案，必须解决好经济转型成本的控制和分担，才能在进一步推进和深化经济转型的过程中，找到更好的解决路径，最终提高经济转型绩效，实现经济的高质量发展。

## 第三节　基本理论和研究方法

### 一、成本—收益分析方法

从经济综合表现和走势来判断经济转型绩效的思路无疑是对的，因为经济转型的目的即追求较高的资源配置效率。但以短期经济增长来代替转型绩效却在方法论上站不住脚，如果我们把经济增长看作转型收益，那么这些收益是以多大的代价取得的则是我们不得不考虑和不能回避的重要问题。因此，成本—收益分析方法应当作为研究经济转型绩效的一个基本分析方法，当然这里有一个前提假设，即经济转型成本与收益是可以量化的。

### 二、动态分析方法

把经济转型成本分为实施成本和摩擦成本，这是一种静态分析方法。无论对于激进式还是渐进式的转型而言，经济转型都必将是一个长期过程，其经济成本的变化随着经济转型的深入也会发生波动，所以在分析经济转型成本的时候必须从动态角度来分析，对经济转型收益和经济转型绩效的评价也应如此。

### 三、数理分析方法

主要用于在各种约束条件下，经济转型成本、经济转型收益与经济转型绩效如何变化；放开约束条件或者改变约束条件，分析长期转型成本、收益或绩效会怎样变化。

### 四、制度分析方法

转型经济学在本质上属于制度经济学的一个分支，在本书中对经济转型成本的控制、分担，以及低成本经济转型的路径政策取向方面都要用到制度分析方法。

## 第四节　可能的创新之处

概括起来，本书的创新点主要体现在以下 3 个方面。

### 一、经济转型绩效的研究思路

从目前对经济转型绩效的研究来看，学术界主要采用比较分析方法，尤其以中俄之间的比较为主，但是正如前面所分析的那样，中俄之间的比较分析存在逻辑上的缺陷：一是忽视了两者在转型初始条件等方面的差异；二是这种评价方法是基于短期分析的基础上作出的，缺乏一般意义上的理论说服力，这两个缺点使其无法在方法论上自圆其说。本书采用经济学经典的成本—收益分析方法来分析中国经济转型绩效是一种可量化的研究尝试，通过建立中国经济转型绩效的成本—收益分析框架，为研究中国经济转型问题提出了一个基于成本—收益分析的可量化研究思路，同时这种分析思路从方法论层面来看也是较为成熟和完整的，因此具有较强的可行性。

### 二、对经济转型成本、经济转型收益的界定与度量

经济转型成本与经济转型收益是中国的过渡经济学派较早关注的问题之一，但截至目前，此领域内的研究较多集中在理论描述与抽象论证的层面上，对于经济转型成本与经济转型收益的概念未形成肯定而一致的认识，对经济转型成本的概念均有不同的理解和表述。对经济转型成本与收益的度量也没有具体展开和系统的研究，甚至以为不具有科学实证的可度量性质和开展实证研究的可能性。在这样的背景下，本书从一般意义上的成本概念出发，根据中国经济转型的特点界定了经济转型成本及其概念的内涵与外延，并在此基础之上，按照概念外延所涉及的内容构建了经济转型的成本函数，结合多元统计学的相关原理和方法探索了经济转型成本的测度问题，经济转型收益的概念界定与度量问题也按照这一逻辑完成。这一方面的创新和探索对于经济转型成本与经济转型收益的概念界定与度量问题的评价提供了一些可供参考的资料。

### 三、对中国经济转型绩效在成本视角下新的评价

以往对经济转型绩效的评价习惯用一国的经济增长率来代替，与改进绩效相关的政策建议也都是围绕经济增长这一单一目标而设计的，因此难免就存在治标不治本的政策性"后遗症"。本书立足成本—收益分析方法对经济转型绩效进行评价，与绩效相关的政策建议自然就应该落到影响经济转型绩效最显著的方面，即经济转型成本上来。这从源头上把握住了改善经济转型绩效的关键环节，通过设计降低、分摊和化解经济转型成本的相关对策为中国在经济转型深化阶段控制经济转型成本，步入低成本经济转型道路的改革实践提供一些理论探索。

## 第五节　研究框架

本书绪论综合介绍选题的背景、意义和研究方法；第一章为经济转型绩效研究的文献述评，全面梳理了中外对经济转型成本、经济转型收益、经济转型绩效的研究成果并对其进行分类整理和评价；第二章是一般性理论分析，为全文建立成本—收益的分析框架提供了理论依据；第三章、第四章及第五章为本书的实证研究部分，对经济转型成本、经济转型收益以及经济转型绩效进行了概念的界定和实证方面的测度分析与评价，是本书创新之处的主要体现；第六章、第七章对前面实证研究的结论进行了基于现实意义层面上的总结与解释，并提出了解决相关问题的对策；第八章是对当前经济转型过程中存在的一些因制度不健全不完善产生的矛盾和问题展开分析，例如数字经济发展过程中和谐劳动关系的构建问题，人工智能时代技术崇拜对生产关系的影响，收入差距拉大对实现共同富裕目标的影响，以及市场经济活动中出现的道德失序问题及其化解，这些矛盾和问题同样影响着经济转型的绩效，但是却难以进行量化测度，因此本书将这些问题归为不可测度成本问题的研究，希望弥补之前实证分析的不足之处，并引起学术界的重视，以便将来能够对其进行更深入的研究和评价；最后是总结，并提出了未来有待进一步研究的方向。

本书基本逻辑框架设计如下。

第一章为经济转型绩效研究的文献述评。通过对国内外学术界已有的关于经济转型绩效、经济转型成本和经济转型收益的研究成果进行文献综

述，在总结目前学术界研究成果的基础之上分析存在的缺陷，并以此提出本书的创新之处，通过将成本—收益分析法应用到经济转型绩效评价之中，突破当前研究疏于实证分析的问题，为本书对于经济转型绩效分析奠定理论基础。

第二章为经济转型绩效成本—收益分析框架的建立。这一部分的内容主要是通过对绪论研究背景和第一章文献述评的梳理而得出的，是在分析前人研究成果的基础上提出了一种新的评价经济转型绩效的思路——成本—收益分析法。按照成本—收益分析法的原则分别建立成本函数、收益函数以及成本—收益综合评价模型试图对经济转型绩效作出重新的概念界定和数量分析，因此从理论上论证了成本—收益分析法应用于经济转型绩效问题评价的合理性与可行性，成为统筹全文的基础性理论支撑部分。

第三章为经济转型成本的概念界定及度量。这一章在界定经济转型成本内涵的基础上，通过设计经济转型成本的测度指标体系，采用 AHP 统计分析法测度了中国改革开放 40 年来的经济转型成本综合指数，结合多元统计的技术方法分析了其指数的变动趋势和阶段性变化特征，并对未来经济转型成本作出了预测。

第四章为经济转型绩效的概念界定及度量。与第三章经济转型成本的分析一样，本章也是在对经济转型收益作出概念内涵界定之后，通过设计评价指标体系的方式采用统计学的相关技术方法计算得出经济转型收益的综合评价指数，并通过对该指数的进一步分解研究得出中国经济转型收益的变动特征和未来变动趋势。

第五章是经济转型绩效的成本—收益分析。主要是根据第三章和第四章的研究成果综合分析经济转型绩效的变动。为保持与之前研究的逻辑一致性，这一章是在对经济转型绩效作出概念界定的基础上，建立经济转型绩效的成本—收益度量模型，将经济转型绩效转换为在数量上可以进行量化分析的指标，通过综合指数测算法的应用，很好地解决了经济转型成本与经济转型收益的综合分析问题，从而使得经济转型绩效的成本—收益分析实现了理论与逻辑以及实证方法上的统一。第三章、第四章、第五章均为本书的数量实证分析部分，也是本书对中国经济转型绩效研究的主要创新之处，是对第二章提出的分析框架的具体展开和在实践应用方面的探索性研究。

第六章到第八章，是在结合中国经济转型实践的基础上对上述数量研究的结果所作的理论解释和实践意义上的说明。研究结果认为经过改革开放 40 年的经济转型，中国经济进入高质量发展阶段，当前面临的主要问题是不平衡不充分的发展背后较高的经济转型成本，因此应该对影响经济转型绩效的经济转型成本进行合理的控制和分摊，通过进一步深化和完善经济体制改革推动建立公平合理的成本摊销与补偿机制，使经济转型的收益得到合理分配，同时鼓励和促进经济发展方式朝新发展理念主导的新发展方式转变。最后还进一步总结了经济转型中存在的影响经济转型绩效的不可测度的成本问题，并对此运用马克思主义政治经济学的研究方法进行分析，在批判与超越的过程中提出这类不可测度成本问题得以解决的可行之路。

# 第一章　经济转型绩效研究的文献述评

## 第一节　经济转型绩效的文献综述

目前，关于经济转型绩效评价的思想与模型并未被理论界明确提出过，但是相关研究实际上一直在进行，并且主流的评价标准一直在发生转变。从"华盛顿共识"到"后华盛顿共识"，再到"北京共识"，这些共识在变迁过程中表象上似乎是人们对不同经济转型路径模式认可的转变，而其背后实质是关于绩效评价模式的转变。例如"华盛顿共识"和"后华盛顿共识"强调以是否达到预设指标体系来评价经济转型的成效，导致了部分转型经济体选择激进式转型模式；而"北京共识"强调以自身特点和历史实践为依据，重视经济转型的综合绩效，因而在实践中选择了适合中国国情和社会主义制度的渐进式转型模式。两种不同的转型绩效评价模式导致了不同的路径选择，并最终导致不同的经济转型绩效。

### 一、基于"华盛顿共识"转型绩效研究的文献综述

（一）思路之一：建立评价指标体系

欧洲复兴开发银行主要基于"华盛顿共识"和"后华盛顿共识"，编制了一套针对中东欧国家转型进程的定量测度指标[①]来反映各转型国家的经济转型绩效。这套评估方法主要包含经济自由化和制度创新的几个关键方面：企业发展、市场与贸易、金融体制和法律体系等制度转型和经济质量变化情况。

其中自由化程度代表着实现市场经济的程度；产权与企业改革主要包括私营部门产出占国内生产总值的比重、大企业私有化、小企业私有化、

---

① 孙景宇、张璐：《复苏与改革：中东欧尚未完结的转型之路——欧洲复兴开发银行 2010 年转型报告评述》，《俄罗斯中亚东欧研究》2012 年第 1 期。

农田私有化和住房私有化等方面；机构和社会政策主要包括法律和立法机构、金融部门、政府作用和管理、社会政策等方面。

国际货币基金组织在 2000 年的《世界经济展望：聚焦转型经济》中发布了对转型经济的专题报告。虽然报告中国际货币基金组织没有设计自己的评价指标体系，但是通过综合其他机构的指标以及自己的研究成果，更加强调转型经济的开放程度，强调全球经济体系对转型经济的影响和制约。在转型进程的评价方面，该报告不仅关注体制转型，而且关注转型国家的宏观经济表现，把经济增长、通胀率、失业率作为经济转型绩效的重要评价标准；不仅注重转型国家的经济体制转型，而且更加关注其经济发展状况。

此外，还有一些组织和机构针对转型经济的不同侧面，就某一专门领域对转型经济进程进行了研究，其中帕德玛·德赛博士主持完成的联合国大学及世界发展经济研究所研究项目《走向全球化：从计划向市场的过渡》独树一帜，该研究项目从苏联、中东欧和亚洲的主要经济转型国家的个案经济史出发，通过独到而精确的计量分析技术，用货币可兑换性、外贸自由化、外国直接投资等 5 项指标进行转型经济的国际比较，系统检验了各国经济的市场化转型进程和与世界经济的整合程度[①]。

另有学者（Irma Adelman and Cynthia Taft Morris）从金融制度发展、生产和贸易的资本改善程度、发展的现代化程度及领导阶层对经济发展影响程度的 4 个维度，29 个变量评价经济转型国家发展绩效[②]。通过对变量作统计上的方差分析，线性回归得出了国家绩效的特点，较好地区分了不同国家的绩效差别。结论是这种方法可以用来评价和预测欠发达国家的经济发展潜力。通过回归方程的建立结合采用最新的数据，可以分别计算出每个国家的特征得分，以此作为经济发展绩效评价的依据。它的意义在于可以用来评价经济转型过程中为提高发展能力为目的的国内改革和国外援助所共同产生的累积性效果。

雅诺什·科尔奈认为从经济的增长和绩效角度来分析比较经济转型问题是非常有益的。他从实际经济运行状况、制度、经济的外部环境、观

① ［英］帕德玛·德赛主编：《走向全球化：从计划向市场的过渡》，郑超愚校译，北京，新华出版社 1999 年版，第 6~9 页。

② Irma Adelman and Cynthia Taft Morris: *A Factor Analysis of the Interrelationship Between Social and Political Variables and Per Capital Gross National Product*, The Quarterly Journal of Economics, Vol 79, NO.4(Nov.1965), p555~578.

念和价值这 5 个方面比较分析了中国与东欧 8 个入盟国家的经济转型绩效①。

（二）思路之二：将经济转型与政治变革联系起来

Jeffrey Sachs、胡永泰、杨小凯认为制度转变的核心是宪政制度的大规模转变，经济转型只是制度转型的一部分，评价经济转型的最终标准应是宪政转型②。他们肯定以宪政转型为样本的俄罗斯经济转型道路，认为俄罗斯出现经济下滑的主要原因是基于以下两个方面。第一，宪政规则的改变对经济绩效的长期效应与短期影响并不一致。这些学者以法国大革命为例来阐释其影响，一开始法国大革命对经济产生巨大破坏，但宪政秩序的建立对法国长期经济发展具有正面影响。第二，宪政规则的转轨通常涉及许多阶段，分析转轨的单一阶段的全部影响虽然并非不可能但也十分困难，这些学者认为经济改革只是大规模宪政转轨的一小部分，不能用短期的经济绩效表现来评估宪政转轨的长期影响。

以上学者对中国经济转型的前途并不看好，其理由是：渐进主义提供的平稳收买既得利益者的权利与伴随渐进主义的双轨制制度化国家机会主义和寻租之间的两难冲突。向一个公正、透明、创新和确定的宪政制度规则转轨与双轨制不兼容。双轨制以任意决定的政府权力和不公正、不创新、不确定、不透明的游戏规则为特征。前者要求政府对游戏规则的可信承诺，而后者却以政府对游戏规则的不可信承诺为特征。双轨制也将不断通过制度化过程强化下列安排：一是政府官员同时是规则的制定者、执行者、仲裁者和参与者，这与必须使它们分离的宪政原则不兼容；二是中国已取得的成绩主要是对资本主义工业化进行模仿，改革开始的时候这种模仿的工业化潜力还很大，但随着改革的深入，这种模仿的潜在利润将日趋缩小，经济增长的速度将会下降。这部分学者研究的结论是经济转型伴随的双轨制使宪政转轨产生了非常高的长期代价，他们坚持认为如果没有认识到经济改革仅仅是大规模宪政转型的一小部分的话，对经济改革绩效的评估可能误入歧途。

## 二、基于"北京共识"转型绩效研究的文献综述

国内学者主要依据中国经济转型的特点进程，从"北京共识"角度来

---

① 雅诺什·科尔奈：《经济转型的比较分析》，《文汇报》2005 年 2 月 6 日。
② Jeffrey Sachs、胡永泰、杨小凯：《经济改革和宪政转轨》，《经济学》（季刊）2003 年第 3 期。

分析转型绩效，强调民众对市场经济体制的认识能力、学习能力和适应能力，以及经济转型绩效评价对下一步经济转型路径及模式的完善与深化，力求达到经济转型路径与客观条件的契合。

（一）思路之一：强调制度供给与需求的契合

孙景宇认为研究经济转型绩效不能只关注市场开放度等"量"的变化，还必须注重各种市场机制的构建以及转型深化阶段市场体系深化等"质"的变化①。他认为经济转型进程是一个相当宽泛的概念，不但包括市场化、自由化改革、市场机制建设等体制转型问题，还包括法治建设、宪政转型、社会转型等经济发展问题，单纯用市场化指数来关注转型进程是没有意义的，评价经济转型绩效更多应关注市场化背后的制度安排的变化。

姚先国、郭东杰认为制度供求是否相对均衡决定了经济转型的绩效②。任何制度都与参与人的思想观念、认知水平和行动能力相关，都必须得到参与人的认同。新制度能否成功，最终取决于参与人的实际博弈行为。苏联、东欧地区国家的激进改革之所以在经济绩效的意义上失败，是因为这种制度尽管得到了某种形式的认可，但却超出了绝大部分参与人的认知水平和行动能力。在渐进式改革的过程中使参与人获得学习机会，形成理性预期，提升博弈能力，建立起与当时的博弈主体能力相适应的制度安排和规则，使制度供给与制度需求相互调整、相互适应。胡键比较分析了叶利钦时代与普京时代的经济政策，认为经济转型模式对经济绩效有一定影响，但并不是其决定性因素，经济转型绩效的决定性因素应该是制度本身各要素之间形成的协调性，制度趋于均衡，各项制度安排协调性高，经济转型绩效也会得到有利的改善③。

（二）思路之二：依据经济转型任务的实现程度来评价经济转型绩效

景维民将经济转型绩效概括为，"经济转型进程启动之后至某一时点市场经济制度结构的实现程度和新制度结构的行为能力，以及制度变迁过程中不同的制度变动轨迹引起的经济增长、经济总量变动和社会发展的轨迹"④。

---

① 孙景宇：《完全市场经济还有多远——中国经济转型进程研究》，《改革》2004 年第 6 期。

② 姚先国、郭东杰：《世界转型经济绩效差异的比较制度分析》，《世界经济与政治》2004 年第 5 期。

③ 胡键：《俄罗斯转轨过程中的经济绩效分析》，《东北亚论坛》2002 年第 2 期。

④ 景维民主编：《转型经济学》，天津，南开大学出版社 2003 年版，第 222 页。

洪银兴则认为经济转型的目标是使市场机制在资源配置中发挥基础性调节作用，因此可以用市场化指数来衡量体制转轨实现程度[①]。依据北京师范大学经济与资源管理研究所课题组的研究，中国由计划经济向市场经济的体制转型基本完成，但在经济转型过程中我国的市场经济体制处于发展阶段，还有许多不完善之处，主要表现在以下 4 个方面：一是市场体系不健全，市场"条块分割"的特征依然突出；二是市场组织不发达，市场中介组织发育不良；三是市场规则不完备，规则执行不力；四是政府行为还没有完全实现法治化。

（三）思路之三：通过中俄比较分析研究中国经济转型绩效

张建君从效率、创新、公平及制度 4 个方面比较分析了中俄经济转型[②]。他认为无论从转型期间的绩效来看，还是从今后发展的趋势来判断，中国经济转型绩效都优于俄罗斯经济转型绩效。造成这种绩效差别的主要原因在于以自由放任为主的市场经济改革道路，并不能够建立完全富有竞争力的国民经济体系，市场经济的自发发展和自我演进都是局部性、微观性的过程。市场经济只是提供经济发展的基本运行机制，并不必然保证国民经济健康、快速、良性发展；国民经济健康、快速和良性发展必须依赖于社会制度的规范和完善以及富有效率的宏观政策干预。

岳永从博弈论的视角对中央政府与民众意识形态之间的关系进行了演化博弈分析，该研究认为中央政府不同的政策取向是导致两国短期经济绩效不同的主要原因，但从长期来看，中国经济绩效优于俄罗斯经济绩效则难以观察[③]。俄罗斯政府以制度建设为取向，短期内不可避免与民众意识形态产生背离，导致短期经济下滑，但是这种改革迅速地建立了以宪法为核心的政治、经济体制，保护了产权和市场自由，为经济长期可持续增长创造了制度条件，并为经济制度和意识形态在长期博弈中自我演进提供了基本的宪法原则和制度建设原则。中国政府则是以社会创新为取向，在短期内存在着合作性博弈向非合作性博弈转化过程中信任传递，对制度刚性的放弃达到了制度与意识形态的纳什均衡，从而使短期内经济增长。但从长期来看，对这种制度刚性的放弃必然产生寻租与机会主义行为，随着改

---

① 洪银兴主编：《转型经济学》，北京，高等教育出版社 2008 年版，第 3 页。

② 张建君：《中俄转型模式：绩效比较及发展趋势》，《首都师范大学学报（社会科学版）》2008 年第 3 期。

③ 岳永：《强制性制度变迁、意识形态与经济绩效——一个关于中俄改革分析的模型框架》，《中国制度经济学年会论文集》2003 年 8 月。

革进程的推进，改革成本将会激增。

汪毅霖、关晓光认为转轨的根本目的是经济效率的改善，因此经济发展模式转型决定经济转型绩效 ①。他们认为目前评价经济转型绩效的制度指标和产量指标都有自身的缺陷，他们以转轨阶段产业结构的改变作为评价指标度量效率的改善程度，进而评价经济转型绩效。

（四）思路之四：最终费用清算的视角

吕炜认为经济转轨过程中收益与费用在时间、空间、主体上并不完全对等，如果当期行为产生的未偿费用积累过大，可能会在转轨过程中直接导致经济运行效率的降低或阻碍经济运行，使政府不得不以牺牲经济增长为代价对部分费用进行处置，从而对经济转型绩效评价模式进行矫正，他提出以转轨过程的最终费用结算对经济转型绩效进行矫正和再评价 ②。

# 第二节　经济转型成本的文献综述

作为一种制度变迁过程，经济转型产生收益的同时也必然带来成本。在经济转型收益既定的条件下，成本的最小化也可以用来评价经济转型绩效的表现。

## 一、经济转型成本的界定与划分

从总体上看，经济转型成本可以划分为狭义的经济转型成本与广义的经济转型成本 ③。狭义的经济转型成本强调成本即国民收入的损失。一项制度变迁带来了社会成员的紧张不安或收入分配差距的急剧扩大，带来消费者的不满和抱怨，带来社会动荡，等等。但只要这种不满、抱怨或动荡没有造成国民收入的实际损失，就可以不算作改革的成本。只有当国民收入因此受到损失，才把损失额计入改革成本 ④。对经济转型成本的广义理解包括上述国民收入的损失，也包括诸如社会成员的抱怨、消极怠工、社会动乱、战争等造成的社会成员利益和福利的损失 ⑤。

① 汪毅霖、关晓光：《转轨成本的决定与公共选择约束》，《重庆社会科学》2006 年第 1 期。
② 吕炜：《经济转轨理论大纲》，北京，商务印书馆 2006 年版，第 547 页。
③ 王跃生：《不同改革方式下的改革成本与收益的再讨论》，《经济研究》1997 年第 3 期。
④ 樊纲：《两种改革成本与两种改革方式》，《经济研究》1993 年第 1 期。
⑤ 盛洪：《中国的过渡经济学》，上海，上海人民出版社 1994 年版，第 140 页。

　　过渡经济学的研究学者认为经济转型成本是可以进一步划分的，刘世锦、高海燕从制度变迁的时间过程来细化成本，刘世锦把改革成本分为"准备阶段成本""过渡阶段成本""完善阶段成本"[①]；高海燕则借用威廉姆森的交易费用分析框架，将改革成本分为事前成本和事后成本[②]。

　　另一种更有意义的划分是依据成本发生的原因与特点可以将成本划分为实施成本和摩擦成本[③]。实施成本在概念上包括改革过程开始之后一切由体制决定的"信息不完全"、"知识不完全"、制度预期不创新所造成的效率损失。在数量关系上，实施成本是改革"激进程度"的减函数，或者说是一种改革方案所需时间的增函数，改革的速度越快，改革所需要的时间越少，信号扭曲的问题越是得到尽快纠正，新的体制越是容易建立，促使人们尽快形成关于新制度的"知识理解和认识"，在此基础上形成新的创新预期，经济面临的损失就越小，反之就越大。摩擦成本是指因社会上某些利益集团对改革的抵触和反对所引起的经济损失，这些阻力会引起一系列社会冲突，并造成各种经济上的损失。在数量关系上，摩擦成本是改革激进程度的增函数或时间速度的关系。摩擦成本是改革激进程度的增函数，或者说是改革方案所需时间长度的减函数——给定改革发生时的各种初始条件，改革方案越激进越是较为迅速地打破旧体制，就越会遇到较大的社会阻力，从而引起较大的社会冲突，由此产生的摩擦成本就越高。

　　李含琳则批评实施成本与摩擦成本没有区分固定成本和边际成本。[④]他认为固定成本是不受制度形式限制的，不论是在旧制度结构中还是在新制度结构中都必须支付的制度费用，例如正常的政府机关及主管部门的运作成本、企业一般的管理成本、社会保障成本、市场规范成本等，这些成本形式不会因为采取的制度形式不同而是否存在。从这个意义上说，他认为改革成本实质上是一种典型的边际成本。其中，改革成本又分为两部分：一部分为修补成本；另一部分为边际成本。修补成本是旧体制条件下制度运行总成本减去固定成本的余额，由于这部分成本的支付范围仍在旧制度总运行成本的范围内不属于增量成本，所以不能算作边际成本。边际

　　① 刘世锦：《中国经济改革的推进方式及其中的公共选择问题》，《经济研究》1993 年第 10 期。
　　② 高海燕：《制度的选择与改革——张五常产权经济思想简介》，《经济社会体制比较》1995 年第 2 期。
　　③ 樊纲：《两种改革成本与两种改革方式》，《经济研究》1993 年第 1 期。
　　④ 李含琳：《论中国制度变迁中的成本分析方法——与樊纲、刘世锦等先生商榷》，《甘肃理论学刊》1999 年第 5 期。

成本是由制度变迁引起的超过旧制度运行总成本的成本，实际是成本的追加和增量。

## 二、经济转型成本的特征与表现

另有国外学者（Luiz Carlos，Bresser Pereira and Jairo Abud）认为转型国家面对经济改革时将引入一个短期的经济转型成本[①]。经济代理人在给定的社会条件中，依据他们对目前消费或者经济平民主义的时间偏好，将会推迟他们所需要的措施。如果修正以后的措施没有得到采用，就会产生一个因时间延滞而引起失效的成本，与调整和改革的净转型成本有所不同，也许可以解释改革的时间测定。如果经济转型过程中发生较强的经济波动时立即对其进行改革和调整，那么净转型成本就会升高。为了调和这一波动，经济将会在一个较短的时期内表现出复苏态势，而当经济的代理人对当前消费表现出一种更强的偏好时，他们将会延迟调整和改革，此时延滞成本将会上升。这种延滞成本增长的趋势将达到一个点，这个点是由调整和改革的成本曲线与延滞成本曲线相交而成。在这一点上即便更多的平民经济代理人完全偏好当前消费，净转型成本也会下降，这将使得转型和改革变得更加理性。

伍装提出经济转型成本呈"倒 U"形曲线这个假说[②]。如果将中国经济转型分为 3 个阶段，初期阶段、中期阶段和完成阶段，那么经济转型的成本支付将经历成本低增长、成本高增长和成本下降 3 个阶段。如果我们将整个经济转型过程看作不同利益主体之间进行利益博弈的过程，而经济转型的成本又存在一个最大值 L，那么经过漫长的初期阶段和中期阶段之后必然会出现成本下降的趋势。

保建云用一般均衡理论来分析经济转型中的成本与收益变动，其认为经济转型的初期阶段制度变迁的收益往往大于制度变迁的成本，随着经济转型的进一步推进，制度变迁收益增长的速度将会下降，而制度变迁的成本会逐渐上升[③]。当制度变迁成本与收益相等时制度变迁规模保持为相对创新，此时出现制度均衡。

---

[①]　Luiz Carlos, Bresser Pereira and Jairo Abud: *Net and To-tal Transition Costs: The Timing of Economic Reform*, World De-velopment, Vol.25, No.6, 1997, p805~914.

[②]　伍装：《中国经济转型分析导论》，上海，上海财经大学出版社 2005 年版，第 360~366 页。

[③]　保建云：《经济转型、制度变迁与转型经济学研究范式及内容拓展》，《教学与研究》2007 年第 8 期。

王跃生基于俄罗斯、中国、东欧国家经济转型的实际经验，把现实层面的转型成本归结为以下 5 个方面：其一，生产能力的破坏和产出的下降；其二，大规模的下岗失业；其三，通货膨胀和物价上涨；其四，财富分配差距与社会的贫富分化；其五，官吏的腐败与社会集团利益的冲突①。李省龙把目前中国经济转型造成的经济—社会问题归结于分配过程中产生的不平衡。其核心在于当前中国社会不平衡且不平等的利益分配格局，以及迅速拉大且已超过社会创新底线的社会收入分配差距。更重要的是这种由收入分配导致的经济分化仍在继续拉大并呈现出两极化和固定化的发展态势，他认为解决这些突出矛盾的关键在于深化改革进行社会调整，构建协调发展型社会②。

范新宇认为中国渐进式改革的成本主要表现为两个方面。一是效率损失，表现为"扭曲"与"垄断"③。效率损失体现在经济生活中的各种扭曲，它明显地体现在价格扭曲、利率扭曲、投资扭曲、利润率扭曲等。除多种扭曲的现象之外，垄断现象造成的市场扭曲也很严重，其中行政性垄断对经济绩效的影响不容忽视。行政性垄断是指各类行政机关和法律授权管理公共事务职能的组织运用行政权力，不当使用市场支配地位来排除、限制竞争的行为，目前行政性垄断被《中华人民共和国反垄断法》所规制。金融业的垄断并未与实体经济发展相匹配，导致了"双重歧视"④，造成银行难以找到有效的贷款主体，同时中小企业普遍存在大量的资金需求。尤其在补贴亏损与政策性贷款方面为维持亏损的国有企业，不仅需要给予这些企业大量的财政补贴，而且要占用大量的银行贷款。二是实施成本，"反复"与"摩擦"。渐进式改革不断调整经济政策重新制定经济规则、界定产权，这引起经济中摩擦成本的增加，而双轨制在一定历史时期所催生的特殊利益集团，为了维护自身利益阻碍了进一步转型走向深化的可能，这一方面造成寻租，另一方面导致利益博弈日益激烈从而加大改革的难度。

### 三、经济转型成本的决定

汪毅霖、关晓光从公共选择角度进行分析他们认为在与转轨相关的政

①　王跃生：《计划经济国家转轨的社会成本分析》，《当代世界与社会主义》2000 年第 2 期。
②　李省龙：《从转轨到转型——现阶段改革的历史定位及其和谐取向的政治经济学分析》，《中国人民大学学报》2006 年第 6 期。
③　范新宇：《"渐进"的损失与成本》，《经济研究参考》2004 年第 70 期。
④　刘瑞明：《必须破除金融垄断和歧视》，《社会科学报》2017 年 4 月 20 日。

治行动中，政治参与者自身的收益与损失之比对他们来说是最重要的，因而政治因素决定了转轨的路径选择，并直接影响了转轨成本；并非从经济因素视角选择使成本最小化的转轨路径[①]。因此真实的转轨路径是由社会中各利益集团博弈的结果决定的，转轨收益往往是与政治能量呈正相关。这就使新制度的建立往往是一种政治选择而非经济选择，新的制度均衡是一种纳什均衡下的制度均衡。

徐彬、宋德勇比较分析了古典经济学、产权经济学与福利经济学对成本的定义，认为成本应当由三部分构成，分别是生产费用、交易费用与外在费用。因此，他们认为经济转型成本是指经济制度变革和运行过程中发生的一切代价，表现为生产费用的上升、交易费用的提高和外在费用的增加[②]。

李新春认为转型成本产生的一个重要原因便是经济转型中形成的不完全契约。市场经济转型的取向决定了政府、企业、个人在新的契约关系中重新定位，但在经济转型过程中正式契约具有难以在第三方约束下强制执行的特征，即社会关系网络和权力作为非承诺性的原始契约同命令与法律交织在一起，这种契约结构必然产生机会主义并引起多重交易成本[③]。

## 四、经济转型成本的分担与控制

成本最小化是绩效最大化的代名词，在既定成本下成本分摊的合理性也是衡量绩效大小的重要指标。徐彬认为成本分担必须遵循以下 3 个原则：一是承受力原则，即成本分摊要与承担者的承受能力相适应，要适当照顾社会弱者；二是对等原则，即原则上根据"谁受益谁负担成本"的规则分摊成本；三是协同与优先原则，即必须协调处理好多种类型的成本，当社会成本与个人成本、生态成本与社会成本和经济成本分摊发生冲突时，要适当优先考虑生态成本和社会成本。

徐彬进一步分析了中国经济转型成本分担在遵循上述 3 个原则的同时，还呈现出以下 5 个特征：一是经济转型成本分摊模式选择与渐进式的改革模式密切配合，相得益彰；二是"先化解成本，后实施改革"的改革推进原则，尽量减少改革的外部负效应即降低改革的负外部性；三是经济转型成本分步摊销与成本后推给经济转型留足了调整时间，给社会公众预

---

① 汪毅霖、关晓光：《转轨成本的决定与公共选择约束》，《重庆社会科学》2006 年第 1 期。

② 徐彬、宋德勇：《中国经济转型的社会成本》，《中国物流与采购》2008 年第 17 期。

③ 李新春：《转型时期的混合式契约制度与多重交易成本》，《学术研究》2000 年第 4 期。

留了适应的时间，经济体制的巨大转换是在社会公众"闲庭信步"的感觉中完成的；四是特定范围的平均分摊形式是计划经济体制在成本分摊模式选择上的表现；五是努力构建更有效率的成本分摊与补偿机制。王跃生则认为要使经济转型成本大小和负担保持在一定限度内，使之不危及转型过程本身则有两种可能的选择：一是降低绝对转型成本；二是在成本大致不变的情况下提高社会对成本的承受力。从一个核心角度观察，王跃生认为无论经济转型是否造成以及在多大程度上造成经济转型成本，只要经济转型过程是公正的，经济转型成本是在全社会范围内的合理分担，社会对经济转型成本的承受力就较高，经济转型成本就是可以承受和包容的。否则，社会公众对成本的承受力就较低，这就会危及经济转型本身并且影响经济转型绩效的表现。

王跃生还进一步分析了如何降低经济转型成本：其一，使最广大的社会公众积极参与改革时间和改革政策的制定与选择过程；其二，使改革受益者与改革成本的承担者合二为一；其三，继续深化政治体制改革，使其与经济体制的巨大变化相适应；其四，需要建立起完善的社会福利体系，对改革中的受损者予以补偿；其五，处理好社会平等与经济效率的关系。

# 第三节　经济转型收益的文献综述

制度创新之所以会发生是因为创新可能获得潜在利润。从总体上来看，对经济转型收益的考察可以从两个方面进行：一是看转型进程启动之后至某一时点，市场经济体制的构建程度；二是看达到某一时点的转型所创造出来的经济增长与社会进步的真实业绩。

## 一、思路之一：以经济增长率作为经济转型收益的度量指标

樊纲认为改革的收益主要是指国民收入的增加，非国民收入的增加不计入改革收入。如果非经济收入的增加可以影响国民收入提高，那么就可以计入转型收益中 [1]。

靳涛认为经济转型的目的不是单纯为了转型而转型，而是为了经济更好地增长，如果忽视了转型的增长取向而把关注点仅集中到狭隘的转型本

---

[1]　樊纲：《两种改革成本与两种改革方式》，《经济研究》1993 年第 1 期。

身，那么必然会造成舍本逐末的结果。按照这个观点经济增长是衡量转型收益的唯一关键性数量指标[①]。

## 二、思路之二：把市场化指数作为衡量经济转型收益的指标

经济转型的目的是建立市场经济体制，那么市场化程度的提高应当是转型的主要收益。许多学者沿着这个思路研究中国经济的市场化指数，用来评价中国经济转型收益的程度。例如陈宗胜从市场经济运行的基本体制出发，从企业、市场、政府 3 个方面研究市场化进程，他测算的结果是1999 年中国市场化指数为 60%[②]。顾海滨综合对劳动力、资产、生产、价格的市场化程度等方面的分析进行研究，预测到 2000 年中国的市场化指数可达 45%[③]。北京师范大学经济与资源管理研究所课题组从政府行为规范化、经济主体自由化、生产要素市场化、贸易环境公平化与金融参数市场化 5 个方面，设立了 37 个指标对市场指数进行测算，研究的结果是2001 年、2002 年、2003 年分别为 69%、72.8%、73.8%[④]。

## 三、思路之三：考虑效用函数对经济转型收益的影响

王跃生认为对改革收益的讨论不能不考虑效用函数[⑤]。作为一个全国性的大规模制度变迁，其发动和组织者必然是国家，尽管其中也有很多自发性的、局部的、以次级组织甚至个人为主体的制度创新。在这一过程中次级组织和个人效用函数的构成比较单一，主要是增加产出、增加福利等。政府的目标函数则复杂得多，既包括经济增长、增进福利等目标，也包括制度创新、权力分配和政党利益等非经济目标，而且非经济目标优先于经济目标。在两种效用函数差异较大的情况下，改革带来的摩擦较大由此导致的经济转型成本较高；反之，在效用函数差异较小的情况下成本较低，收益就会较高。

---

①　靳涛：《转型的悖论与悖论的转型——基于"中国模式"对新古典转型经济理论的批判》，《江苏社会科学》2007 年第 2 期。

②　陈宗胜：《中国经济体制市场化进程研究》，上海，上海人民出版社 1999 年版，第 90~109 页。

③　顾海滨：《中国经济市场化程度的最新估计与预测》，《管理世界》1997 年第 2 期。

④　北京师范大学经济与资源管理研究所：《2005 中国市场经济发展报告》，中国商务出版社 2005 年版，第 3 页。

⑤　王跃生：《不同改革方式下的改革成本与收益的再讨论》，《经济研究》1997 年第 3 期。

## 第四节　对相关研究的评价及本书的研究视角

### 一、对经济转型绩效研究的评价

从目前对经济转型绩效评价的研究成果来看，其研究方法可以分为 5 种：第一种是以转型的速度来评价经济转型绩效，用速度来进行分类和价值判断，其典型描述方式是激进式改革和渐进式改革二分法；第二种是以经济转型成本的最小化或收益的最大化来评价经济转型绩效，强调需要对转型成本进行关注，以成本的最小化实现转型绩效最大化；第三种是以经济转型目标的实现程度来判断经济转型绩效，例如世界银行、国际货币基金组织等设计了一系列指标体系，这类研究是通过给经济转型国家进行打分，比较有代表性的是美国；第四种是把经济转型绩效与政治变革联系起来，将宪政是否转型作为评价转型的基本标准；第五种是比较分析方法，以中俄经济发展状况比较转型绩效。

应当说上述国内外研究成果在很大程度上深化了对经济转型绩效的认识，但是有 3 个问题值得特别关注：第一，比较研究方法固然能够直观观察不同转型经济体的经济表现，但是忽略了不同国家由于转型任务、初始条件等不同对经济绩效的约束，也就是说，由于各个国家所处的发展阶段不同，构成其市场运行的制度基础并不一致，市场并非同质的，因此评价不同转型国家的经济转型绩效应当具有不同的 "参照系"。第二，一些绩效评价缺乏可操作的量化指标，主观评价的成分较大，这可能导致对同一事实由于作者的不同认识却给出截然不同的结论，例如孙景宇认为中国已是完全的市场经济体制国家，李晓西等人认为中国是一个发展中的市场经济国家，而欧盟、美国等国家和地区则认为我国是 "非市场经济国家"[①]。第三，市场化改革并不是中国经济转型内容的全部，中国经济转型不仅要解决转轨问题，还必须服务于社会主义经济发展的长远目标并符合社会主义的本质要求，实现体制转型与发展转型相结合，这也是中国经济转型的主线，用市场化改革的速度来衡量中国经济转型绩效难免缩小了对转型的认识。

---

① 李晓西：《中国市场化程度的提高和非市场经济问题的解决——评〈2005 中国市场经济发展报告〉》，《国际贸易》2005 年第 7 期。

## 二、对经济转型成本研究的评价

以上研究成果在总体上推动了对经济转型成本的认识、判断与理解，但仍有不足。

首先，对于经济转型成本概念的界定不统一。迄今为止，尽管国际、国内都认识到了经济转型成本的重要性，但目前没有给出一个明确、清晰而且被经济学术界公认的概念界定，即使有界定，也仅仅是从某些方面进行界定，缺乏系统性。把经济转型成本定义为"国民收入的损失"有助于消除经济转型成本不可比较和度量的问题。然而，在转型过程中国民收入的降低在多大程度上可以看作经济转型的成本？或者说经济转型只是引起国民收入下降的一个原因而非全部，所以对转型成本的界定还比较模糊。

其次，这些理论研究均长于逻辑推演而疏于实证分析。作为分析前提的某些假定也显得过于牵强，抽象因素过多；解释局部和短期问题较多，而没有随着经济转型的推进应用于经济转型整个过程。将经济转型成本分为实施成本与摩擦成本、事前成本与事后成本、固定成本与边际成本等，均是理论上的抽象，而忽视了实证分析。中国渐进式改革的实施成本一定会大于俄罗斯激进式转型的成本？逻辑上固然可以推理，渐进式改革造成的双重制度并存会使经济蒙受更多的效率损失，因为改革分步走造成的多次"谈判"和多次"签约"会比一次"签约"需要更大的交易成本。但是实践中恐怕很难据此就证明渐进式改革的实施成本大于一步到位的改革。

最后，缺乏统计与计量分析。现今的研究只是停留在理论思辨的角度，既没有给出统计与计量的研究方法，更没有进行具体的计量与测度。因此，本书试图在研究经济转型成本的界定之后，对经济转型成本进行量化和测算，并研究其动态变化趋势，这不仅可以说明实际经济运行中经济成本支出的来源与变动情况，而且可以为评价经济转型绩效提供科学、客观和准确的信息参考。

## 三、对经济转型收益研究的评价

以经济增长来代替经济转型绩效显然是扩大了经济转型对经济增长的贡献。经济转型本质上是一个制度变迁过程，制度对经济增长的作用虽然很大，但是不能忽略技术、资本的作用。从这个意义上讲，如果将经济增长看作转型绩效，则很难观察经济转型在不同阶段的作用。

由于传统计划经济体制固有的缺陷，市场经济体制成为改革和转型的取向。但是中国的市场化进程是在两个基本条件的约束下展开的：第一，中国的经济转型是工业化和市场化双重转型的统一，经济转型的根本目的是解放生产力和发展生产力，实现经济和社会的全面现代化；第二，中国的市场化是以社会主义宪法制度为基础，并与这种制度创新相联系，改革的目标是建立社会主义市场经济，完善社会主义基本经济制度。这两个基本条件决定了对中国经济转型收益的考察不能仅依据市场化实现程度，而应当是一个多维度、多层次的体系。

通过梳理国内外学术界相关的研究文献可以发现，以往研究经济转型的方法均未突破理论分析的范畴，由此本书提出将经济学经典的成本—收益分析法应用到经济转型绩效评价的过程中，试图突破长期以来疏于实证分析的局面。此外，对经济转型成本和经济转型收益的概念界定是对其进行科学度量的基础，为其后的数量分析提供了准确、坚实的理论基础，从而使理论归纳与逻辑演绎相匹配成为可能。

# 第二章　经济转型绩效评价的分析框架：成本—收益视角

## 第一节　基于成本—收益视角进行经济转型绩效评价的思路

### 一、中国经济体制转型的历史实践

从"华盛顿共识"到"后华盛顿共识"再到"北京共识"，理论界关于经济转型绩效评价模式与测度方法的研究逐渐发生变化。"华盛顿共识"和"后华盛顿共识"强调以是否达到预设指标体系来评价经济转型绩效，因而导致了为迅速达到指标预期值而采取的激进式经济转型路径选择；而"北京共识"强调以初始条件为依据，重视在不同历史阶段中的经济转型绩效，故而在实践中形成了以不断调整进而适应经济转型现实需要的渐进式经济转型模式。

中国特色社会主义建设取得了辉煌的成就，但这并不是一次性体制变革取得的结果。事实上经济转型表现为一系列局部改革和不断推进的累积过程，是在确立了把计划经济转变为市场经济体制这一总目标的前提下，分阶段、有目标地逐渐推进的过程。回顾改革开放 40 年来中国经济转型的实践，其涉及的主要内容可以归纳为以下 4 个方面。

其一，计划到市场的经济体制转型在以计划为主、市场调节为辅原则下从农村局部改革推进到城市和整个经济体制的全面转型，再到以社会主义市场经济理论为指导依据先易后难的原则，着重开放非公有制经济推动体制外经济体形成新的经济增长点，进而通过建立现代企业制度创新激励所有制结构的转变，从而完成经济体制各方面的根本性转型。

其二，在传统到现代的经济结构转型中，以"工业反哺农业、城市带动农村"的战略方针调整计划经济体制下的二元经济结构，通过加大财政支农力度和对传统农业的改造打破束缚生产力发展的低效率因素，促使经济从二元向一元转化；通过实施西部大开发战略，将广大贫穷落后的西部地区也纳入市场经济发展的大潮中，为西部地区的发展提供了机遇。

其三，经济发展方式的转型也在渐进式改革的过程中得以逐渐确立，从改革开放初期改变经济增长方式到党的十七大提出"加快转变经济发展方式"，再到党的十九大提出"高质量发展"，中国经济高增长背后的代价问题日益引起广泛关注，经济增长过程中要素的使用效率，经济发展的资源环境代价与发展中的协调性等制约经济长期增长动力的问题日益凸显，在新发展理念的指导下通过技术创新和绿色经济推动，中国经济实现了从传统发展方式到现代发展方式的转变。党的二十大报告提出："推动经济实现质的有效提升和量的合理增长。"[①] 充分说明新时代我国经济实现高质量发展的决心，也为今后一个时期经济发展指明方向。新时期面对新的机遇与挑战，经济体制改革也要顺势而为、应时而动。基于世情国情的变化，将创新发展作为应对这种新变化的动力与对策，坚持经济体制改革的创新发展，我国提出把实施扩大内需战略同深化供给侧结构性改革有机结合起来，增强国内大循环内生动力和可靠性，实现国内国际双循环。一方面，推动实体经济的转型发展。未来五年是全面建设社会主义现代化国家开局起步的关键时期，其主要目标任务是把发展经济的着力点放在实体经济上，并依靠新抓手和新要素来赋能实体经济高质量发展。[②] 问题引领发展，从现存问题出发，提高实体经济作为支撑现代化产业体系的重要地位。加快突破关键核心技术难题，着力提高自主创新能力，以新技术推动新发展，实现产业基础高级化，全面提升实体经济数字化水平，依靠新技术与新要素赋予实体经济新效能，促进经济高质量发展。另一方面，加快建设数字中国，强化国家战略科技力量，将前沿技术、关键技术作为重要突破口。利用数字经济的创新性与渗透性激发现代产业体系的活力，将数字经济渗透到生产、分配、交换、消费的各环节，将数字经济与实体经济深度融合，以此推动经济体制转型更好地适应现代化发展。

其四，从封闭到开放的经济全球化转型也是改革开放过程中通过逐步

---

① 习近平：《高举中国特色社会主义伟大旗帜　为全面建设社会主义现代化国家而团结奋斗——在中国共产党第二十次全国代表大会上的报告》，北京，人民出版社 2022 年版，第 28~29 页。

② 陆岷峰：《新发展格局下数据要素赋能实体经济高质量发展路径研究》，《社会科学辑刊》2023 年第 2 期。

探索性的试验依靠逐步扩大开放规模来实现的。经济开放水平从进出口贸易、引进外资，到完善全方位、多层次、宽领域的对外开放格局再到发展开放型经济，促进中国走上了一条从封闭到开放的经济全球化转型道路。

### 二、两种经济转型绩效评价模式

经过 40 年的经济转型，总体上可以得出这样一个判断：中国已经脱离了传统的计划经济体制，在渐进式改革和历史实践中建立起了中国特色社会主义市场经济体制，但当前经济转型的任务还未完成。经济转型在不断取得成就的过程中，其背后也蕴含着诸多矛盾和冲突，这些矛盾和冲突解决的顺利与否直接关系着经济转型绩效的好坏和未来经济转型的方向。因此，面对充满困难和陷阱的未来，应当从经验和理论上对以往经济转型的成败得失进行科学的总结，提炼出取得成功的经验以及存在的问题，抽象出关于中国经济转型的一般性内在逻辑，描绘出真实的中国经济转型绩效的变动轨迹。

综上所述，我们有理由认为两种不同的经济转型绩效评价模式导致了不同的路径选择，并最终产生了经济转型绩效的差异。因此，科学合理的经济转型绩效评价方法是准确测度经济转型绩效的前提。本书在以往有关经济转型绩效评价研究的成果之上，试图从一个新的视角提出一种关于经济转型绩效的成本—收益分析框架和研究思路，并以此分析框架为理论基础构建经济转型绩效的评价模型，实现对经济转型绩效科学的量化实证研究和评价。

## 第二节　基于成本—收益视角进行经济转型
## 绩效评价的模型

经济转型的绩效评价是在使用客观分析工具的基础上进行的主观评价行为。科学的理论分析框架能够平衡一部分绩效评价过程中主观因素的干扰，使评价结果符合经济转型的真实过程。本书试图提出一种新的经济转型绩效的评价思路与分析框架，采用经济学经典的成本—收益分析方法来研究中国的经济转型绩效问题。本书认为评价经济转型过程中制度创新与政策的制定实施是否符合经济转型目标所要达到的效果，其重要的判断依据是通过对经济转型过程中成本与收益的综合分析来确定，即通过成本—收益分析体现的效率原则来解释经济转型的绩效。

成本—收益分析方法的前提是追求效用最大化，此方法用于探求如何以最小的成本换取最大的收益。在成本—收益分析方法下，经济主体行动的基本准则是预期收益大于等于预期成本，当预期净收益实现时，经济主体各自的效用差异也随之显现。经济绩效与成本和收益的可度量性是这种分析方法的内在特征，使用成本—收益分析方法首先要形成有关成本与收益的经济转型成本界定、量化标准和成本估算结果，并在此基础上构建成本与收益分析的评估框架。经济转型本身是一种追求效用最大化的制度变迁行为，经济转型并不包含一个众所周知的最后阶段的概念，它研究的是经济转型动态演化的过程而没有一个关于最终状态的明确指定结果。经济转型是过程中的制度变迁，相当于一种新制度的生产过程，在这一持续不断的过程中必然伴随出现相应的成本与收益，这在内在特征上与成本—收益分析方法一致。因此，将成本—收益分析法作为评价经济转型绩效的基础，通过采用成本—收益分析法分别构建经济转型的成本函数与收益函数，能够为经济转型的绩效分析提供一种崭新而科学的分析思路。

在提出经济转型成本—收益分析思路的基础上运用相关计量方法来测度并解释中国经济转型的绩效是这一分析框架建立的目标。同时，从中国经济转型实践过程中抽象出经济转型的一般规律，通过研究经济转型的成本—收益模型从而建立基于成本—收益视角的经济转型绩效分析理论，这又为评价经济转型绩效提供了一种新的思路和度量方法。

## 一、构建经济转型的成本函数

作为一场大规模制度变迁过程的经济转型引起了一场深刻的社会经济变革，同时它严重地影响着不同经济主体的利益关系。因此，经济转型在取得收益的同时也必然付出一定的成本和代价，然而经济转型并不会因为客观存在的经济转型成本而停止或者改变方向，以政府为主导的中国渐进式经济转型在试图寻找适当方式缓和冲突的增量改革中，努力寻求低成本的经济转型道路，以期最终能够顺利地达成经济转型的目标。由于经济转型成本的大小决定着转型过程的顺利与否，并且决定着经济转型的绩效，因此将经济转型成本纳入经济转型绩效研究的范围，不仅可以从理论上完善经济转型绩效的评价方法，同时也是经济转型在实践中的客观迫切需要。

改革开放 40 年来中国从计划经济体制向市场经济体制转变时，涉及经济运行和社会管理方方面面的转型和变革，经济转型所涉及内容的多样性决定了与其相伴而生的经济转型成本也表现出纷繁复杂和难以计量的特点。由于难以把各种经济转型成本都归入研究模型，因此必须寻找那些有实用价值的经济转型成本概念和内容作为构建经济转型成本函数的现实依据。选择模型所需的成本信息时，首先应做经济转型成本的分类工作。

成本是为了达到一个特定目的而发生的或可能发生的以货币计量的牺牲。经济转型过程中除了产生一定的以货币计量的费用支付，也伴随着一定的效率损失，因此模型中的成本指那些能够计量的统一量纲后的费用支付与效率损失成本。由于受到现实经济转型过程的复杂性以及对经济转型成本概念和归类方法的非统一性制约，使得那些已有关于研究经济转型成本度量的困难难以克服。因此，本书试图打破一般意义上对经济转型成本的划分和定性描述，以经济转型成本的量化测度为目标，将经济转型的内容和与之对应的经济转型成本从新的角度重新作出划分，通过构建经济转型的成本函数，从而提出经济转型成本度量的理论依据和模型。

从中国改革开放以来经济转型的历史实践来看，经济转型引导社会变革的进程，尽管我国采取了一种渐进的经济转型方式，然而其对整个中国社会的变革产生了深刻而有效率的影响。当高度集中的计划经济体制留下的制度遗产和经济结构已不能带来更有效率的经济增长，并且当民众对经济转型潜在利润的预期足够强烈时，经济转型就有了发生的可能。

如前所述，经济转型主要涉及 4 个方面的内容，其中从计划向市场跃迁的体制变革和全面的结构改革成为经济转型的主要内容，与此同时，中国的经济转型还应该促使生产方式朝着提高效率为目标的经济发展方式转型，更加努力地开放从而打破封闭的约束，与外界建立更广泛的联系并最终形成统一的市场。因此，中国经济转型的基本内容可以归纳为经济体制转型、经济结构转型、经济发展方式转型和经济全球化转型 4 个方面，相伴而生的经济转型成本也可据此进行归类和划分。经济体制转型和经济结构转型是经济转型的一般内容，经济发展方式转型和经济全球化转型是中国经济转型包含的特殊内容。从静态均衡的角度来看，这 4 个方面综合在一起涵盖了中国在经济转型过程中涉及的主要方面，与每一方面经济转型的具体内容相伴而生的成本就成为构建中国经济转型成本函数的重要变量。动态地说，每一种经济转型成本必然随着经济转型政策的具体实施和转型阶段的深入而发生不同程度的变化，因此在度量时以累积变动量作为成本变量的数量值既能够反映出经济转型成本变化的动态性特征，又能够剔除较长时间序列中那些固定成本重复计算的干扰，提高经济转型成本度量的效度和信度。

构建经济转型成本的函数，假设经济转型成本由经济体制转型成本（SC）、经济结构转型成本（ESC）、经济发展方式转型成本（DC）和经济全球化转型成本（GC）决定，那么经济转型成本可以看作以上 4 个方面成本的函数：

$$Y_{ETC} = f(SC, ESC, DC, GC)$$

若 4 类转型成本重要性的分摊权系数为 $\lambda_1$、$\lambda_2$、$\lambda_3$、$\lambda_4$，并且满足 $\lambda_k \geqslant 0$，$\sum\limits_{k=1}^{4} \lambda_k = 1$（$k$=1,2,3,4），那么经济转型的单位成本为：

$$c(x_k) = \lambda_k \sum_{i=1}^{n} x_{ki} \qquad (n > 0)$$

经济转型的总成本为：

$$ETC(X) = \sum_{k=1}^{4} c(x_k)$$

$$= \lambda_1 \sum_{i=1}^{n} x_{1i} + \lambda_2 \sum_{i=1}^{n} x_{2i} + \lambda_3 \sum_{i=1}^{n} x_{3i} + \lambda_4 \sum_{i=1}^{n} x_{4i}$$

$$= \lambda_1 SC(X_1) + \lambda_2 ESC(X_2) + \lambda_3 DC(X_3) + \lambda_4 GC(X_4)$$

以上构造了经济转型成本的函数和度量模型，据此不仅可以对经济转型成本总值进行数量测度，同时还可以推导出求解经济转型成本最小化的数量方法。

## 二、构建经济转型的收益函数

中国经济转型和改革开放 40 年来的实践表明，经济增长与经济转型密切相关，经济转型通过制度变迁的方式对经济绩效作出了更有效率的贡献。作为决定人民生活水平的关键因素，长期转型绩效以累积的方式对经济转型发生着重要作用。

中国经济转型的制度变革引发了由计划经济到市场经济的体制转型，市场经济体制以一种被社会预期能够带来潜在利润的经济制度创新发生。当制度变迁以一种渐进的增量改革方式付诸实践时，旧的计划经济体制无法立刻消除，新的市场经济体制短期内因受到计划经济体制制度遗迹的约束而无法迅速建立，因此在这一从计划经济体制到市场经济体制的跃迁时期里就出现了不同程度的制度失衡。制度失衡的发生一方面必然产生与之相应的效率损失和费用支付；另一方面，制度失衡也为经济体赢得了新的获利机会，即存在制度失衡的潜在收益。在中国特色社会主义市场经济体制这一被认为更有效益的新制度逐渐建立的过程中，新的制度安排只要能朝着为经济体带来"帕累托改进"的方向进行，就能够为经济转型创造潜在的盈利空间并持续激励经济绩效的改善。

有活力的经济转型能够使经济体获得较高的收益，这往往与那些有效率的制度变迁所产生的正向激励效用有关。中国奇迹表明从计划经济体制这一起点向市场经济体制这一目标跃迁的非均衡状态中，制度和政策的因素较大程度上影响着中国经济转型的长期绩效。在这一时期里，经济总量的增长和人均收入水平的提高以及生活质量整体状况的改善均依赖于能够支持长期增长的制度安排。在政府主导的经济转型过程中，制度安排重新改变了资源配置的方式，鼓励经济效率的改善，形成了推动实现经济市场化和经济现代化的激励模式。这些具有效率改进性质的制度安排克服了落后初始条件的约束，成为经济转型取得收益和经济持续增长的根本推动力。

基于以上的理论分析不难得出这样的结论，中国经济转型取得显著的成效主要归因于好的制度安排，即有效率的政策组合。依据中国经济转型的目标和任务，经济收益的取得也集中贯穿在经济体制转型、经济结构转型、经济发展方式转型与经济全球化转型的各个方面。致力于实现经济全面转型的制度性组合贯穿整个经济转型的过程，收益取得与成本支付具有逻辑上的对应性关系，这里用经济转型成本的 4 个方面内容来解释中国经济转型在激励转型收益中所起的作用。

在市场化改革中经济体制变革的体制转型最具代表性。从单一的公有制到公有制为主体多种所有制经济共同发展，逐渐引入非公有制的制度安排给处于非均衡状态的中国经济转型注入了新的活力。非公有制比重的上升给转型经济体提供了依靠市场组织经济活动更加良好的机会。在以市场为主导的发展战略下，社会基本的产权制度确立起来，私有产权的法律基础也逐渐建立和完善，在日益复杂的经济活动中，产权的明晰和法律的创新与完善进一步巩固了新建立起来的市场经济体制。

从传统到现代的经济结构转型是经济转型的主要任务之一。在二元经济结构转化过程中我国政府出台了一系列鼓励加快农业变革和农村转型的政策，政府增加了在农业基础设施建设和农业科研方面的投入，加快传统农业向现代化农业转变。在整个产业结构调整中，第三产业受到相关政策的支持而蓬勃发展，尤其是金融业的发展为民间投资和国民经济良性循环提供了重要保障和支持。致力于缩小区域经济差异的西部大开发战略和协调城乡发展不均衡的乡村振兴战略，为广大以传统农业生产方式为主的西部欠发达地区提供了经济增长的契机和制度支持。

注重发展方式转型也是衡量现代化和评价经济转型收益不能忽视的重要方面，经济发展方式综合地反映出现代化程度的高低。随着国民收入的增加，政府对公共教育的投资较快地增长，这意味着从事技术和脑力劳动的潜在劳动力不断增长，使技术创新和生产力进步有了潜在的可能。循环型经济政策的实施改善了经济增长造成的环境问题，对污染治理的投入促进了新型工业化道路的选择。

在面向全球化的经济转型中推动出口导向型的贸易战略成为开放的重点。通过实行出口退税和出口加工区政策，避免了关税对出口价格的不利影响，增强了中国出口产品的国际竞争力。逐渐开放的全球市场给中国制造业的发展提供了空前的机遇，国际市场的需求给中国带来了出口贸易额的增长和外汇储备的增加。与此同时，通过设立经济特区鼓励引进外资的政策不但提高了国民收入总额，而且以技术引进的方式提高了国内生产力的发展水平，带动了全要素生产率的增长。

以上分析论述了中国经济转型收益获得的原因及作用，下面将在理论分析的基础上构建中国经济转型收益的模型。设经济转型收益为（ETR），经济体制转型收益（SR），经济结构转型收益（ESR），经济发展方式转型收益（DR），经济全球化转型收益（GR），根据理论分析，经济转型收益分别与经济体制转型、经济结构转型、经济发展方式转型和经济全球化转型的成就密切相关，因此经济转型收益的函数可以以如下方式表达：

$$Y_{ETR} = f(SR, ESR, DR, GR)$$

为保证最终所得指数具有可比性，这里沿用经济转型成本的度量方法，若4类转型收益重要性的分摊权系数为 $\lambda_1$、$\lambda_2$、$\lambda_3$、$\lambda_4$，并且满足 $\lambda_k \geq 0$，$\sum_{k=1}^{4}\lambda_k = 1$，（$k=1,2,3,4$），那么经济转型的单位收益为：

$$R(x_k) = \lambda_k \sum_{i=1}^{n} x_{ki} \qquad (n > 0)$$

经济转型的总收益为：

$$ETR(X) = \sum_{k=1}^{4} R(x_k)$$

$$= \lambda_1 \sum_{i=1}^{n} x_{1i} + \lambda_2 \sum_{i=1}^{n} x_{2i} + \lambda_3 \sum_{i=1}^{n} x_{3i} + \lambda_4 \sum_{i=1}^{n} x_{4i}$$

$$= \lambda_1 SR(X_1) + \lambda_2 ESR(X_2) + \lambda_3 DR(X_3) + \lambda_4 GR(X_4)$$

## 三、经济转型绩效的成本—收益分析模型

有效率的经济转型较大程度决定了经济发展的水平和进程。如何评价经济转型是否具有效率呢？接下来的研究将试图从成本—收益综合比较分析的基础上作出解释。在从计划向市场跃迁的经济转型中，失衡是经济运行的常态。经济转型效益的好坏取决于失衡状态下转型成本和转型收益的综合比较。如果经济转型在新制度安排的实施中比旧有制度安排能够带来更小的成本或者更高的收益，那么经济转型就是有效率的，即经济转型的制度安排能够为治理失衡作出正向贡献时经济转型的绩效就得到改善。然而，实现经济转型要受到复杂因素的制约从而迫使制度变迁的代价极为高昂，这意味着在现实的经济运行中有效率的制度安排并不一定能够取代低效率的旧制度安排。当这种情况发生时，低效率的旧制度安排将以自我强化的方式继续发生作用并导致转型经济体出现"路径依赖"效应，即当旧制度安排强化了制度的失衡时，转型经济体因表现为较高的运行成本而处于无效率的状态。

在经济发展的历史过程中，无效率的制度状态总是客观存在的，这决定了经济转型成本具有难以消除的特点，但是这并不意味着经济转型成本就不能受到控制。降低经济转型成本以减轻转型经济体无效率状态的程度是制度变迁主导者制定政策措施时追求的目标之一，其效果在政府主导型的制度变迁中尤为显著，中国经济转型就是在这一背景下的实践。一方面，借助政府的有效治理和宏观干预能够帮助存在潜在利润的新制度安排打破对旧体制的"路径依赖"效应，从而为制度变迁主体充分地赢得因制度创新而产生的经济利润，这样制度无效率状态就得到了较好的控制与化解。另一方面，由于在新制度安排实施的过程中，经济转型各主体代表着不同的利益集团，异质性经济利益集团相互博弈的结果并不经常是"帕累托改进"的状态，这时通过借助政府外部力量提供有效率的制度供给能够帮助重建制度均衡，从而控制经济转型的成本，提高转型的经济收益。这说明经济转型在非均衡中的无效率状态可以通过相应治理非均衡的制度供给得到缓解。这一结论的启发意义在于，对经济转型绩效进行评价时不能一味地从经济收益最大化的角度出发，还应综合考虑成本最小化的转型目标，使经济转型过程中的利益受损者得到补偿，促使经济转型朝"帕累托最优"方向改进，从而综合实现转型的经济效益和社会效益，在总体上提高经济转型的效率。

依据理论推理和分析的结果，结合中国经济转型的现实来尝试构建中国经济转型的成本—收益绩效评价模型，从一种新的视角来探究中国经济转型的实绩。本书认为对中国经济转型绩效的研究不能单纯从收益的视角即市场化或现代化的实现程度来评价，而应在纳入经济转型成本这一重要变量的基础上，以经济体制转型绩效、经济结构转型绩效、经济发展转型绩效和经济全球化转型绩效的考察标准作为经济转型绩效评价的核心。但是由于经济转型过程中经济转型收益和经济转型成本的发生在时间上存在着不完全对应的情况，因此本书并不将研究对象局限在每一时点的经济转型成本与收益的对比，而是把这一概念放在较长的制度变迁期之中，综合考察在一个较长的时间序列中的经济转型成本和经济转型收益的综合效率以及区域经济转型绩效差异，从而客观地反映出中国经济转型所取得的真实绩效，并为实现较小成本的经济转型提供政策性矫正建议。

经济转型的成本和收益之间存在着某种连锁关系，经济转型成本是为了达到预期的转型收益而支付的，因此二者之间的关系相当于一种投入产出模型。经济转型过程中的收益与成本是相伴相生的，它们是相互对应且交错影响的。在本书接下来的研究中将经济转型的成本与收益分别从经济体制转型、经济结构转型、经济发展转型和经济全球化转型的内容划分为相互对应的 4 个方面，以此为突破点既可以从总成本和总收益的角度来度量经济转型的综合绩效，又可以分别探讨经济转型各个方面的绩效表现。

如前所述，"失衡"是转型经济体的常态，它是引起经济转型成本和取得转型收益的重要原因所在，因此这里将"失衡"作为模型设计的背景有着重要的意义。因为只有在较长的时期中最终成本与总收益才具有综合可比性。经济转型绩效并非简单的经济转型收益与经济转型成本的交叠部分即经济转型的净收益，而是经济转型的效率是否得到改进。前者净收益的概念考察的是静态经济转型的成效，而后者经济转型的效率改进情况反映了经济转型的动态性变动特征，更加符合经济转型的实际情况。因此，本书选用经济转型效率是否改进作为衡量经济转型绩效的指标变量。投入产出的分析有两种视角，基于投入角度或是基于产出角度。前者是在产出既定的条件下研究投入最优化的问题，后者正好相反。本书从成本—收益视角来分析经济转型绩效，从投入的角度出发能够对后期经济转型成本控制和分摊以及走低成本协调发展的经济转型路径提供重要的理论依据。因此，本书在后面相关章节将采用综合指标体系评价法研究在动态的时间变化过程中成本—收益的关系，这部分内容将在第六章里详细论述。但基本原理可以表述为如图1所示的内容。

　　图1中横轴为经济转型所经历的时间区间，纵轴为在成本收益分析视角下经过统计测度后得出的经济转型绩效综合指数值，这一指数值即是被用来评价经济转型绩效的指标值，用 P（Performance）来表示。图中 $Y^*$ 为经济转型的效率前沿，这一效率前沿经常被研究者用来作为评价实际经济运行效率"好""坏"的标准（如图1所示）。若实际的综合效率位于图中 $Y_1$ 曲线所处的轨迹，则实际效率超出了效率前沿，这说明经济转型的绩效就是有效率的。反之，若实际效率轨迹位于 $Y_2$ 所处的轨迹上，则实际效率低于前沿效率，那么反映在现实中就是经济转型的绩效处于无效率的状态。这一模型反映的经济含义有：第一，经济转型是在体制变革的创新条件下发生的，这一"过程中经济"的突出特征是非均衡和动态不确定性，因此经济转型的收益与成本之间可能出现不匹配或偏离最优值的情况；第二，经济转型成本在一个较长时期内由各种制度变迁产生的效率损失或者费用支付集中表现出来，以此时点为准对经济转型收益与成本进行量化分析能够避免对转型绩效评价的高估或低估风险；第三，应当关注经济转型既定收益背后的经济转型成本问题，以低成本的经济转型模式指导经济转型实践，防止经济转型整体绩效的下滑。

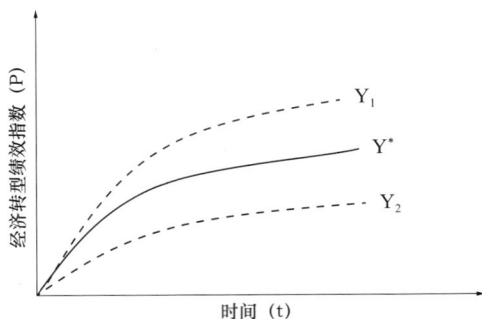

**图 1　经济转型绩效指数**

## 四、构建低成本协调发展的经济转型模式

　　在经济转型因非均衡而引起收益与成本共存的情况下，将成本与收益变量作为综合评价经济转型绩效的内容，其目的是在保证经济转型收益的前提下控制经济转型成本，通过治理非均衡从而提高经济转型的整体绩

效。因此，本书在提出经济转型绩效的成本—收益分析模型基础之上，深入分析如何构建低成本的经济转型模式对实现协调发展的经济转型具有重要意义。

构建低成本的经济转型模式并非意味着要实现零成本的经济转型，也并非意味着经济转型的成本最小就是最好。已有研究显示，对经济转型绩效的评价要综合对比收益与成本的变动，当经济转型收益为既定时经济转型的成本越小，经济转型的净利润就越高，转型的绩效就越显著。然而如果经济转型的收益本身不高，即使经济转型的成本较低，经济转型绩效也不能被判定为良好。因此，应该在保证经济转型收益的基础上构建低成本的协调发展经济转型模式。从成本—收益分析框架来建立低成本的经济转型模型与协调发展经济转型模式需要重点关注和解决以下两方面的问题。

第一，构建经济转型的利益补偿机制，推进协调发展的社会经济体制建设。利益冲突和利益摩擦是经济转型过程中不可避免的，并且影响着经济转型成本，合理的补偿机制能够通过缓解利益摩擦的程度相应地降低经济转型成本。由于利益补偿是为了降低经济转型成本，提高转型绩效而发生的，因而有助于为经济转型消除障碍，但其形式却是以费用支付的方式为利益受损者提供货币性的转移支付，本身又具有一般意义上成本的性质。因此，在设计经济转型的利益补偿机制时应该注意界定补偿的程度和范围，遵循成本最小的原则设计利益补偿机制，以保证实现收益最大化。

第二，解决好公平与效率的矛盾，促使经济转型成本向收益转化。妥善处理好公平与效率的问题是经济转型中的重要一环，然而对公平这一概念的差异化理解影响着经济政策的侧重点，进而造成了不同的经济转型绩效。计划经济体制下人们把分配的绝对平等定义为公平，其结果是极大地遏制了经济效率，这种低效率最终形成了经济转型发生的直接动因。在市场经济体制逐渐建立的过程中，人们追求效用最大化的理性本能被广泛肯定，经济政策向有效率的改进偏向通过产权保护和部分非公有制经济产权的形式出现，使得国民财富显著增长。然而经济效率的提高却因两极分化和低收入者的民生问题受到抑制，因而当经济转型进入中后期阶段，在经济收益总体水平持续增长的趋势下通过各种改革措施解决好内部公平问题，将有利于促使部分转型成本向收益转化，从而实现长远的经济转型绩效目标，这对实现创新、协调、绿色、开放、共享的新发展理念有重要的现实意义和价值。

综上所述，本书试图提出一种新的有关经济转型绩效评价的思路，即成本—收益分析视角。在论述了中国经济转型所涉及的主要方面和内容后，分别通过建立经济转型的成本函数、经济转型的收益函数和经济转型绩效的成本—收益分析模型，从而在逻辑上搭建起关于中国经济转型绩效分析的研究框架。接下来的 3 章将在此研究框架之上对经济转型成本、经济转型收益以及经济转型绩效的成本收益分别展开详细的理论和实证分析。这一分析框架的建立整合了评价经济转型绩效的成本与收益两方面的因素，为经济转型绩效进行成本—收益综合分析提供了富有建设性的研究思路。与此同时，本书在提出经济转型绩效的成本—收益分析模型基础之上，深入分析如何构建低成本的经济转型模式对实现协调发展的经济转型具有重要的价值。在经济转型因非均衡而引起收益与成本共存的情况下，将成本与收益变量作为综合评价经济转型绩效的内容，其目的是在保证经济转型收益的前提下控制经济转型成本，通过治理非均衡从而提高经济转型的整体绩效。因此需要解决与控制成本相关的问题，降低新时期的经济转型成本，一方面要构建经济转型的利益补偿机制，推进协调发展的社会经济体制建设；另一方面要解决好公平与效率的矛盾，促使经济转型成本向收益转化。

# 第三章 改革开放 40 年以来中国经济转型成本及其度量

## 第一节 经济转型成本的内涵与度量

改革开放 40 年以来中国经济转型取得了巨大成就，1978~2017 年经济年均增长 9.5%[①]，成为世界同期经济增长速度最快的国家。与此同时，居民整体居住条件、社会交通基础设施、通信设施、城市公用设施等显著改善，居民生活水平不断提高，这标志着 1978 年以来的中国经济转型取得了阶段性收益。但经济转型带来巨大收益的同时也必然产生一定的成本，原来被推迟、忽略、隐藏的成本将以累积、转移的方式在后续的转型阶段中反映出来。这种分步、后推的成本摊销模式在转型初期带来了较快的经济红利，促进了经济发展，但同时又给后续的转型增加了难度。当前中国经济转型已经进入中后期阶段，长期积累的矛盾逐渐显现，在保持收益的同时控制转型成本已经成为下一阶段中国经济转型的首要任务。从当前转型经济学研究现状来看，理论界对经济转型成本的研究关注较少，对经济转型成本概念的界定不统一，更疏于从实证角度进行测度分析。为分析中国经济转型成本的演变趋势，揭示中国经济转型的演进特征，本书试图从制度变迁的"非均衡"视角出发，对经济转型成本作出新的概念界定，并在此基础之上从统计与计量的角度建立综合指标体系来测度 1978~2017 年中国经济转型成本指数，分析其时间序列的特征及变动轨迹。

---

[①] 国家统计局国际中心：《国际地位显著提高 国际影响力明显增强》，《中国信息报》2018 年 9 月 18 日。

## 一、经济转型成本的界定

（一）经济转型成本的界定

界定经济转型成本首先需要理解经济转型。吕炜认为就经济转型过程而言，经济转型是两种经济制度或运行机制的中间状态，即转型经济体从一种制度均衡演化或跃迁到另一种制度均衡的转折时期[①]。在经济体制转型过程中，各组成要素间并不存在一个最优或者次优的状态，即使正式制度可以迅速建立，但它与非正式制度的相互适应、调节和契合仍然会是一个渐进、长期的过程。即使宏观政策可以迅速重建，但微观经济基础及微观经济秩序的重建则需要更长时间，从而无法客观地寻找到一个符合真实情况的制度均衡结构，制度难以建立自我矫正机制（Self-correction）和自我收敛机制（Self-convergence）。因此，非均衡是转型经济体表现出的一个突出特征。从本质上讲，经济转型的非均衡运动在于两种体制转换过程中的彼此共存和影响力的变化，根源在于不同经济转型阶段与所采用体制的不相协调，这是经济体制转型及新体制建立在经济运行中的客观反映。

由于经济转型是一场大规模的制度变迁过程，单纯某一环节或某一方面的制度变化不足以形成发达的市场经济制度。然而经济转型则是在经济体制变革的大背景下由计划经济向市场经济转变以及由此引起的涉及经济内容的转型，而政治、社会、文化等转型则属于其他层面的转型，不应纳入经济转型的研究范围。因此，基于转型经济体经济体制变迁的"非均衡"视角，本书将经济转型成本定义为：由计划经济体制均衡状态向市场经济体制均衡状态过渡时产生的非均衡而造成的费用支付或者效率损失（如图 2 所示）。这在一定义上意味着，经济转型成本产生的原因在于制度的演进偏离理想状态下的均衡状态。从制度演化的动态性来看，制度非均衡是任何转型经济体经济社会的常态，但产生经济转型成本的制度非均衡的原因是两种制度之间存在着相互排斥关系，自我双向适应调整机制没有建立起来，此时需要借助于外部力量（例如政府推动的改革）来实现制度相对均衡。此外，由于经济转型是一个长期过程，转型道路在现实中不可能是线性的，因此在不同的时期经济转型成本应有不同的表现形式。正如科勒德克所言，从计划经济向市场经济转型，无论是实行"激进改革"方案还是实行"渐进改革"方案，总体上都不可能"一步到位"，而需要

---

[①]  吕炜：《经济转轨理论大纲》，北京，商务印书馆 2006 年版，第 272~273 页。

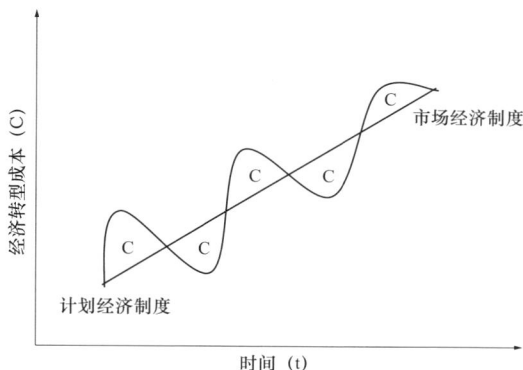

图 2　经济转型成本指数示意图

一个长期的过程，因此相应的经济转型成本也具有长期性[①]。

（二）经济转型成本的特征

通过上文对经济转型成本的概念界定，结合中国经济转型的实践分析，可以得出中国经济转型成本有以下 4 个方面的特征。

一是经济转型成本的长期性。中国经济转型采取了渐进式的改革路径，其特点是从易到难，由浅入深。改革初期采取分层次的方式逐渐推进转型，使得新旧体制并存形成了中国特有的"双轨制"经济。然而当经济转型进入后期阶段时，转型初期没有暴露的矛盾逐渐显露，增加了深化转型的难度，延误了转型完成的时间，这样伴随经济转型始终的经济转型成本也随着转型的延误而具有了长期性。

二是经济转型成本的动态性。经济转型的成本不是静态的，也不是固定的。随着经济转型的发生和深入，经济转型成本在不同时期呈现出动态的变化趋势。经济转型初期表现为成本小、收益高的特点，当转型进入攻坚阶段时，各种利益集团的重复博弈会带来利益重新分配，利益损失的团体将成为阻止转型的势力，从而增加了转型的成本。为了弥补一部分利益集团的福利损失，政府又以经济补偿的方式试图减小转型的阻力，实际上同样又增大了转型的成本。但是当补偿奏效、阻力消失时转型成本又会回落。

三是经济转型成本的可控性。中国的经济转型是一种由民间创新、政府主导的制度变迁。由于经济转型的开展和深化都是由政府自上而下来推

---

① ［波兰］G.W. 科勒德克：《从"休克"失败到"后华盛顿共识"》，《经济社会体制比较》1999 年第 2 期。

行的，因此伴随经济转型过程始末的经济转型成本也处于政府有效控制之中。改革开放 40 年来，经济转型的实践证明我国政府具有及时发现和调整经济转型成本的能力，始终把改革成本控制在社会经济可承受的范围之内。

四是经济转型成本与收益的对等性。经济转型成本与收益具有对称的性质，成本支付的主体也应当是获取收益的主体，只是在成本向收益结转的过程中存在一定的时间差。经济转型的成本也具有与转型收益对等的性质。例如在对外开放过程中国民经济一方面因外贸依存度高在经济创新性方面付出了较大代价；另一方面对外贸易收入得到了补偿，形成了高额的外汇储备，这也增强了转型经济体的综合经济实力。

（三）经济转型成本的构成

依据上述关于经济转型成本内涵的界定和特征分析，本书试图对经济转型成本的外延作出科学的解构和划分。根据经济转型包含的内容结合中国经济转型实践，我们将经济转型过程中发生的成本依次划分为：从计划经济体制转向市场经济体制转变中产生的经济体制转型成本；从传统生产方式到现代化进程变革中带来的经济结构转型成本；从粗放型经济增长方式向集约型经济增长方式转变产生的经济发展方式转型成本；从封闭到开放的对外开放过程中产生的经济全球化转型成本。这 4 个方面全面的结构划分是在紧扣经济转型成本概念内涵的基础上，结合中国特色社会主义市场经济建立的过程以及改革开放 40 年来的历史实践总结而成的，既符合经济转型成本的内涵，也反映了中国改革开放 40 年的历史，全面地刻画了经济转型各方面的内容以及与经济转型相伴而生的各种费用支付与效率损失。

1. 由计划经济到市场经济的体制转型成本

经济转型表现为一场大规模的制度变革，以改革开放为起点的中国经济转型，在颠覆传统经济体制的过程中逐渐探索出一条符合中国国情的渐进式改革道路。经济转型中的制度变革主要涉及体制变革和利益分化两个方面的内容。计划经济体制奉行的"平均主义"割裂了生产效率对经济绩效的影响关系，绝对平均导致了消极怠工和资源浪费，给国民经济运行带来了居高不下的经济成本，严重影响了国民经济的宏观收益。然而，计划经济体制下的低效率又激励了新制度的形成，促使新制度的创新和变革成为可能。新制度的产生和创立以及实施需要付出代价，这就形成了经济体制转型的制度供给成本，也可以看作经济体制转型的内部成本。中国经济转型是一场自上而下的政府主导型制度变迁，因此体制转型中制度供给的费用主要由政府来负担，集中表现为各种行政费用和财政负债的变动。

随着经济体制变革发生，我国逐渐走上了高效率市场经济体制的经济转型道路，在经济转型发生的初始阶段经济利益总量显著增加，各种利益团体共同受益并一致拥护改革。随着市场化程度不断加深，新旧不同经济主体的经济效率开始出现显著差别，当经济转型触动既得利益集团的经济利益时，经济转型受到的阻力明显增加，各利益集团相互博弈出现利益分化。集中表现为制度变革的利益异化成本，这是体制转型显著的外在表现，可以认为是体制转型的外部成本。为了保证经济转型实现宏观整体上的经济收益，我国采取了增量改革法，延迟了因经济利益分化产生冲突和摩擦而必须付出的经济成本，短期内维持了经济转型的绩效。然而，当经济转型进入中后期阶段，利益矛盾累积并且以更加快速的方式显露出来，此时曾经奏效的增量改革已无法有效化解各种社会经济矛盾摩擦，给经济转型的继续推进带来了前所未有的阻力，引起了经济转型的体制转型成本逐渐增加。

2. 由传统到现代的经济结构转型成本

一方面，发展中国家存在着性质完全不同的两种经济结构，以城市为代表的现代化工业和以农村为代表的传统农业并存构成了典型的二元经济结构。二元经济结构的存在和转化是发展中国家经济系统的基本特征。中国是世界上最大的发展中国家，其经济结构也表现出典型的二元性特点。新中国成立后，我国在高度集中的中央计划经济体制下走上了一条特殊的工业化道路，受重工业优先发展理论的影响，我国在工业化进程的初始阶段选取了工农价格剪刀差的方式以减少部分农业和农村的利益来支援工业和城市建设。然而工业的跨越式发展超出了农业所能承受的能力范围，影响了农业的可持续发展。经济转型发生以后，面对农村经济萎缩和工农差距拉大的严峻形势，努力实现二元经济结构转换成为经济转型过程中经济结构调整的重要内容，由此伴随经济结构转换的各种调整成本也逐渐显现出来。主要表现为：二元经济结构转化过程中城乡收入差距和福利水平不断拉大，以及由于收入差距影响居民消费倾向不断降低而造成的交易效率损失。以上经济成本和效率损失构成了经济转型中二元经济结构转换过程发生的成本，这严重影响了经济转型绩效的提高。

另一方面，产业结构调整是制度变迁和经济转型的中心环节，构成了我国经济转型的重要组成部分，经济转型的成败在很大程度上取决于产业结构调整的成功与否。经济结构转换的目标是要实现工业化、城市化和现代化，产业结构调整是实现这个目标的关键环节。以人均收入水平为判断依据，改革开放 40 年以来我国已经完成了工业化的初级阶段，进入工业化的中期阶段正在向更高水平的工业化和现代化迈进。然而，在经济转型过程中也出现了产业结构发展不平衡的问题，成为制约中国工业化继续向现代化转型的症结所在。在调整产业结构的过程中不可避免地会发生经济成本，集中表现为产业结构配置不合理、不均衡而引起的非充分就业以及由此造成的经济效率损失。

3. 由粗放到集约的经济发展方式转型成本

纳入了经济发展的经济转型成本要求扩展经济转型的目标，能够更加全面地反映出经济转型可持续的能力，使其对经济绩效的长期评价更具有科学意义。根据广义转型成本的含义并结合中国从粗放到集约型经济增长方式转变的实际，本书将经济转型的发展成本概括为要素价格成本、治理污染成本两个方面的内容。

一方面，中国在经济转型的初始阶段经济收益和生产率提高主要依靠的是比较优势。低廉的要素（土地、劳动力、能源等）使用成本和广阔的国内市场是刺激经济高速增长的最主要动力。当经济转型进入后期阶段，经济收益实现了趋同，我国在转型初期表现突出的要素价格比较优势逐渐丧失，然而在粗放型生产模式的主导下，新的优势还未形成，相对较高的要素使用代价导致经济增长缺乏有效率的牵引动力，严重制约了经济收益和生产率的边际增加量，此时经济开始表现出规模报酬递减。已经形成的规模经济带来生产能力的扩张必将导致生产要素需求量增加，生产要素有效供给不足伴随要素价格急剧上涨导致了要素使用成本骤然增加，制约了经济持续发展的动力，提高了经济发展的要素价格成本。

另一方面，在工业化初期的计划经济体制下，优先发展重工业的战略和粗放型经济增长方式导致了资源过度开采和浪费，造成了普遍性的环境污染问题，居高不下的单位能耗和生态环境恶化与经济效率低下并存，制约了经济绩效的增长。随着经济转型和社会进步，环境污染的负外部性开始被广泛关注，我国在 1995 年明确提出了转变经济增长方式的政策要求，治理污染成为实现经济可持续发展目标的关键。为治理污染而产生的罚金、税收、防治与治理费用是将已发生的污染外部性内部化的主要手段，与此同时用于维护环境现状的经济支出和用于防止未来环境污染的企业投入性支出都是经济转型过程中发生的治理污染的环境成本。

4. 由封闭到开放的经济全球化转型成本

经济转型是一个从封闭走向开放的变革过程，改革开放 40 年以来中国参与经济全球化进程日益加快，2008 年贸易总额排名进入全球前三位，然而贸易依存度也攀升至改革开放初期的 6 倍以上。2012 年中国的贸易依存度为 50%，远高于其他大的经济体（美国为 25%，日本为 20%）[1]。逐年增长的贸易依存度问题成为影响近年来国民经济运行的重要问题。在经济高速增长的同时，较高的外贸依存度也成为影响国内经济创新的风险。尤其当受到金融危机的冲击时，较高的外贸依存度经常导致经济迅速萎缩和国内需求大幅下降以及失业增加的问题，给国民经济带来了快速而沉重的打击，增加了外贸的风险，尤其当高新技术也主要依靠国外引进时，将不利于刺激国内的技术创新和进步，伴随生成的技术变革成本妨碍了转型国家经济可持续发展，增加了对外开放的阻力。

## 二、经济转型成本分析的维度及指标体系的建立

从数据的客观性、可获取性、动态性和指导性原则出发，通过构建经济转型成本的综合评价指标体系，运用综合评价的方法考察经济转型成本各构成部分的差别及显著特征，从而为经济转型提供科学的决策信息。

（一）建立经济转型成本综合评价指标体系的原则

建立经济转型成本评价指标体系，必须从经济转型的目标出发结合经济转型过程中生成的经济体制转型成本、经济结构转型成本、经济发展转型方式成本和经济全球化转型成本 4 个方面对经济转型成本作出综合评价，达到全面、客观、科学的指标量化要求，因此在设计指标体系时需要具备以下原则。

1. 客观性

经济转型成本评价指标体系是在依据经济转型成本概念界定和成本构成理论的基础上形成的，因而建立的指标体系具有科学、客观的依据，有利于增强量化结果的可信性和客观性。

2. 数据可获得性

从指标体系中选取的指标均可以从相关的统计年鉴中获得，不能直接获取的指标也可以通过数理统计的方法经处理之后获得。从而能够保证整套指标体系在具体操作和实践中的可行性。

3. 动态性

对经济转型成本的评价既要包括静态指标，还要有纳入发展含义的动

---

[1] 林毅夫、玛雅：《中国发展模式及其理论体系构建》，《开放时代》2013 年第 5 期。

态指标，考虑转型发展的持续性能力与对外开放的效率损失。具体度量指标均选取增量变动率即边际成本表示法，体现了经济转型成本随时间而变化的动态性特征。

4. 指导性

建立指标体系的目的在于引导主导经济转型的政府机构提高控制经济转型成本以及引导各经济利益主体合理分摊经济转型成本的能力。因此，设计的指标体系最终是为政府决策提供科学、准确的信息，体现政府行为与转型目标相一致的政策指导性。

（二）经济转型成本的分析维度

从制度变迁的角度来看，中国经济转型是多重转型，总体上主要涉及 4 个方面内容：一是经济体制转型，即由计划经济体制向市场经济体制转型；二是经济结构转型，由传统经济结构向现代经济结构转型；三是经济发展方式转型，即经济增长方式由粗放型向集约型转变；四是经济全球化转型，即由封闭型经济向封闭型和开放型经济并进从而向全球化转型。据此，经济转型成本可以从以下 4 个维度进一步划分。

1. 经济体制转型成本（B1）维度

中国经济体制转型的逻辑主要包括两个方面：一方面是在保持原有财产制度框架下，引入竞争体制发展非公有制经济；另一方面则是改革原有产权的内部结构，推进国有企业改革。这一制度替代和转换过程可以概括为"双轨过渡和增强改革"。从经济转型实践来看，这种多元化的产权制度是一种较好的选择，但从制度演进的角度分析，它仍是一种非均衡的制度状态，具有很大的不确定性，必然产生大量的摩擦成本、认知成本、实施成本、补偿成本等。据此，可以把经济体制转型成本进一步划分为制度供给成本（C1）、所有制转换成本（C2）和公平性损益（C3）3 个部分。本书用国家财政对国有企业亏损补贴（D1）、行政费用支出占 GDP 比重（D2）、政策性补贴支出占 GDP 比重（D3）3 个指标来度量制度供给成本；用城镇登记失业率（D4）、国有商业银行不良贷款率（D5）、国有企业总资产利润率（D6）来衡量经济体制转型成本。同时经济转型作为制度调整，不同主体获得的收益并不相同，也会产生大量公平性损失（C3），这部分成本也理应计入，用基尼系数（D7）和泰尔指数（D8）两个指标度量。

2. 经济结构转型成本（B2）维度

中国经济转型的初始条件是经济发展水平低、产业结构较为落后，这也决定中国经济转型过程是一个结构调整和升级的过程。但对于任何一个落后国家的国民经济运行来说，经济结构中的传统部门为主体向现代部门发育都十分艰难，经济体制与发展阶段常产生时空错位，由此伴随的结构转换成本便成为不可忽视的成本，表现在城乡结构、产业结构、区域发展结构等方面发展不协调，资源配置不合理。本书用二元对比系数（D9）、城乡收入差距比（D10）、城乡居民恩格尔系数（D11）3 个指标衡量二元结构转换成本（C4），用金融业与制造业平均工资之比（D12）、国家财政用于农业支出比重（D13）、第二产业产出缺口（D14）衡量产业结构调整成本（C5），用西部地区 GDP 占全国 GDP 比重（D15）、人均 GDP 变异系数（D16）衡量区域结构变动成本（C6）。

3. 经济发展方式转型成本（B3）维度

大量的理论研究和实践已证明废除竞争性的信息机制不可能不遭受巨大的动态效率损失。分散化的市场系统以价格为信号，提供激励与积累，引导资源配置，这意味着市场经济本质上属于一种集约的资源配置方式。但经济转型经济体由于市场经济体制不健全，要素价格相对扭曲、企业的预算非完全硬约束或者激励不足，往往造成效率损失，生产方式粗放，环境质量恶化，发展不协调。本书用资本产出比（D17）、全要素生产率（D18）来度量要素使用非集约成本（C7）；用工业污染治理完成投资（D19）、工业废水排放量（D20）、环境污染指数（D21）3 个指标来度量发展的环境代价（C8）；用城市化滞后于工业化率（D22）、消费率滞后于投资率（D23）来度量发展不协调成本（C9）。

4. 经济全球化转型成本（B4）维度

中国经济转型并不是封闭的，而是开放条件下的全球化转型。全球化一方面使得中国经济体制更富有弹性，另一方面也带来了市场损失（C10）和对外依存风险成本（C11），表现在跨国公司对中国市场的占有，中国宏观经济发展受外部影响较大等多个方面，这两种成本也需要计入经济转型成本之中。本书用进口占 GDP 比重（D24）、资本外逃（D25）来衡量经济全球化转型带来的市场损失，用对外贸易依存度（D26）和外债负债率（D27）两个指标度量对外依存风险成本。

（三）经济转型成本测度指标体系的建立

基于上述 4 个维度的分析，本书设计了测度经济转型成本的综合评价指标体系（如表 2 所示）。

## 表 2　经济转型成本的综合评价指标体系

| 总体层 | 系统层 | 状态层 | 要素层 | 要素属性 |
|---|---|---|---|---|
| 经济转型成本（A） | 经济体制转型成本（B1） | 制度供给成本（C1） | 国家财政对国有企业亏损补贴（亿元）（D1） | 正 |
| | | | 行政费用支出占 GDP 比重（%）（D2） | 正 |
| | | | 政策性补贴支出占 GDP 比重（%）（D3） | 正 |
| | | 所有制转换成本（C2） | 城镇登记失业率（%）（D4） | 正 |
| | | | 国有商业银行不良贷款率（%）（D5） | 正 |
| | | | 国有企业总资产利润率（%）（D6） | 逆 |
| | | 公平性损益（C3） | 基尼系数（D7） | 正 |
| | | | 泰尔指数（D8） | 正 |
| | 经济结构转型成本（B2） | 二元结构转换成本（C4） | 二元对比系数（D9） | 逆 |
| | | | 城乡收入差距比（%）（D10） | 正 |
| | | | 城乡居民恩格尔系数（D11） | 正 |
| | | 产业结构调整成本（C5） | 金融业与制造业平均工资之比（%）（D12） | 正 |
| | | | 国家财政用于农业支出比重（%）（D13） | 逆 |
| | | | 第二产业产出缺口（%）（D14） | 正 |
| | | 区域结构变动成本（C6） | 西部地区 GDP 占全国 GDP 比重（%）（D15） | 逆 |
| | | | 人均 GDP 变异系数（D16） | 正 |
| | 经济发展方式转型成本（B3） | 要素使用非集约成本（C7） | 资本产出比（%）（D17） | 正 |
| | | | 全要素生产率（%）（D18） | 逆 |
| | | 发展的环境代价（C8） | 工业污染治理完成投资（万元）（D19） | 正 |
| | | | 工业废水排放量（万吨）（D20） | 正 |
| | | | 环境污染指数（D21） | 正 |
| | | 发展不协调成本（C9） | 城市化滞后于工业化率（%）（D22） | 正 |
| | | | 消费率滞后于投资率（%）（D23） | 正 |
| | 经济全球化转型成本（B4） | 市场损失（C10） | 进口占 GDP 比重（%）（D24） | 正 |
| | | | 资本外逃（亿美元）（D25） | 正 |
| | | 对外依存风险成本（C11） | 对外贸易依存度（%）（D26） | 正 |
| | | | 外债负债率（%）（D27） | 正 |

## 三、1978~2017 年中国经济转型成本的测度

（一）各级指标权重的确定

各级指标权重表示对经济转型成本这一综合概念的解释程度，因此科学确定指标权重能够提高经济转型成本量化结果的精确性。一般采用德尔菲法、层次分析法和主成分法来确定总体层和系统层指标的权重。由于符合主观性较强的约束条件，本书采用 AHP 统计分析法确定各因素权重值具有显著的合理性和优势。

经济转型成本量化综合指数的度量方法依据下列公式进行计算：

$$E = \sum_{i=1}^{3} M_i \sum_{j=1}^{n} [M_{ij} \sum_{k=1}^{m} (M_{ijk} C_{ijk})] ①$$

AHP 统计分析法的关键是确定判断矩阵并进行一致性检验，若判断矩阵通过一致性检验则系统识别为有效。本书通过设计调查问卷，请 10 名专家给各指标打分，加权平均汇总得出判断矩阵，表 3、表 4 给出的是系统层和状态层指标的判断矩阵、特征向量及一致性检验结果。其中系统层的经济全球化转型成本只有两个维度，本书认为市场损失较对外依存风险略大，因此直接赋予市场损失权重 0.6，对外依存风险权重 0.4。由于要素层指标数量较多，无法通过 AHP 统计分析法获得权重，因此在状态层的基础上对其取分层平均值。表 3、表 4 分别显示各判断矩阵的 CR 值均小于 0.1，表明各判断矩阵均通过了一致性检验。据此，便可以得到测度中国经济转型成本的各级指标权重（如表 5 所示）。

**表 3　系统层指标判断矩阵、特征向量及一致性检验结果**

|  | B1 | B2 | B3 | B4 | 特征向量 | 最大特征值 | 一致性检验 |
|---|---|---|---|---|---|---|---|
| B1 | 1 | 2 | 3 | 4 | 0.467 | | |
| B2 | 1/2 | 1 | 2 | 3 | 0.278 | $\lambda_{max}=4.031$ | $CR=0.081$ |
| B3 | 1/3 | 1/2 | 1 | 2 | 0.160 | | |
| B4 | 1/4 | 1/3 | 1/2 | 1 | 0.095 | | |

---

① $M_i$ 是指标体系中第 i 个一级指标体系的权重；$M_{ij}$ 是某个一级指标层中第 j 个二级指标在该层中的权重；$M_{ijk}$ 是在某个二级指标层中选取的第 k 个指标在该层中所占的权重；$C_{ijk}$ 是在 i 个一级指标层中，第 j 个二级指标层中选取的第 k 个指标相对转型成本的隶属程度。

其中，$\sum_{i=1}^{3} M_i = 1$，$\sum_{j=1}^{n} M_{ij} = 1$，$\sum_{k=1}^{m} M_{ijk} = 1$。

**表 4　状态层指标判断矩阵、特征向量及一致性检验结果**

| 3—1：B1 | | | | | |
|---|---|---|---|---|---|
| | C1 | C2 | C3 | 特征向量 | 最大特征值 | 一致性检验 |
| C1 | 1 | 1/4 | 1/4 | 0.109 | | |
| C2 | 4 | 1 | 2 | 0.547 | $\lambda_{max}$=3.054 | $CR$=0.047 |
| C3 | 4 | 1/2 | 1 | 0.345 | | |

| 3—2：B2 | | | | | |
|---|---|---|---|---|---|
| | C4 | C5 | C6 | 特征向量 | 最大特征值 | 一致性检验 |
| C4 | 1 | 3 | 5 | 0.648 | | |
| C5 | 1/3 | 1 | 2 | 0.230 | $\lambda_{max}$=3.004 | $CR$=0.003 |
| C6 | 1/5 | 1/2 | 1 | 0.122 | | |

| 3—3：B3 | | | | | |
|---|---|---|---|---|---|
| | C7 | C8 | C9 | 特征向量 | 最大特征值 | 一致性检验 |
| C7 | 1 | 1/2 | 3 | 0.333 | | |
| C8 | 2 | 1 | 3 | 0.528 | $\lambda_{max}$=3.054 | $CR$=0.047 |
| C9 | 1/3 | 1/3 | 1 | 0.140 | | |

**表 5　中国经济转型成本测算的各级指标权重**

| 系统层 | | 状态层 | | 要素层 | |
|---|---|---|---|---|---|
| 指标 | 权重 | 指标 | 权重 | 指标 | 权重 |
| B1 | 0.467 | C1 | 0.051 | D1 | 0.017 |
| | | | | D2 | 0.017 |
| | | | | D3 | 0.017 |
| | | C2 | 0.255 | D4 | 0.085 |
| | | | | D5 | 0.085 |
| | | | | D6 | 0.085 |
| | | C3 | 0.161 | D7 | 0.081 |
| | | | | D8 | 0.081 |
| B2 | 0.278 | C4 | 0.180 | D9 | 0.060 |
| | | | | D10 | 0.060 |
| | | | | D11 | 0.060 |

续表

| 系统层 | | 状态层 | | 要素层 | |
|---|---|---|---|---|---|
| 指标 | 权重 | 指标 | 权重 | 指标 | 权重 |
| B2 | 0.278 | C5 | 0.064 | D12 | 0.021 |
| | | | | D13 | 0.021 |
| | | | | D14 | 0.021 |
| | | C6 | 0.034 | D15 | 0.017 |
| | | | | D16 | 0.017 |
| B3 | 0.160 | C7 | 0.053 | D17 | 0.027 |
| | | | | D18 | 0.027 |
| | | C8 | 0.084 | D19 | 0.028 |
| | | | | D20 | 0.028 |
| | | | | D21 | 0.028 |
| | | C9 | 0.022 | D22 | 0.011 |
| | | | | D23 | 0.011 |
| B4 | 0.095 | C10 | 0.057 | D24 | 0.029 |
| | | | | D25 | 0.029 |
| | | C11 | 0.038 | D26 | 0.019 |
| | | | | D27 | 0.019 |

注：状态层指标的权重都是相对总体经济转型成本而言。

（二）经济转型成本综合指数的测度

由于各个指标的单位不统一，因此在加权过程中首先需要对原始数据进行无量纲化的处理[①]，将各指标划到（0，1）的范围内。再将各个指标加权得到转型成本指数 A，B1，B2，B3，B4，据此我们得到 1978~2017 年中国经济转型成本指数（如图 3 所示）。

其中，D1、D2、D3、D13 来源于《中国财政年鉴（2017 年卷）》，D4、

---

[①]　对正向指标采用 $\overline{D_i} = \dfrac{D_i - \min(D_i)}{\max(D_i) - \min(D_i)}$，对逆向指标采用 $\overline{D_i} = \dfrac{\max(D_i) - D_i}{\max(D_i) - \min(D_i)}$ 的处理方法。

D9、D10、D11、D12、D15、D19[①]、D20、D24、D26、D27 来自《中国统计年鉴 2017》或依据各年统计年鉴的相关数据计算而得。D4 数据部分来自《从贫困地区到贫困人群：中国扶贫议程的演进——中国贫困和不平等问题评估》，D5 数据部分来自《国有商业银行账面不良贷款、调整因素和严重程度：1994—2017》，D17 中需要的资本存量来自《中国资本存量 K 的再估算：1952—2006 年》[②]，D18 来自《中国全要素生产率变动的再测算：1978—2007 年》，D21 部分数据来自《对外贸易、FDI 对环境污染的影响分析——基于中国时间序列的脉冲响应函数分析：1982—2006》，D22 部分数据来自《衡量城市化与工业化比较水平的新指标研究》，D25 来自《转型时期中国资本外逃研究》[③]。

**表 6　中国经济转型成本的综合指数值**

| 年份 | 经济体制转型成本 | 经济结构转型成本 | 经济发展方式转型成本 | 经济全球化转型成本 | 经济转型成本 |
|---|---|---|---|---|---|
| 1978 | 0.1416 | 0.1554 | 0.0214 | 0.0000 | 0.3183 |
| 1979 | 0.1573 | 0.1503 | 0.0573 | 0.0024 | 0.3674 |
| 1980 | 0.1764 | 0.1461 | 0.0640 | 0.0047 | 0.3912 |
| 1981 | 0.1779 | 0.1179 | 0.0518 | 0.0074 | 0.355 |
| 1982 | 0.1723 | 0.1039 | 0.0781 | 0.0069 | 0.3612 |
| 1983 | 0.1718 | 0.0933 | 0.0765 | 0.0076 | 0.3492 |
| 1984 | 0.1785 | 0.1113 | 0.0799 | 0.0149 | 0.3846 |
| 1985 | 0.1926 | 0.1216 | 0.0817 | 0.0180 | 0.4138 |
| 1986 | 0.1999 | 0.1289 | 0.0783 | 0.0241 | 0.4312 |
| 1987 | 0.2028 | 0.1287 | 0.0847 | 0.0288 | 0.445 |
| 1988 | 0.2077 | 0.1238 | 0.0890 | 0.0270 | 0.4475 |
| 1989 | 0.2257 | 0.0933 | 0.0610 | 0.0240 | 0.4041 |

---

① D19，D20，1978~1984 年是作者估算值，估算的方法是分别将 1985~2017 年 GDP 与 D19、D20 作了线性回归，据此依据 1978~1984 年 GDP 求出相应数值。

② 2017 年资本存量 K 经估算后得出。

③ 牛晓健、姜波克：《转型时期中国资本外逃研究》，《经济体制改革》2005 年第 5 期。

续表

| 年份 | 经济体制转型成本 | 经济结构转型成本 | 经济发展方式转型成本 | 经济全球化转型成本 | 经济转型成本 |
|---|---|---|---|---|---|
| 1990 | 0.2170 | 0.1273 | 0.0567 | 0.0392 | 0.4401 |
| 1991 | 0.2237 | 0.1226 | 0.0724 | 0.0441 | 0.4628 |
| 1992 | 0.2337 | 0.1354 | 0.0720 | 0.0496 | 0.4907 |
| 1993 | 0.2647 | 0.1568 | 0.0642 | 0.0392 | 0.525 |
| 1994 | 0.2649 | 0.1827 | 0.0629 | 0.0545 | 0.5651 |
| 1995 | 0.2450 | 0.1788 | 0.0684 | 0.0511 | 0.5433 |
| 1996 | 0.2017 | 0.1796 | 0.0521 | 0.0387 | 0.4713 |
| 1997 | 0.2147 | 0.1765 | 0.0484 | 0.0393 | 0.4789 |
| 1998 | 0.2627 | 0.1783 | 0.0708 | 0.0494 | 0.5611 |
| 1999 | 0.3195 | 0.1737 | 0.0684 | 0.0438 | 0.6054 |
| 2000 | 0.3713 | 0.1674 | 0.0739 | 0.0431 | 0.6556 |
| 2001 | 0.3418 | 0.1656 | 0.0723 | 0.0692 | 0.6489 |
| 2002 | 0.3399 | 0.1526 | 0.0789 | 0.0432 | 0.6147 |
| 2003 | 0.3390 | 0.1641 | 0.0967 | 0.0738 | 0.6736 |
| 2004 | 0.3223 | 0.1892 | 0.1079 | 0.0651 | 0.6844 |
| 2005 | 0.3222 | 0.1618 | 0.1338 | 0.0799 | 0.6977 |
| 2006 | 0.2941 | 0.1594 | 0.1266 | 0.0839 | 0.6639 |
| 2007 | 0.3040 | 0.1695 | 0.1420 | 0.0828 | 0.6983 |
| 2008 | 0.3089 | 0.1696 | 0.1487 | 0.0879 | 0.6998 |
| 2010 | 0.3078 | 0.1732 | 0.1546 | 0.0890 | 0.7231 |
| 2012 | 0.3076 | 0.1733 | 0.1547 | 0.0891 | 0.7232 |
| 2015 | 0.3056 | 0.1729 | 0.1613 | 0.0881 | 0.7235 |
| 2017 | 0.3058 | 0.1730 | 0.1628 | 0.0911 | 0.7428 |

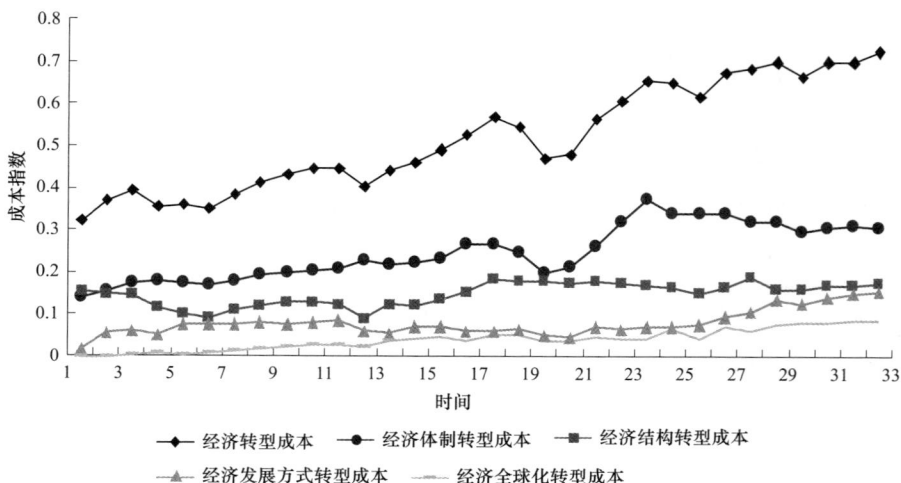

**图 3    1978~2017 年中国经济转型成本指数**

注：计算公式为：$B_1 = \sum_{i=1}^{8} w_i \cdot D_i$，$B_2 = \sum_{i=9}^{16} w_i \cdot D_i$，$B_3 = \sum_{i=17}^{23} w_i \cdot D_i$，$B_4 = \sum_{i=24}^{27} w_i \cdot D_i$，$A = \sum_{i=1}^{27} w_i \cdot D_i$。

经过以上测算可以观察出 1978~2017 年中国经济转型成本指数总体呈上升趋势，由 1978 年的 0.3183 上升到 2017 年的 0.7428，这表明经济转型在取得转型收益的同时也付出了大量的效率损失，成为不得不支付的成本。如何控制转型成本成为下一步经济转型的重要约束条件。

## 第二节    对中国经济转型成本的进一步研究

通过计算得出经济转型成本的综合评价指数之后，为了研究经济转型成本的变动特征和趋势，本书试图利用多元统计学的原理和方法对经济转型成本作出进一步的分析，从而解释经济转型成本内在变化的规律及经济意义。

## 一、经济转型成本的趋势分析

本书采用 H-P 滤波法分析中国经济转型成本长期趋势（$g_t$）及周期波动（$c_t$）两个部分。

$$即 \quad A_t = g_t + c_t \quad t = 1, 2, \cdots, T \tag{1}$$

滤波分析之前需要确定平滑参数 $\lambda$ 的取值，不同的 $\lambda$ 值对应不同的滤波器，决定了不同的周期方式和平滑度。对于季度数据 $\lambda$ 的取值争议不大，一般取 1600，但对于年度数据争议相对较大，Backus and Kehoe 认为年度数据的平滑参数 $\lambda = 100$，而 Baxter and King 的研究表明 $\lambda$ 取 10 更加合理。本书采用 $\lambda = 100$ 和 $\lambda = 10$ 两种滤波器对 1978~2017 年中国经济转型成本进行滤波分析，图 4 给出了两种滤波的分解结果，从图中很难辨别出两种滤波器所得到的趋势成分有显著差异。因此可以得到这样一个基本判断，1978~2017 年中国经济转型成本是逐渐上升的。

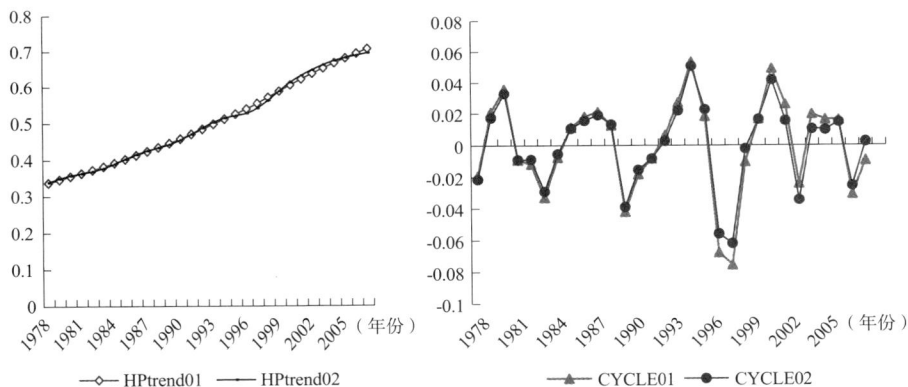

**图 4　1978~2017 年中国经济转型成本的 H-P 滤波分析结果**

基于同一方法，本书分析了中国经济体制转型成本、经济结构转型成本、经济发展方式转型成本及经济全球化转型成本的变动趋势（如图 5 所示），可以看出 4 种经济转型成本均呈上升态势，但体制转型和结构转型成本较高，但有下降的趋势，而发展方式转型成本及全球化转型成本上升较为显著，且呈上升趋势。

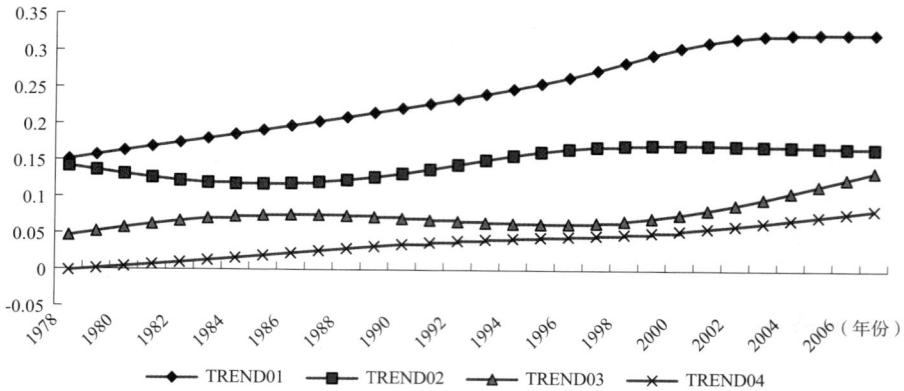

图 5　1978~2017 年中国经济体制转型成本、经济结构转型成本、经济发展方式
转型成本及经济全球化转型成本变动趋势

## 二、经济转型成本的动态阶段性特征分析

费舍尔最优分割法是对有序样本进行动态聚类的一种统计方法，可以在保持样本顺序性的前提下进行阶段的最优划分。本书采用费舍尔最优分割原理依据经济转型成本的变动轨迹对中国经济转型成本作出阶段划分，判断中国经济转型成本随时间变动的动态阶段性特征。

费舍尔最优分割的递推公式为：

$$B(n,k) = \min_{k-1 < j < n-1} \left[ B(j,k-1) + D(j+1,n) \right] \quad ① \qquad （2）$$

划分原理是根据这个递推公式可以得到所有可能的损失函数，寻找到使得损失函数最小的那个分段数即为最优分割结果。表 7 给出了所有损失函数和最优分割结果。

表 7　最优分割结果汇总表

| 分段数 | 损失函数 | 最优分段结果（起点号 ~ 终点号） |
| --- | --- | --- |
| 2 | 0.1188 | 1~15，16~32 |
| 3 | 0.0560 | 1~14，15~21，22~32 |
| 4 | 0.0339 | 1~7，8~14，15~21，22~32 |
| 5 | 0.0263 | 1~7，8~14，15~20，21~25，26~32 |

①　其中，$n$ 为有序样本数量，$k$ 为划分的阶段数值。$D(i,j)$ 为类的直径，$B(n,k)$ 为最小损失函数。

续表

| 分段数 | 损失函数 | 最优分段结果（起点号～终点号） |
|:---:|:---:|:---:|
| 6 | 0.0189 | 1~7，8~15，16~18，19~20，21~25，26~32 |
| 7 | 0.0160 | 1~7，8~14，15，16~18，19~20，21~25，26~32 |
| 8 | 0.0137 | 1~7，8~14，15，16~18，19~20，21~22，23~27，28~32 |
| 9 | 0.0152 | 1~7，8~14，15，16~18，19~20，21~22，23~27，28~32，33~39 |
| … | … | … |

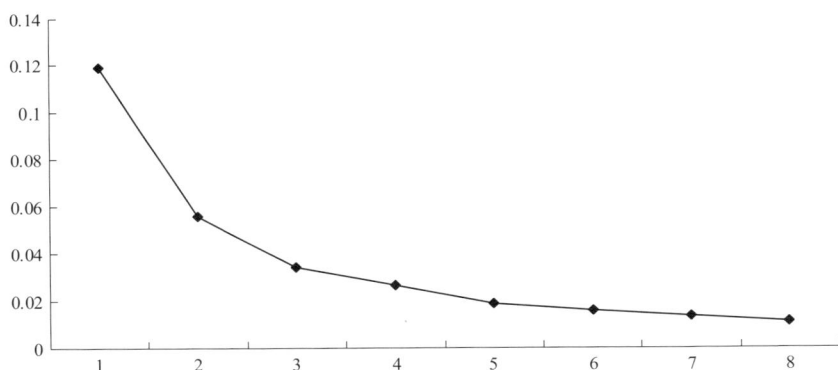

图 6　损失函数随分段数变化曲线

根据图 6 显示，当取 4 时，其后的最小误差函数开始变得平缓，据此判断此点对应的分段数为最适宜的分段数。因此，基于以上分析，本书认为可以将经济转型成本变动阶段划分为 5 段（如表 8 所示）。

表 8　1978~2017 年中国经济转型成本的阶段划分

| 最优分割段 | 起始年份 |
|:---:|:---:|
| 第一阶段 | 1978~1984 年 |
| 第二阶段 | 1985~1991 年 |
| 第三阶段 | 1992~1998 年 |
| 第四阶段 | 1999~2008 年 |
| 第五阶段 | 2009~2017 年 |

通过最优阶段划分的研究，可以看出自 1978 年经济转型开始中国经济转型成本可以大致分为 5 个阶段：1978~1984 年为经济转型的启动阶段，经济转型成本较低；1985~1991 年为经济转型从初期到中期的过渡阶段，经济转型成本在微小的波动中逐渐上升；1992~1998 年为经济转型的中期深化阶段，经济转型成本的波动较之前明显略微上升后下降，期末再次呈现上升态势；1999~2008 年，经济转型正向后期深入阶段迈进，随着转型进入攻坚阶段经济转型成本在波动中呈现缓慢爬升的趋势，经济转型成本在这一阶段的增长最为显著；2009~2017 年，经济转型继续深化推进经济转型成本在这个阶段内继续爬升，但成本增加的速度减慢了，这说明从追求数量型的经济增长向强调质量型的经济增长方式转变带动了经济领域绩效的改善。

### 三、经济转型成本的预测

针对时间序列数据的预测，实际操作中可以采用指数平滑法及 ARIMA 模型法，本书在研究经济转型成本未来变动趋势时，采用了指数平滑法进行对观测值的拟合和预测。表 9 列出了 3 次指数平滑的观察值、拟合值及残差值，表 10 给出了未来经济转型成本的预测值。图 7 的预测趋势图显示拟合值与观测值较好地结合，图中黑色圆点部分即为在此基础上对未来趋势的预测，表明经济转型成本在未来 8 年中有边际递减趋势从而呈现平缓上升的态势。

#### 表 9　时间序列（三次指数平滑）观察值与拟合值比较

| 均方误差 0.0405 | | | |
| --- | --- | --- | --- |
| No. | 观察值 | 拟合值 | 残差值 |
| x（1） | 0.3183 | 0.2463 | −0.072 |
| x（2） | 0.3655 | 0.3225 | −0.043 |
| x（3） | 0.3912 | 0.3879 | −0.0033 |
| x（4） | 0.355 | 0.4272 | 0.0722 |
| x（5） | 0.3612 | 0.3989 | 0.0377 |
| x（6） | 0.3221 | 0.3813 | 0.0592 |
| x（7） | 0.3846 | 0.3317 | −0.0529 |
| x（8） | 0.4138 | 0.3627 | −0.0511 |

续表

| 均方误差 0.0405 | | | |
|---|---|---|---|
| No. | 观察值 | 拟合值 | 残差值 |
| x（9） | 0.4312 | 0.4008 | −0.0304 |
| x（10） | 0.445 | 0.4301 | −0.0149 |
| x（11） | 0.4475 | 0.451 | 0.0035 |
| x（12） | 0.4041 | 0.4576 | 0.0535 |
| x（13） | 0.4263 | 0.4172 | −0.0091 |
| x（14） | 0.4531 | 0.417 | −0.0361 |
| x（15） | 0.4907 | 0.4404 | −0.0503 |
| x（16） | 0.564 | 0.4835 | −0.0805 |
| x（17） | 0.5651 | 0.5652 | 0.0001 |
| x（18） | 0.544 | 0.5959 | 0.0519 |
| x（19） | 0.4713 | 0.582 | 0.1107 |
| x（20） | 0.4789 | 0.5035 | 0.0246 |
| x（21） | 0.5748 | 0.4728 | −0.102 |
| x（22） | 0.6054 | 0.5462 | −0.0592 |
| x（23） | 0.6556 | 0.6052 | −0.0504 |
| x（24） | 0.5955 | 0.6716 | 0.0761 |
| x（25） | 0.6412 | 0.6394 | −0.0018 |
| x（26） | 0.6736 | 0.659 | −0.0146 |
| x（27） | 0.6457 | 0.6908 | 0.0451 |
| x（28） | 0.7255 | 0.6736 | −0.0519 |
| x（29） | 0.6639 | 0.7319 | 0.068 |
| x（30） | 0.6983 | 0.6964 | −0.0019 |
| x（31） | 0.7012 | 0.7031 | 0.0213 |
| x（32） | 0.7131 | 0.7135 | −0.0012 |

### 表 10　经济转型成本时间序列（三次指数平滑）预测值

| X（31） | X（32） | X（33） | X（34） | X（35） | X（36） | X（37） | X（38） |
|---|---|---|---|---|---|---|---|
| 0.7063 | 0.7142 | 0.7213 | 0.7276 | 0.7331 | 0.7379 | 0.7420 | 0.7452 |

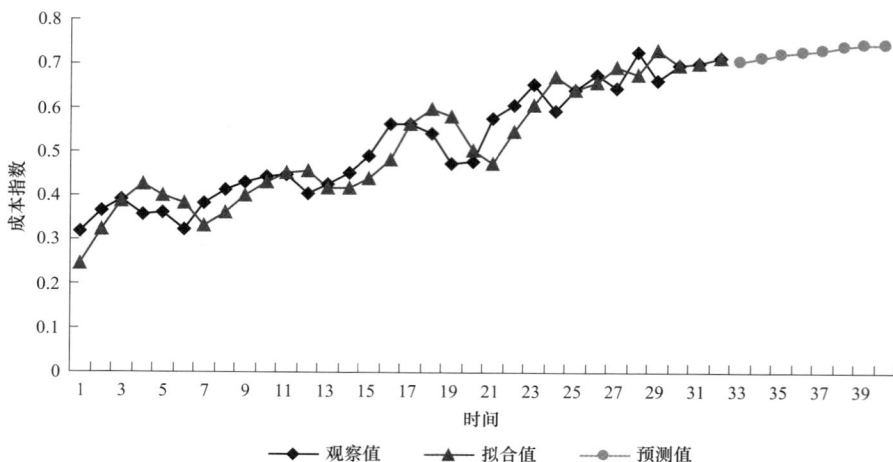

图 7　经济转型成本的预测趋势

　　理论研究证明，从经济转型的全过程来看，经济转型成本在理论上必然有一个最高值，随后下降，使转型成本呈现"倒 U"形趋势。从本书研究的结果来看，1978~2017 年中国经济转型成本指数显著上升，然而经济转型成本上升的幅度正在逐渐趋于平缓，这意味着中国经济转型在经历了初期阶段和中期阶段之后，即将进入经济转型的后期阶段。

## 四、小结及政策意义

　　从经济转型成本构成的 4 个维度看，体制转型成本与结构转型成本所占比重最大，但变动幅度较小，且初显拐点；发展方式转型成本、全球化转型成本占比较小，但增长较快，且呈上升趋势。这说明经过改革开放 40 年以来中国经济体制逐步由计划经济模式转变为市场经济模式，两种制度的契合性正在加强，相互协调的能力正在增强。结构转型成本也出现了拐点，这表明中国经济结构在经过调整和优化后，结构调整成本基本上趋于创新。但发展方式转型成本和全球化转型成本上升趋势较为显著，这也对目前所采取的发展模式起到一定的警示作用。

　　1978~2017 年，中国经济转型成本阶段性动态变化特征，总体上分为

4 个阶段，这基本符合中国渐进式经济转型的实践轨迹。改革措施在进一步推动中国经济转型的同时，经济转型成本也呈激增态势。从中国经济转型成本总体变动趋势上看，在未来一个时期内经济转型成本仍将保持上升态势，这也表明经济转型是一个长期的历史过程。

针对经济转型成本研究的结论，提出以下对经济转型成本上升的相关政策含义。

（一）合理分担经济转型成本

从经济转型成本变动的特征分析，早期转型成本可能具有刚性，这一阶段能降低成本的可能性不大，如何合理分担转型成本非常重要。从目前来看，中国经济转型成本分摊并没有遵循"谁受益谁分摊成本"原则，而表现为一些主体承担了太大的转型成本，例如本身发展力量较为脆弱的农民却承担了大部分的二元经济结构转换成本；从地域上看，西部地区过去为中国经济发展提供较多资源，但在经济转型时期西部地区却仍然承担了太多的经济成本且受益甚微。因此，需要建立收益与成本分摊对等的相关政策，同时有必要建立成本分摊的利益补偿机制，对受损者进行补贴和保护，尤其是下岗职工的待遇问题、农民工问题、养老保险问题等都需要合理有效的社会保障措施实现补偿。这种补偿一方面能够减少经济转型带来的利益摩擦，另一方面也为下一阶段更深层次转型提供良好的转型环境。

（二）以低成本的转型路径作为转型深化阶段的任务

经过改革开放 40 年的体制变革，中国经济体制已经趋于创新，自我矫正、自我收敛能力增强，表明中国经济转型已经进入转型深化阶段。在转型深化阶段由于市场经济体制基本确立，而且体制转换成本基本趋于创新，因此要以低成本的经济转型作为转型深化阶段的目标，为了实现这一目标，要积极调整产业结构、城乡结构、区域结构降低结构转型成本；大力推进自主创新，转变经济发展方式，以降低经济发展方式转型成本；加快技术进步，提高国际竞争力，降低经济对外依赖度，提高新时期的经济绩效。特别是在全球经济增长放缓的背景下，更要加快经济发展方式转型的步伐，顺利实现经济发展方式转型。

# 第四章　改革开放 40 年以来中国经济转型收益及其度量

## 第一节　经济转型收益的内涵及其度量

经济转型就其过程而言是一项复杂的制度变迁，其复杂性主要表现在转型需要较长时间的演进才能得以完成。由于经济转型的主体一般为拥有行政权力的政府，然而政府并不符合完美理性经济主体的假定，并且中国经济转型有着自己特定的初始条件，因此形成了一种转型目标逐渐明确的渐进式转型路径。"摸着石头过河"的渐进式转型路径不是预先选择好的，而是通过理性经济体对历史不断纠错和试错实验从而积累形成经济转型的实际轨迹。在这一从"此岸"到"彼岸"的非均衡经济体制转型过程中，渐进式路径下经济转型过程中的各种收益与成本的对比可以作为评价经济转型绩效的依据，这比仅根据是否到达"彼岸"这一单一性目标来评价绩效更加科学合理。一个转型经济体的经济转型绩效应该依据其本身制度的弹性效率去评价，而不是仅仅根据是否达成理想设计的目标尺度来评价。这意味着经济转型的绩效评价应包括结果与过程两方面的内容，经济转型一方面要靠正式制度的强制性约束来执行，达到目标模式的状态；另一方面当经济转型涉及的新制度一旦实施，其自身又会产生一种内在演化的力量不断强化着新制度的优劣，并引起经济转型成本与收益大小的对比与角逐，从而客观地影响经济转型绩效的好坏。因此，当考察一个转型经济体在转型过程中的绩效问题时，除了应当关注经济转型成本的变动之外，还应当纳入考察的变量就是经济转型的收益。

中国经济转型的任务与苏联和东欧地区国家相比更为复杂和艰难，这是由中国经济转型的特殊初始条件决定的。中国在 1978 年经济体制转型之前，仍然是一个以农业生产为基础的大国，农业人口占到总劳动人口的 84.6%；而苏联和东欧地区在改革之前恰与此相反，转型前的苏东各国已基本实现了工业化和现代化，农业人口仅为总劳动人口的 14%。这意味着，中国经济转型的任务不仅是完成经济体制的转换，而且需要在进行经济体制转轨的同时完成工业化和现代化以及向社会进步和发展方式的转型。此外，中国经济转型肩负的另一项艰巨任务便是对外开放，这需要将中国自身纳入世界市场之中使经济全球化能够惠及中国，最终实现经济转型 4 个方面的全面转型。

改革开放 40 年来中国经济取得了辉煌的成就，经济转型的任务已经基本完成。在逐步建立市场经济体制的同时，工业化、现代化的步伐逐渐加快，在保持经济总量平衡的基础上实现了产业结构的优化升级，走上了一条新型工业化道路；特别是中国特色社会主义进入新时代，我国不断创新和完善宏观经济治理，经济实力大幅跃升，实现了质的有效提升和量的合理增长；在坚持和完善社会主义基本经济制度的基础上，推动国有经济布局优化和结构调整，促进民营经济高质量发展；我国坚持供给侧结构性改革，优化资源配置，加快传统产业转型升级；发挥各地比较优势，统筹城乡区域发展，构建区域经济协调发展新格局；坚持总体国家安全观，把安全发展贯穿经济社会发展各领域和全过程，有力保障国家经济安全。依据改革开放 40 年来中国经济转型面临的特殊任务和取得的辉煌成就，可以将中国经济转型获得的收益归纳为 4 个主要方面的内容：一是从计划经济体制到市场经济体制建立的制度变迁过程中所取得的体制转型收益；二是为实现工业化、现代化转型目标，从传统经济结构到现代经济结构转型的结构转型收益；三是从转型本身到实现经济社会全面发展的经济发展方式转型收益；四是在经济全球化浪潮下从计划经济体制下封闭的贸易环境到形成全面对外开放格局的经济全球化转型收益。以上 4 个主要方面的转型收益推动了中国经济继续向经济转型的后期演进，成为深化经济转型、实现社会全面进步和发展的动力。

## 一、经济转型收益的界定与测度指标体系

### （一）经济转型收益的概念界定

经济转型的收益从结果上表现为经济的全面发展，经济的全面发展在本质上可以表现为经济社会实现"帕累托改进"。当经济转型朝着"帕累托改进"的方向演进时，经济转型各方面带来的经济收益与经济绩效正向相关。然而，经济转型是一个复杂的、动态的、非均衡演进的过程，任何

一种制度就其积极作用的一方面，都有待于经验的积累和时间的检验，因此应当重视那些影响长期经济绩效的变量。若要说明转型经济体的经济绩效表现为收益显著的特征时，这种特征必须符合时间上的一致性才能被证明。因此，那些能够促进收益长期增长和提高经济发展水平的制度安排才被称为有效率的制度安排，而与此有效率的制度安排相对应的经济转型将以较高的经济绩效水平及其各方面的综合表现反映在经济生活各领域，并从总体结果上表现为由经济转型所产生的收益。

因此，本书将经济转型收益定义为从计划经济到市场经济的经济体制转型过程中，即这一大规模制度变迁发生时期内，引起转型经济体其经济社会内部静态效率和动态效率提高的那部分收入和效率改进。这意味着：其一，经济转型收益与经济转型过程相伴相生，经济转型过程表现为非均衡的特征，经济转型的收益也将随时间的变迁而发生边际增量的变化，这表示只有那些在较长时间内的效率改进和收入增长才被称为转型收益；其二，经济转型收益产生的原因得益于那些有效率的制度安排所引起的"帕累托改进"，因此通过改变制度安排能够影响经济转型收益与经济绩效的一致性，这说明在必要时借助恰当和适量的政府宏观调控力量能够帮助提高经济转型收益和实现经济转型绩效。

（二）经济转型收益分析的维度及指标体系的建立

为了度量经济转型收益的效果，我们用经济转型收益指数来表示。经济转型收益指数是一个加权合成的综合指数，即由若干个代表经济转型收益因素的指数加权而构成综合的转型收益指数。因此，需要通过设计经济转型收益综合指数的指标体系来评价经济转型的收益。

根据以上在对中国经济转型任务与经济转型成就的分析中所归纳的经济转型收益 4 个方面的内容，以及根据经济转型收益与经济转型成本所具有的逻辑上的对应关系，这里将经济转型收益划分为 4 个维度（如表 11 所示）。

经济体制转型的收益即制度创立的收益，这可以看作对进行制度创新的经济体所承受风险的经济补偿，具体表现为国家行政部门运用宏观调控的手段治理经济而产生的各种规模经济效应和正的外部性。例如国家对医疗和教育的持续投资提高了人口素质，增强了劳动力要素对经济增长贡献的同时促进了社会的和谐与稳定。自中国启动经济转型以来，经济社会所发生的制度累积效应集中表现为从计划经济体制到市场经济体制转型的程度，集中反映为市场化程度。市场化进程是广泛而深刻的，其本质是在理性的宏观调控下实现经济社会的全面发展。在市场体制产生、发展到成熟的过程中要求市场对资源配置的作用逐渐增强，而其前提就是实现有为政府与有效市场的协调发展。因此，经济体制转型的收益从总体上表现为市场扩大，即非公有制经济融入规模的扩大；然后，表现为从政府管制向理性调控的转变，这一方面减少了政府过度干预经济的行为，另一方面突出反映在逐渐放松的价格管制，发挥价格调节资源配置的重要作用。因此，在设计指标体系时可把经济体制转型收益归纳为以下 4 个方面的内容。

1. 调控的转变

这一方面减少了政府过度干预经济的行为，另一方面突出反映在逐渐放松的价格管制，发挥价格调节资源配置的重要作用。因此，在设计指标体系时可把经济体制转型收益归纳为以下 3 个方面内容：第一，非公有制经济是社会主义市场经济的重要组成部分，引入非公有制经济成为市场经济竞争的主体之一，反映了社会主义市场经济规模的扩大，本书用规模以上国有及非国有企业增加值中非国有企业所占比重（H1），非国有经济投资占全社会固定资产投资比重（H2），外方注册资金占外商投资企业总注册资金的比重（H3），城镇非国有单位从业人员占城镇从业人员比重（H4）来度量市场扩大指标；第二，政府对市场化的调整能力，政府干预在某些领域逐步退出即放权让利的程度以及宏观调控向间接调控的转变反映了政府干预经济的程度，因此用政府消费占国民消费的比例（H5），政府投资占政府总储蓄比例（H6），政府补贴占 GDP 比率（H7）来度量政府调控的理性化；第三，商品价格自由化的衡量，这里用商品市场价格体系中的消费品零售总额中市场定价的比重（H8），生产资料销售总额中市场定价比重（H9）来度量商品价格自由化。

2. 经济结构转型收益

协调发展是一国经济发展力求实现的重要目标，然而在从传统到现代的经济转型中，经济结构却表现出非均衡的常态化特征。为治理失衡而作出的努力是在经济体制转型基础上进行经济结构的调整，即调整生产关系中不适应生产力发展要求的部分，因为有效率的经济结构决定着经济转型的实绩和增长的效率。因此，解决好经济体制转型的失衡问题是中国经济转型的核心和关键。从结构调整的效果来看，经济转型收益的表现为，通过建立工业反哺农业的长效机制促进二元经济结构转化，以及促进产业结构优化升级和城市化从而推动实现现代化。本书一是用农村人均纯收入增长率（H10），农业劳动力占总劳动人口比重（H11）度量二元经济结构转化收益；二是用第三产业产值占 GDP 比重（H12），信息产业增加值占 GDP 比重（H13），农业产值占 GDP 比重（H14）来衡量产业结构优化；三是用城市人口占总人口比重（H15），非农劳动力占总劳动力比重（H16）来衡量城市发展。

3. 经济发展方式转型收益

这可以理解为因经济转型带来经济发展方式从粗放到集约的变革，从而达到效率改善和社会进步以及人口素质提高的效果。这里一是用单位耗能比率倒数（H17），劳动生产率（H18）来度量要素使用集约化的程度；二是用人均 GDP 占 500 美元比例（H19），人均住房面积（H20），人力资本积累率（每万名大学生毕业人数）（H21）度量社会进步程度；三是用每千名医护人员服务人数（H22），死亡率（H23）来衡量人口质量的提高。

4. 经济全球化转型收益

对外开放为经济体制带来更有弹性的经济效益。随着中国加入 WTO，全方位、宽领域、多层次的对外开放格局基本形成，中国已经融入经济全球化浪潮之中，主要表现在贸易环境日趋公平，逐渐具备了与国际接轨的能力，国际贸易繁荣也为国内市场的进一步开放奠定了良好的物质基础。因此，在经济转型深化的进程中要努力促进经济全球化向更高层次转型，提高竞争优势，获取最大化的全球化利益。本书一是用平均关税税率（H24），从国际贸易中所获税额占进出口总额比例（H25），受配额限制进口货物的比例来衡量贸易环境公平化；二是用净出口比重（H26）和外商直接投资（H27）来度量贸易开放化程度。

**表 11　经济转型收益的综合评价指标体系**

| 总体层 | 系统层 | 状态层 | 要素层 | 要素属性 |
|---|---|---|---|---|
| 经济转型收益（E） | 经济体制转型收益（F1） | 市场扩大化（G1） | 规模以上国有及非国有企业增加值中非国有企业所占比重（H1） | 正 |
| | | | 非国有经济投资占全社会固定资产投资比重（H2） | 正 |
| | | | 外方注册资金占外商投资企业总注册资金的比重（H3） | 正 |
| | | | 城镇非国有单位从业人员占城镇从业人员比重（H4） | 正 |

| 总体层 | 系统层 | 状态层 | 要素层 | 要素属性 |
|---|---|---|---|---|
| 经济转型收益（E） | 经济体制转型收益（F1） | 政府调控理性化（G2） | 政府消费占国民消费的比例（H5） | 逆 |
| | | | 政府投资占政府总储蓄比例（H6） | 逆 |
| | | | 政府补贴占 GDP 比率（H7） | 逆 |
| | | 商品价格自由化（G3） | 消费品零售总额中市场定价的比重（H8） | 正 |
| | | | 生产资料销售总额中市场定价比重（H9） | 正 |
| | 经济结构转型收益（F2） | 二元结构转化（G4） | 农村人均纯收入增长率（H10） | 正 |
| | | | 农业劳动力占总劳动人口比重（H11） | 逆 |
| | | 产业结构优化（G5） | 第三产业产值占 GDP 比重（H12） | 正 |
| | | | 信息产业增加值占 GDP 比重（H13） | 正 |
| | | | 农业产值占 GDP 比重（H14） | 逆 |
| | | 城市发展（G6） | 城市人口占总人口比重（H15） | 正 |
| | | | 非农劳动力占总劳动力比重（H16） | 正 |
| | 经济发展方式转型收益（F3） | 要素使用集约化（G7） | 单位耗能比率倒数（H17） | 正 |
| | | | 劳动生产率（H18） | 正 |
| | | 福利改善（G8） | 人均 GDP 占 500 美元比例（H19） | 正 |
| | | | 人均住房面积（H20） | 正 |
| | | | 人力资本积累率（每万名大学生毕业人数）（H21） | 正 |
| | | 人口质量提高（G9） | 每千名医护人员服务人数（H22） | 正 |
| | | | 死亡率（H23） | 逆 |
| | 经济全球化转型收益（F4） | 贸易环境公平化（G10） | 平均关税税率（H24） | 逆 |
| | | | 从国际贸易中所获税额占进出口总额比例（H25） | 逆 |
| | | 贸易开放化（G11） | 净出口比重（H26） | 正 |
| | | | 外商直接投资（H27） | 正 |

## 二、1978~2017 年中国经济转型收益的测度

### （一）各指标权重的确定

经济转型收益的指标权重应当根据之前理论分析的结果来确定，在之前的理论分析中本书分别说明了经济转型收益所包含的 4 个方面的内容，以及其是如何影响经济转型收益变动的。因此，指标体系中系统层和状态层的权重根据专家打分即 AHP 法来确定 4 个方面内容的重要程度，而系统层的权重采用的是在平均分配的基础上所赋予权重的办法。这样赋予权重的办法一方面保持了与之前理论分析的一致性，另一方面也保持了与转型成本测度的一致性，因而从逻辑上和方法上能够更好地验证理论分析的准确性，提高理论分析和统计分析的契合程度。

为了保证数据的可比性和一致性，以及尊重经济转型收益与成本对应的关系，这里沿用计算经济转型成本时所采用的 AHP 法来确定各指标的权重。由于经济转型收益评价指标体系从宏观上也表达为总体层、系统层、状态层和要素层，因此经济转型的收益综合指数计算公式依然与经济转型成本计算公式一致[①]。

通过设计问卷调查，请 10 位专家进行打分后加权平均汇总得出判断矩阵。其中系统层沿用了计算经济转型成本时的权重结果，状态层的权重是重新打分的结果。表 12 为沿用的经济转型收益系统层权重，表 13 为经济转型收益状态层权重。其中，由于经济全球化转型收益的状态层只有两个指标，不需要运用层次分析软件进行计算，本书认为贸易环境公平化更能够促进世界市场形成和全球经济一体化，略重要于国内市场开放化，因此直接赋值于贸易环境公平化权重为 0.4，贸易开放化的权重为 0.6。对于要素层的众多指标，用 AHP 法计算权重显然难以实现，因此根据状态层取其每层的平均值即可（如表 14 所示）。

**表 12　系统层指标判断矩阵、特征向量及一致性检验结果**

|  | F1 | F2 | F3 | F4 | 特征向量 | 最大特征值 | 一致性检验 |
|---|---|---|---|---|---|---|---|
| F1 | 1 | 2 | 3 | 4 | 0.467 | $\lambda_{max}=4.031$ | $CR=0.081$ |
| F2 | 1/2 | 1 | 2 | 3 | 0.278 |  |  |

---

① $E = \sum_{i=1}^{3} M_i \sum_{j=1}^{n} [M_{ij} \sum_{k=1}^{m} (M_{ijk} C_{ijk})]$。

| F3 | 1/3 | 1/2 | 1 | 2 | 0.160 | $\lambda_{max}$=4.031 | $CR$=0.081 |
|---|---|---|---|---|---|---|---|
| F4 | 1/4 | 1/3 | 1/2 | 1 | 0.095 | | |

### 表 13 状态层指标判断矩阵、特征向量及一致性检验结果

| 3—1：B1 | | | | | | |
|---|---|---|---|---|---|---|
| | G1 | G2 | G3 | 特征向量 | 最大特征值 | 一致性检验 |
| G1 | 1 | 4 | 3 | 0.625 | $\lambda_{max}$=3.018 | $CR$=0.016 |
| G2 | 1/4 | 1 | 1/2 | 0.136 | | |
| G3 | 1/3 | 2 | 1 | 0.238 | | |
| 3—2：B2 | | | | | | |
| | G4 | G5 | G6 | 特征向量 | 最大特征值 | 一致性检验 |
| G4 | 1 | 1/4 | 3 | 0.226 | $\lambda_{max}$=3.086 | $CR$=0.074 |
| G5 | 4 | 1 | 5 | 0.674 | | |
| G6 | 1/3 | 1/5 | 1 | 0.101 | | |
| 3—3：B3 | | | | | | |
| | G7 | G8 | G9 | 特征向量 | 最大特征值 | 一致性检验 |
| G7 | 1 | 3 | 5 | 0.648 | $\lambda_{max}$=3.004 | $CR$=0.003 |
| G8 | 1/3 | 1 | 2 | 0.230 | | |
| G9 | 1/5 | 1/2 | 1 | 0.122 | | |

### 表 14 中国经济转型收益的各级指标权重

| 系统层 | | 状态层 | | 要素层 | |
|---|---|---|---|---|---|
| 指标 | 权重 | 指标 | 权重 | 指标 | 权重 |
| F1 | 0.467 | G1 | 0.292 | H1 | 0.073 |
| | | | | H2 | 0.073 |
| | | | | H3 | 0.073 |
| | | | | H4 | 0.073 |
| | | G2 | 0.064 | H5 | 0.021 |
| | | | | H6 | 0.021 |
| | | | | H7 | 0.021 |

| 系统层 | | 状态层 | | 要素层 | |
|---|---|---|---|---|---|
| 指标 | 权重 | 指标 | 权重 | 指标 | 权重 |
| F1 | 0.467 | G3 | 0.111 | H8 | 0.056 |
| | | | | H9 | 0.056 |
| F2 | 0.278 | G4 | 0.063 | H10 | 0.032 |
| | | | | H11 | 0.032 |
| | | G5 | 0.187 | H12 | 0.062 |
| | | | | H13 | 0.062 |
| | | | | H14 | 0.062 |
| | | G6 | 0.028 | H15 | 0.014 |
| | | | | H16 | 0.014 |
| F3 | 0.160 | G7 | 0.104 | H17 | 0.052 |
| | | | | H18 | 0.052 |
| | | G8 | 0.037 | H19 | 0.012 |
| | | | | H20 | 0.012 |
| | | | | H21 | 0.012 |
| | | G9 | 0.0195 | H22 | 0.01 |
| | | | | H23 | 0.01 |
| F4 | 0.095 | G10 | 0.038 | H24 | 0.019 |
| | | | | H25 | 0.019 |
| | | G11 | 0.057 | H26 | 0.029 |
| | | | | H27 | 0.029 |

注：状态层指标的权重都是相对总体经济转型收益而言。

（二）经济转型收益综合指数的测算

首先对度量单位不一致的各指标做标准化数据处理，即加权计算之前先做原始数据的无量纲化处理。处理方法因要素层指标属性的不同而有差异，若要素层指标为正向属性，那么采用公式：

$$\overline{D_i} = \frac{D_i - \min(D_i)}{\max(D_i) - \min(D_i)}$$

若要素层的指标为逆向属性则用公式：

$$\overline{D_i} = \frac{\max(D_i) - D_i}{\max(D_i) - \min(D_i)}$$

进行标准化处理。将处理后的数据加权就能够分别得到总体层和系统层的综合指数，即得到最终的经济转型收益指数与经济体制转型收益、结构转型收益、发展转型收益和全球化转型收益指数的值（如表 15 所示）。

下面对计算过程中用到的原始数据来源作出适当的说明，这里采用的数据均是来自各年度的《中国统计年鉴》《中国商务年鉴》《中国对外经济贸易年鉴》，以及《新中国 55 年统计资料汇编》或根据各年鉴的数据整理计算而得出，其中 H8、H9 来源于 2002 年《国家计委办公厅关于进一步做好三种价格形式比重测算工作有关问题的通知》。对于个别年份的数据缺失，本书运用已有数据通过建立回归方程的方法进行处理并进行估算。

### 表 15　经济转型收益综合指数测度值

| 年份 | 经济体制转型收益 | 经济结构转型收益 | 经济发展方式转型收益 | 经济全球化转型收益 | 经济转型收益 |
|---|---|---|---|---|---|
| 1978 | 0.03742 | 0.01653 | 0.00997 | 0.01547 | 0.0793905 |
| 1979 | 0.06713 | 0.01808 | 0.01261 | 0.01160 | 0.1094223 |
| 1980 | 0.08127 | 0.02210 | 0.01166 | 0.02023 | 0.1352561 |
| 1981 | 0.09201 | 0.01884 | 0.01203 | 0.01178 | 0.1346466 |
| 1982 | 0.09619 | 0.01598 | 0.00978 | 0.01510 | 0.1370520 |
| 1983 | 0.10614 | 0.01777 | 0.00724 | 0.01586 | 0.1470145 |
| 1984 | 0.11598 | 0.03360 | 0.00895 | 0.01433 | 0.1728614 |
| 1985 | 0.12892 | 0.02762 | 0.01053 | 0.02211 | 0.1891820 |
| 1986 | 0.13660 | 0.02868 | 0.01040 | 0.01723 | 0.1929105 |
| 1987 | 0.14449 | 0.03629 | 0.01343 | 0.02621 | 0.2204164 |
| 1988 | 0.16020 | 0.04211 | 0.01622 | 0.02818 | 0.2467060 |
| 1989 | 0.16718 | 0.04485 | 0.01953 | 0.02212 | 0.2536802 |
| 1990 | 0.17463 | 0.05242 | 0.01960 | 0.02084 | 0.2674924 |
| 1991 | 0.17528 | 0.05792 | 0.02070 | 0.02584 | 0.2797297 |

续表

| 年份 | 经济体制<br>转型收益 | 经济结构<br>转型收益 | 经济发展方式<br>转型收益 | 经济全球化<br>转型收益 | 经济转型<br>收益 |
|---|---|---|---|---|---|
| 1992 | 0.16737 | 0.06104 | 0.02261 | 0.04067 | 0.2916868 |
| 1993 | 0.20126 | 0.06511 | 0.02367 | 0.03263 | 0.3226638 |
| 1994 | 0.21952 | 0.06424 | 0.02709 | 0.03645 | 0.3472992 |
| 1995 | 0.23146 | 0.07906 | 0.02847 | 0.03832 | 0.3773170 |
| 1996 | 0.25391 | 0.08600 | 0.03066 | 0.04202 | 0.4125971 |
| 1997 | 0.26430 | 0.10050 | 0.03390 | 0.04458 | 0.4432807 |
| 1998 | 0.25333 | 0.10814 | 0.03647 | 0.04660 | 0.4445426 |
| 1999 | 0.25779 | 0.12271 | 0.04348 | 0.04718 | 0.4711565 |
| 2000 | 0.27091 | 0.13170 | 0.05021 | 0.04904 | 0.5018600 |
| 2001 | 0.27944 | 0.14458 | 0.05295 | 0.05099 | 0.5279688 |
| 2002 | 0.29358 | 0.15306 | 0.05800 | 0.05401 | 0.5586473 |
| 2003 | 0.30915 | 0.17590 | 0.06189 | 0.05579 | 0.6027250 |
| 2004 | 0.32471 | 0.15747 | 0.06707 | 0.05901 | 0.6082633 |
| 2005 | 0.33458 | 0.19954 | 0.07367 | 0.06115 | 0.6689438 |
| 2006 | 0.35228 | 0.21225 | 0.07400 | 0.06314 | 0.7016721 |
| 2007 | 0.36217 | 0.21673 | 0.07737 | 0.07123 | 0.7275091 |
| 2008 | 0.36618 | 0.21773 | 0.08045 | 0.07374 | 0.7380990 |
| 2009 | 0.36725 | 0.22643 | 0.08971 | 0.07641 | 0.7572341 |
| 2010 | 0.38417 | 0.23098 | 0.09325 | 0.08129 | 0.7896871 |
| 2012 | 0.40173 | 0.22385 | 0.10421 | 0.08315 | 0.8129430 |
| 2015 | 0.42507 | 0.24350 | 0.12983 | 0.08693 | 0.8853339 |
| 2017 | 0.43225 | 0.26631 | 0.14835 | 0.09174 | 0.9386597 |

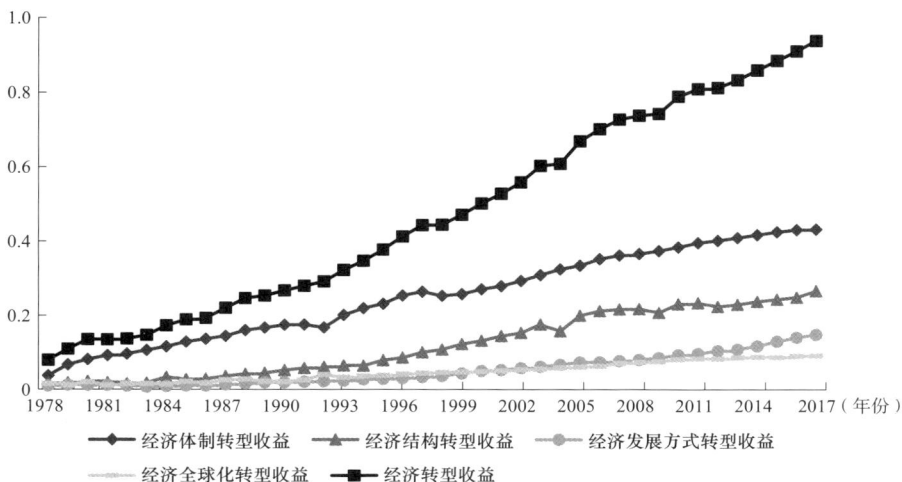

图 8　经济转型收益综合指数变动趋势

图 8 的度量测算显示，1978~2017 年中国经济转型收益指数总体呈现出上升的态势，由 1978 年的 0.0794 上升到 2017 年的 0.9387，这表明中国的经济转型取得了重大成就，同时经济体制转型、经济结构转型、经济发展方式转型和经济全球化转型各方面均获得了良好的成效。如何创新地保持住已取得的经济转型收益和如何进一步促进经济转型收益的稳态增长，并最终实现规模报酬递增的经济转型，就成为中国在经济转型深化阶段所需要面对和解决的重大问题。

## 第二节　对中国经济转型收益的进一步研究

在经过实证度量和分维度测度后，得出经济转型收益的综合评价指数，为研究中国经济转型收益随时间变化的变动性特征，本书采用多元统计学的原理和方法对中国经济转型的收益作出进一步的研究，以分解出经济转型收益在较长制度变迁过程中所具有的内在变化规律和特征，并阐述出与其所对应的现实经济含义。

### 一、经济转型收益的趋势分析

这里分别采用 H-P 滤波分析和 B-P 滤波分析来研究中国经济转型收益的长期变动趋势和波动性变动结果。图 9 是软件 EVIEWS（计量经济学软件包）中分别采用上述两种方法后得出的效果图。从图 9 和图 10 中不难看出，经过 H–P 滤波后的中国经济转型呈现直线上升的趋势，这表明中国经济转型从初期向中后期的演化，在转型经历了从易到难的过程后，经济转型的收益呈现逐渐增长的趋势。同时，应用 B–P 滤波的方法分析过滤了趋势后的 40 年以来经济转型收益的波动性特征，中国经济转型收益随时间变化其波动较为平缓，这从另一方面证明了中国经济转型收益的增长趋势表现良好的特点。

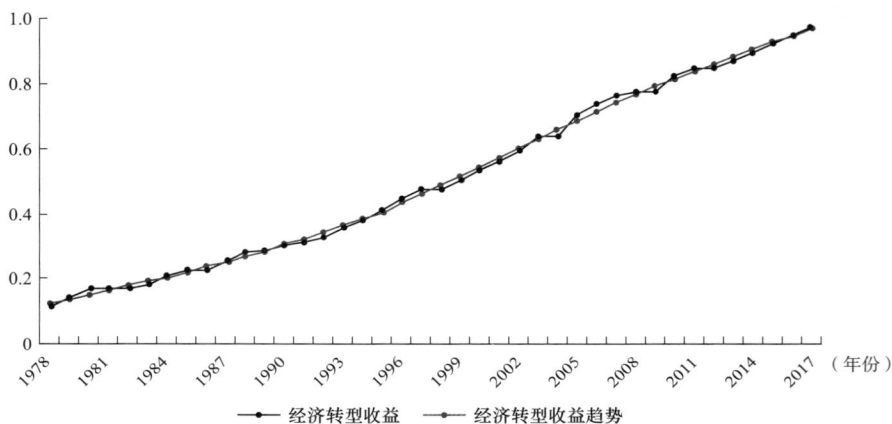

图 9　1978~2017 年中国经济转型收益的 H–P 滤波分析结果

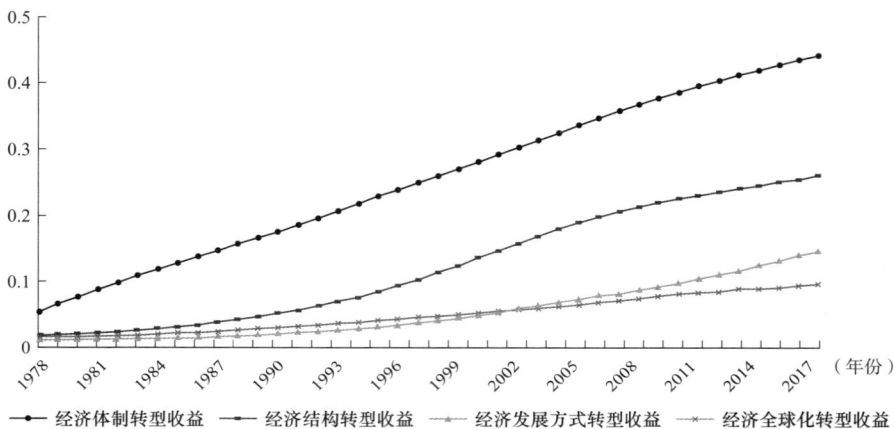

图 10　1978~2017 年中国经济体制转型收益、经济结构转型收益、经济发展方式转型收益及经济全球化转型收益的 H–P 滤波趋势分析

继续采用 H-P 滤波的分析方法，这里又深入分析了中国经济体制转型收益、经济结构转型收益、经济发展方式转型收益及经济全球化转型收益的变化趋势（如图 10 所示），从图中可以看出 4 个方面的转型收益均呈上升态势，经济体制转型和经济结构转型的收益较为突出，呈现出继续上升的势头，而经济发展方式转型收益及经济全球化转型收益的上升较为平缓，还存在进一步提升的空间和可能。

## 二、经济转型收益的阶段性变动特征分析

在研究经济转型收益随时间变动所呈现出的阶段性变动特征时，这里继续采用研究经济转型成本时所使用的方法，即多元统计分析中的聚类分析——有序样本最优分割法。此方法的统计学原理已经在第三章中介绍过，使用多元统计软件得出了以下关于中国经济转型收益阶段划分的最优分割结果以及与每一种划分阶段相对应的误差函数。根据表 16 可以画出误差函数图与其所对应最优分段数的变化趋势图（如图 11 所示），基于此图便可以作出关于经济转型收益变动的最优分段数的判断。

**表 16　1978~2017 年中国经济转型收益的阶段最优分割结果**

| 类别 | 误差函数 | 最优分割 |
|:---:|:---:|:---:|
| 2 | 0.7608 | 1~16，17~32 |
| 3 | 0.3352 | 1~12，13~23，24~32 |
| 4 | 0.1527 | 1~8，9~16，17~25，26~32 |
| 5 | 0.0935 | 1~8，9~12，13~16，17~25，26~32 |
| 6 | 0.0534 | 1~8，9~12，13~16，17~22，23~26，27~32 |
| 8 | 0.0387 | 1~8，9~12，13~16，17~22，23~25，26~27，28~32 |
| 9 | 0.0294 | 1~8，9~11，12~13，14~16，17~22，23~25，26~27，28~32 |
| 10 | 0.0211 | 1~8，9~11，12~13，14~16，17~19，20~22，23~25，26~27，28~32 |
| … | … | … |

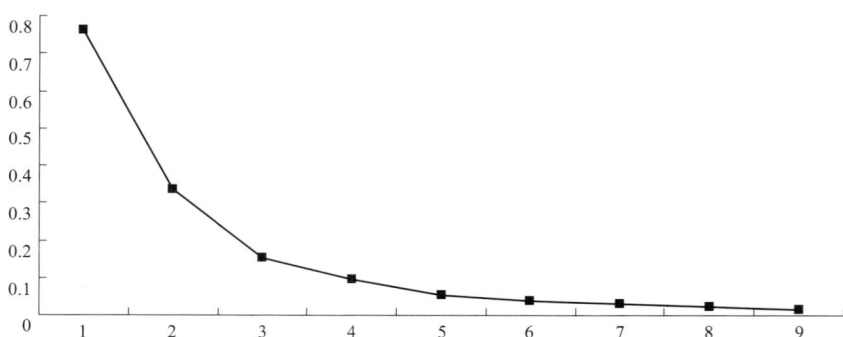

图 11    经济转型收益分段变化趋势图

根据分段变化趋势图（如图 11 所示），当分段数为 4 时，其后面的最小误差函数均开始变得平缓，据此可以判断出此时误差函数所对应的分段数就是最优的分段数。因此，基于以上的统计分析，本书认为可将中国经济转型收益的变动阶段划分为 5 个阶段，他们分别对应的年份（如表 17 所示）。

表 17    1978~2017 年中国经济转型收益的变动阶段划分

| 最优分割段 | 起始年份 |
|---|---|
| 第一阶段 | 1978~1985 年 |
| 第二阶段 | 1986~1993 年 |
| 第三阶段 | 1994~2002 年 |
| 第四阶段 | 2003~2009 年 |
| 第五阶段 | 2010~2017 年 |

根据最优分割的研究结果，可以看出 40 年以来经济转型期间中国经济转型的收益变化可以大致分为 5 个阶段：1978~1985 年为经济转型的启动阶段，经济转型收益的总量较低但增长的变动较为迅速；1986~1993 年为经济转型的过渡阶段，转型的成效显著且出现增长；1994~2002 年，处于经济转型的中期和深化阶段，经济转型收益较之前更为突出，略微上升后下降，期末再次呈上升态势；2003~2009 年，经济转型收益在趋势变化的总体时间序列中变动最为显著，增长态势强劲；2010~2017 年，经济转型正向后期深入化阶段迈进，随着转型在全社会各个方面继续深化，经济转型收益总体增加明显，但由于受到国际金融危机的影响和经济进入新

常态，经济结构转型收益和经济全球化转型收益的增长较之前放缓。

### 三、经济转型收益的预测

时间序列数据自身一般有随机波动、长期趋势和周期性波动 3 个方面的特征，通过应用指数平滑法根据当前值和历史值对时间序列进行预测，能够克服历史值和当前值取不同权重时对预测值产生的扰动性影响。根据趋势分析的结果显示，经济转型收益综合指数是一列具有明显趋势性而无明显季节周期性的时间序列，因此在选取预测方法时，这里选择二次指数平滑法对经济转型收益进行预测。表 18 给出了二次指数平滑后的观察值、拟合值和残差序列以及均方误差。表 19 给出了未来经济转型收益综合指数的预测值，图 12 反映出了经济转型收益的观察值、拟合值和预测值的变动，根据此图可以看出经济转型收益在经历了 40 年的增长之后，将随着经济转型的全面深化而保持持续上升趋势。

### 表 18　经济转型收益时间序列的观察值、拟合值和残差值
（二次指数平滑法）

| 均方误差 0.014 | | | |
| --- | --- | --- | --- |
| No. | 观察值 | 拟合值 | 残差值 |
| x（1） | 0.0794 | 0.0726 | −0.0068 |
| x（2） | 0.1094 | 0.0962 | −0.0132 |
| x（3） | 0.1353 | 0.1271 | −0.0082 |
| x（4） | 0.1346 | 0.1561 | 0.0215 |
| x（5） | 0.1371 | 0.1598 | 0.0227 |
| x（6） | 0.1470 | 0.1579 | 0.0108 |
| x（7） | 0.1729 | 0.1620 | −0.0108 |
| x（8） | 0.1892 | 0.1837 | −0.0055 |
| x（9） | 0.1929 | 0.2028 | 0.0099 |
| x（10） | 0.2204 | 0.2090 | −0.0114 |
| x（11） | 0.2467 | 0.2326 | −0.0141 |
| x（12） | 0.2537 | 0.2610 | 0.0073 |

续表

| 均方误差 0.014 | | | |
|---|---|---|---|
| No. | 观察值 | 拟合值 | 残差值 |
| x（13） | 0.2675 | 0.2728 | 0.0053 |
| x（14） | 0.2797 | 0.2849 | 0.0052 |
| x（15） | 0.2917 | 0.2960 | 0.0043 |
| x（16） | 0.3227 | 0.3068 | −0.0158 |
| x（17） | 0.3473 | 0.3351 | −0.0122 |
| x（18） | 0.3773 | 0.3634 | −0.0139 |
| x（19） | 0.4126 | 0.3958 | −0.0168 |
| x（20） | 0.4433 | 0.4337 | −0.0096 |
| x（21） | 0.4445 | 0.4685 | 0.0240 |
| x（22） | 0.4712 | 0.4747 | 0.0036 |
| x（23） | 0.5019 | 0.4946 | −0.0073 |
| x（24） | 0.5280 | 0.5236 | −0.0044 |
| x（25） | 0.5586 | 0.5514 | −0.0072 |
| x（26） | 0.6027 | 0.5828 | −0.0199 |
| x（27） | 0.6083 | 0.6272 | 0.0190 |
| x（28） | 0.6689 | 0.6404 | −0.0286 |
| x（29） | 0.8097 | 0.8100 | 0.0003 |
| x（30） | 0.8336 | 0.8399 | 0.0063 |
| x（31） | 0.8853 | 0.8785 | −0.0068 |
| x（32） | 0.9387 | 0.9317 | −0.0070 |

表 19　经济转型收益预测值

| X（33） | X（34） | X（35） | X（36） | X（37） | X（38） | X（39） | X（40） |
|---|---|---|---|---|---|---|---|
| 0.9609 | 0.9851 | 1.0094 | 1.0336 | 1.0579 | 1.0821 | 1.1064 | 1.1307 |

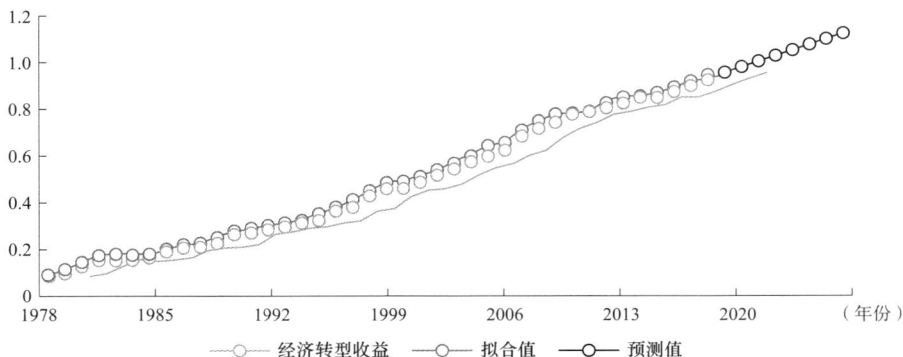

图 12 经济转型收益的预测趋势图

## 四、研究结论及政策意义

中国经济转型收益的综合指数测度结果表明，从总体上看改革开放 40 年以来中国经济转型收益显著提高，经济转型收益综合指数由 1978 年的 0.0794 上升到 2017 年的 0.9387。这说明经济转型在经历了转型初期和中期全方位改革后，目前中国经济转型已经进入一个收益递增的区间。这意味着中国经济转型走出了初期经济效率低下、经济徘徊不前的困境，经过实行市场经济等一系列充满活力的经济体制改革后，中国经济转型表现出效率递增的趋势，并朝着经济、社会更深层次全面转型的方向演进。

从经济转型收益 4 个方面的内容来看，均显示出显著增长的特性。从图 8 中可以看出经济体制转型收益与经济转型收益的变动基本保持一致，并且经济体制转型收益为 4 个方面转型收益中效果最优的一项，这说明中国经济转型收益主要是靠经济体制转型收益推动总收益增长的。改革开放 40 年来经济转型收益的体制收益取得了较大进展，这表明经济体制转型的任务基本完成，市场逐步扩大，非公有制经济成为我国社会主义市场经济的重要组成部分，政府在引入市场机制的同时其自身调控理性化程度也逐渐提高，政府职能朝宏观调控、微观放开的方向转换，商品价格自由化程度不断提高，市场调节价格的比重上升，政府定价和政府指导价格的比重正在逐渐淡出，这些经济体制转型方面取得的成就意味着我国已经基本建立起较为完整的社会主义市场经济体制，在改革开放和经济体制转型不断深化的历史进程中，中国特色社会主义市场体系也正在不断成熟和完善，市场成为资源配置的决定性力量，经济体制转型的任务和目标基本完成。

结构转型收益的变动在总体增长的趋势中呈现出一定的波动性。在从传统经济到现代经济的结构转型中，通过社会主义新农村建设、信息化带动工业化、科技兴农和农业现代化支持政策、产业结构优化调整和促进非农劳动力转移与社会保障等政策的实施，促使中国在二元经济转化中取得了显著成效，经济社会的现代化水平显著提高。随着经济结构转型的继续深化，结构转型的收益也将继续显现，并且在转型深化阶段保持收益递增的态势。

发展方式转型收益和全球化转型收益均表现出上升的趋势，但增加的幅度与体制转型和结构转型相比不是十分显著。从实际所处的发展阶段的特点来看，一方面，中国目前处于工业化、现代化的加速发展时期，资源消耗的强度仍然较大；另一方面，劳动生产率水平正在不断提高，人力资本积累率也日益提升，这使得资源利用效率的改进成为可能。因此，当转型进入后期阶段，应当通过激励发挥出人力资本积累的积极作用，努力促进实现发展方式向集约型转换和人民生活水平的提高转变。从趋势分析的图 10 中不难看出，经济全球化转型收益水平在 20 世纪 90 年代后明显提高，然而其收益增加的幅度一直比较平缓。实证研究的结果表明，经济全球化转型收益在未来的经济转型进程中还有较大改进空间，在加快从参与经济全球化到引领世界经济转变的过程中，推动国际贸易自由化和多方贸易合作仍是经济转型深化阶段需要着力解决的方面，加入世界贸易组织既为中国带来了发展机遇又带来了挑战，在继续加大高水平对外开放的同时，也需要配合适度的宏观调控保持国民经济有条不紊地运行，以强化中国经济抵御国际金融危机和风险的能力。

基于以上经济转型收益的综合实证研究结果，对于未来持续改善经济转型收益提出以下两个方面的政策建议。

第一，加强国家在转型深化阶段的主导和协调作用。政府对一国经济和社会发展能否持续下去起着举足轻重的作用，当政府推动经济改革的能力得到良好发挥时，一国的经济便会蒸蒸日上。这意味着政府合理和有效的宏观经济调控能够更好地促使经济转型在朝向效率改进的路径中演化，例如在第三章中所阐述的那样，政府能够通过制定合理的宏观经济政策和有效率的制度安排来促进经济绩效的整体改进。中国计划经济的体制转型首先是由中央政府组织和发动的，政府的正式制度设计在整个经济活动中起着统领性作用，这种正式制度安排有利于政府推动经济转型的开展和深化。在经济体制转型中，政府逐渐引入市场调节的因素而逐渐淡化对经济的行政干预行为，这种行为是提高经济效率追求效用最大化的理性经济行为。国家以宏观调控的方式适度地干预经济，并通过加强市场相关法律制度的构建，给微观经济行为主体提供了相对宽松的创新空间，从而促进了经济效率的改进和经济转型收益的增加。因此，在经济转型进入后期阶段时，应当继续发挥国家对经济转型方向和过程的控制能力，使得经济转型朝着有序、高效的方向前进。

第二，转型深化阶段的经济转型重点还需要根据经济转型演化的实际轨迹不断调整。经济转型本身作为一场经济体制转换的动态过程，是一个复杂且难以完全理性预测的动态发展过程，因此存在着较为强烈的不确定性。因此，经济转型是一个不断试验、不断纠错，从而逐渐明确经济转型目标并向目标趋近的动态过程。这表明经济转型即使进入了后期阶段，在转型目标已基本明确的基础上仍然需要根据实际转型过程的特点对经济转型的重点进行微调，不可一味地仅注重转型速度而忽视了转型对经济增长带来的实际效果。只有意识到这点，经济转型才能在理性预期的基础上继续深化，经济转型的收益才能实现长期的保持和增长。

以上的实证研究从经济转型绩效的评价分析入手，认为经济转型绩效评价的内容应当包含经济转型成本与经济转型收益两方面内容。接着从中国经济转型的任务与成就出发对经济转型收益这个概念的外延与内涵进行了界定，将经济转型收益定义为从计划经济体制向市场经济体制这一长期制度变迁过程中转型经济体所产生的收入和效率改进。根据这一定义在研究中结合中国经济转型的实际特点将经济转型收益归纳为 4 个方面的内容，即从计划经济体制到市场经济体制建立的制度变迁过程中所取得的经济体制转型收益，为实现工业化、现代化转型目标，从传统经济结构到现代经济结构转型的结构转型收益，从转型本身到实现经济社会全面发展的发展方式转型收益，以及在经济全球化浪潮下从计划经济体制下封闭的贸易环境到形成全面对外开放格局的经济全球化转型收益。以上 4 个方面的转型收益全面概括了改革开放 40 年来中国经济转型所取得的成就，并根据转型收益所具有的持续性特点推断中国经济继续朝向转型的后期演进，最终成为深化转型、实现社会全面进步和发展的助动力。

本章在对经济转型收益概念界定的基础之上，又构建了经济转型收益评价的综合指标体系，该指标体系的建立与转型成本指标评价体系具有逻辑上和内容上的一致性，全面反映出了经济转型的真实过程和综合动态效率变迁。对经济转型收益指数进行综合测度时，一共选取了 27 项要素指标，首先对这些要素指标进行了无量纲化的处理使其具有可比和可计量的特性，然后采用层次分析法确定各层指标的权重，从而进行综合测度。

由中国经济转型收益的综合指数测度结果表明，中国经济转型收益持续显著提高。这表明经济转型在经历了转型初期和中期的全方位改革后，目前中国经济转型已经进入一个收益递增的区间。这意味着中国经济转型走出了初期经济效率低下、经济徘徊不前的困境，通过一系列市场化改革，中国经济转型表现出效率递增的趋势，并朝着更深层次的全面转型方向继续演进。

综上所述，基于经济转型收益的综合研究成果得出了保持和提高经济转型收益的政策建议，一方面需要加强国家在经济转型深化阶段的治理和调控作用，保证经济转型向有序、高效的方向发展；另一方面经济转型深化阶段的重点还需要根据转型演化的实际轨迹来调整，避免一味追求短期收益而忽视了对长期经济发展带来的影响。

# 第五章　改革开放 40 年以来中国经济转型<br>绩效的时序变化与地区差异分析

习近平总书记指出："当代中国正经历着我国历史上最为广泛而深刻的社会变革，也正在进行着人类历史上最为宏大而独特的实践创新。"[①]中国的经济体制改革创造了人类历史上罕见的经济增长奇迹，想要科学理解和评价改革开放 40 年以来中国经济转型的过程与结果，就必须将经济学的一般原理同中国经济改革的特殊实践相结合，并在理论创新最新成果的指导下来阐释改革开放的阶段性特征和取得的伟大成就。而针对这一问题的研究就是要回答在中国建设什么样的社会主义市场经济体制、怎样建设社会主义市场经济体制以及社会主义市场经济体制如何自我完善的问题。这既是中国特色社会主义的基本问题，也是研究中国特色社会主义基本经济制度的重要视角。

按照马克思、恩格斯"两个必然"理论以及由此建立的对未来社会的构想，社会主义制度的建立将是一个自然的历史过程。社会主义的目的是实现人的全面而自由的发展，因而社会主义国家在确立新的社会制度后，人类社会的生产和组织形式就会逐渐由对人的统治转化为对物的合理管理以及对生产过程的领导，使人能从生产中、从劳动中、从自身中和从自然中克服资本主义生产关系的异化，人从而能复归自身，从而跟世界相统一。"在这个必然王国的彼岸，作为目的本身的人类能力的发挥，真正的自由王国，就开始了。但是，这个自由王国只有建立在必然王国的基础上，才能繁荣起来。"[②]而现实中社会主义国家的发展显然与这一构想存在不同，呈现出自身发展的特殊性。正如波兰学者 W·布鲁斯指出："社会主义不是资本主义以外的一个阶段，而是对资本主义的替代——未曾分

---

① 习近平：《在哲学社会科学工作座谈会上的讲话》，北京，人民出版社 2016 年版，第 8 页。
② 《马克思恩格斯文集》第七卷，北京，人民出版社 2009 年版，第 929 页。

享工业革命的国家效仿技术成就的一种手段,在一整套不同的竞赛规则下赢得迅速积累的一种手段。效仿资本主义发展道路——除去极例外的情况——在今天对它们来说是不可能的;它们要弥补落后,就迫切需要国家形式的积累和按照宏观经济标准进行计划性资源配置。"[①] 因此,落后国家的社会主义化就是一场摆脱对西方从属地位的革命或者改革。这种非常态的发展模式注定了现实的社会主义国家走的是一条曲折的道路,如何正确把握和克服社会主义国家在制度建设中深层次的"制度—社会"矛盾,成为社会主义国家面临的重大课题。中国特色社会主义制度的建立也呈现出典型的非常态特征,改革开放 40 年以来,中国取得了经济增长的奇迹和巨大的发展成就,这得益于对中国特色社会主义发展过程中主要矛盾的正确认识和科学把握。

　　党的十八大以来,中国特色社会主义进入新时代,在"五位一体"的中国特色社会主义事业总体布局中,更充分地体现了以"解放和发展社会生产力,巩固和完善社会主义制度"这一社会主义的本质要求,增强了在中国共产党领导下在改革开放的伟大实践中开辟中国道路的信心和智慧。回顾改革开放 40 年,在坚持和完善中国特色社会主义制度的历史实践中,通过不断深化改革和创新不断践行社会主义的本质要求。在经济改革和实现现代化发展目标的过程中,对经济转型绩效的测度是经济转型研究中的重要内容,也是经济转型绩效问题由定性分析转向定量分析的基础。

　　现有对中国经济转型绩效测度的研究主要存在 3 个方面的局限性:其一,作为测度指标选择标准的经济转型绩效定义缺乏明显的外延,具有很大的随意性;其二,指标权重的确定大多采用主观赋值的方法,而并未考虑数据自身的特性;其三,只是从全国总体层面上或者是单独以某一省区作为研究对象来进行经济转型绩效的评价,但缺少对中国及各地区经济转型绩效状态的全面测度。如果能够在一个统一而且明确的标准下获得中国及各地区经济转型绩效的量化结果,就可以扩大研究的样本容量并实现地区差异的分析。更为重要的是,如果可以全面量化我国的经济转型绩效水平,就可以在经济转型为题由定性分析转向定量分析的研究中作出可能的尝试。

　　本书与现有研究不同的是从经济转型绩效分析框架出发,在清晰外延和准确内涵的经济转型绩效概念界定的基础上构建测度经济转型绩效的指

---

　　① [波]W·布鲁斯:《社会主义的所有制与政治体制》,郑秉文、乔仁毅、王忠民译,北京,华夏出版社 1989 年版,第 12~13 页。

数，采用主成分分析法来确定各分项指标的权重值，从而对中国以及各地区 1978~2017 年的经济转型绩效进行度量并作出评价。在建立量化经济转型绩效的理论基础上通过选择合适的测度方法，从总体上对改革开放 40 年以来经济转型绩效作出时序变化测度的研究，从区域层面对中国各地区经济转型绩效进行状态考察并得出相关的结论和提出有关的建议。

## 第一节　经济转型绩效测度的理论和方法

### 一、经济转型绩效测度的相关理论依据

经济转型绩效在以往研究中属于一种规范性的价值判断问题，对其含义进行界定是一个仁者见仁、智者见智的问题。在对引起经济转型绩效的原因研究中马克思主义政治经济学从唯物史观的基本立场上进行了独特而富有真理性的说明。马克思认为社会制度结构基本上以社会关系为条件，马克思在《政治经济学批判》序言中写道："社会的物质生产力发展到一定阶段，便同它们一直在其中运动的现存生产关系或财产关系（这只是生产关系的法律用语）发生矛盾。于是这些关系便由生产力的发展形式变成生产力的桎梏。那时社会革命的时代就到来了。随着经济基础的变更，全部庞大的上层建筑也或慢或快地发生变革。"[①] 我国在改革开放中渐进性地引入市场经济体制，从计划到市场为标志的转型贯穿处于社会主义初级阶段的中国改革开放的全过程，这一经济体制的转型带来了所有制结构的深刻变革，也开启了社会各方面的全面变革。改革开放的重要成果之一是调整和完善生产关系，由于生产关系在法律上的表现主要为产权关系，因此改革开放引起的制度变迁可以理解为经济基础中表现产权关系的所有制结构的变革。这种变革一开始发生在农村，以安徽省小岗村家庭联产承包责任制为代表，随后自下而上的社会生产关系的变革在更广泛地区中持续发生，农村生产关系变革的萌芽逐渐得到国家层面的确认，推动了这种自发变革的生产关系不断被巩固和强化，最终形成了以公有制为主体、多种所有制经济共同发展的格局。这种崭新而独特的制度化生产关系在国家政策的引导和支持下快速在全国发展起来，走出了一条有中国特色的社会主义

---

①《马克思恩格斯文集》第二卷，北京，人民出版社 2009 年版，第 591~592 页。

市场经济发展道路，创造了人类历史上经济发展的奇迹。改革开放以来，中国共产党不断总结社会主义建设的经验，围绕坚持和完善社会主义基本经济制度进行不懈的探索，逐步确立起以公有制为主体、多种所有制经济共同发展的基本经济制度。这一理论创新和伟大实践，既符合马克思主义理论关于社会基本矛盾运动的规律，也符合中国特殊的国情和实际，体现了真理尺度和价值尺度在实践中的统一。

Coase 认为制度变迁是获取集体行动收益的手段，因经济体制转型带来的所有制结构的变革引起了部门收入流的变化。[1] 从生产方面来看，新的制度安排往往需要利用新的潜在外部性，或者需要修改要素所有者和经济部门之间新收入流的分割。计划经济中纯公有制下的平均分配可能导致集体行为产生道德风险和"搭便车"的问题，而向市场经济的转型以及非公有制经济的引入，在实践创新中得到了新的、更有效率的制度安排。随着国家层面法律制度的确立和完善，正式制度以合同的方式规定了经济主体的责权等关系，这样就会减轻并矫正过去存在于集体经济活动中的负外部性。"一旦制度开始变迁，它们会以一种自动强制实施的方式发生变迁。传统的信念和制度在变化，新的信念和制度彼此之间在相同方向上与未来变迁之间逐渐变得调和一致"[2]，这说明因经济成本节约带来的绩效改善在制度变迁中还将以自动强化的方式持续发生，这就解释了中国能够长期实现经济高速增长的原因。

在论述关于生产关系变化与生产方式变化之间的辩证关系原理中，马克思认为社会存在是人类社会赖以生存和发展的物质条件与基础，生产方式是决定社会存在最根本的力量，而技术又是决定生产方式最重要的因素，因此技术决定生产力的水平。马克思的分析更强调技术进步的动因是来自社会矛盾冲突及其运动的结果，因此社会矛盾是引起一切变革更为动态的力量。在西方旧制度学派的研究中技术决定论则处于一个支配地位，认为技术变迁是科学发现与技术创新内在逻辑的产物，保罗·克鲁格曼等人认为有 3 个可以解释长期经济增长的原因，分别是实物资本的增加、人力资本的增加和技术进步，而技术进步在其中的作用更为突出，可能是推动生产率增长最重要的因素。[3] 新制度学派主张制度变迁比技术变迁更为

---

①　Coase, Ronald: *The Problem of Social Coot*, The Journal of law and Economics, 3, October1960.

②　Lewis, W.Arhur: *The Theory of Economic Growth*, London: George Allen & Urwin,1955, p146.

③　［美］保罗·克鲁格曼、罗宾·韦尔斯：《克鲁格曼经济学原理》，赵英军译，北京，中国人民大学出版社 2018 年版，第 377 页。

优先且更根本的观点。该学派认为有效的经济组织可能要求产权的调整，以便降低创新活动中私人与社会报酬的差别，要素市场组织的调整主要是对土地和劳动的相对价格发生变化的反映。而在市场经济扩张的过程中所产生的需求导致了产品市场的供给增长并诱致了经济单位规模的扩大。因此，经济的增长和国家的持续繁荣是特定产权形式确立的结果，即制度创新的结果。钱德勒强调了制度创新表现出的结构性变革所导致的制度效率的收益，再创造了一个传导技术创新的环境，所以即便在没有发生重大技术变迁时市场经济再扩张也能为人均收入的提高作出贡献。① 新制度学派的制度决定论与唯物史观社会基本矛盾运动原理在结论上具有一致性，都强调了制度变迁对经济绩效或者生产力发展的重要作用，这也解释了中国经济转型初期在没有技术重大变革的情况下依然能取得经济绩效改善的原因。因为在农业生产经营制度变迁之前，农村要素市场在整个"计划经济"时期中受到了很大限制，然而改革开放之后以家庭为基础的农作制引起了中国农村劳动力、土地和信贷市场的出现，解放和发展了农业生产力，这为后来的经济起飞和规模经济效应的产生提供了可能。改革体现了中国特色社会主义制度的自我完善，通过不断释放制度优势，最终带来了经济转型绩效的改进。

根据以上分析可知，中国的改革开放从根本性质上看是社会主义制度的自我完善，从广度和深度及其对解放生产力的意义看又是一场革命性的变革。在确立中国特色社会主义基本经济制度的同时，通过改革废除旧体制、建立与基本经济制度相适应的各项具体制度，就成为中国特色社会主义制度建设的重要着力点。由此可见，40 年的经济体制转型来自改革开放的制度变迁，经济体制转型调整和完善了束缚生产力发展的生产关系，毫不动摇鼓励、支持、引导非公有制经济发展，中国的经济结构也发生了深刻变化。资本的转移在经济起飞阶段表现出倾向第二产业和第三产业的特征，这加速了城市化的进程与城乡关系的新变革，东部和西部的经济也因此发生了新变化。改革开放 40 年转型过程中经济结构的巨变也反映出经济发展方式的变迁，顺应产业结构调整和产业结构优化升级的要求，经济发展方式也不断地发生着转型以便更好地服务于新型工业化和现代化的需要，环境资源、人力资本、人口素质、技术创新都是经济发展方式转

---

① ［美］艾尔弗雷德·D·钱德勒：《战略与结构——美国工商企业成长的若干篇章》，孟昕译，昆明，云南人民出版社 2002 年版，第 394 页。

型的题中应有之义。对外开放作为经济转型的另一方面内容促使了中国融入经济全球化的进程。对外开放既包括发展对外贸易，也包括鼓励外国资本、技术等生产要素流入中国，既包括资源的国际配置，也包括经济体制与国际接轨。对外开放作为一项基本国策，开启了我国的强国之路，成为社会主义事业发展的强大动力。随着我国生产力水平不断提高与外部国际形势变化，对外开放的格局，即面对经济全球化转型的具体战略也在不断地调整。依据以上理论研究有理由将中国的经济转型从改革和开放两个方面进行界定，一方面，依据改革主要内容和表现将经济改革划分为经济体制转型、经济结构和经济发展方式转型，其中经济体制转型是生产关系变革中最核心和最关键的内容，决定了其他方面的转型；另一方面，将目前经济全球化转型看作开放的主要内容（如图 13 所示）。依照这样的界定为后续从成本和收益两个方面来量化评价转型绩效的研究提供了理论基础和科学依据。

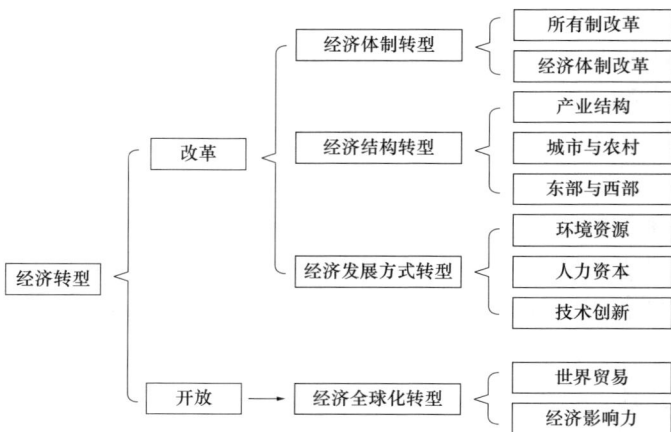

图 13　经济转型的结构图

　　根据以上理论分析和中国改革开放的历史与实践，以及中国特色社会主义市场经济的理论，本书将经济转型的外延界定为和经济体制转型相关的经济方面的内容，具体包括经济体制转型、经济结构转型、经济发展方式转型以及经济全球化转型 4 个维度，由此在既定的范围内以明确的标准进行指标的选择与指标体系的构建，从而对 1978~2017 年中国经济转型绩效的时序变化和地区差异进行考察。

## 二、经济转型绩效评价的理论推论

经济转型绩效（Economic Performance）的考察维度包括经济体制转型（Economic Institution）、经济结构转型（Economic Structure）、经济发展方式转型（Economic Development Mode）、经济全球化转型（Economic Globalization）4个方面，则经济转型绩效的函数构建可以表示为：

EP=F（Economic Institution、Economic Structure、Economic Development Mode、Economic Globalization） （1）

其中，F是经济转型绩效函数，我们将F设为柯布－道格拉斯函数，EP代表经济转型绩效，EI代表经济体制转型变量，ES代表经济结构转型变量，DM代表经济发展方式转型变量，EG代表经济全球化转型变量。我们假定函数（1）满足以下性质：对所有的自变量都满足$\partial F / \partial X > 0$，每个分项变量的绩效水平的改善会带来整个经济转型绩效EP的提高，但这种正向激励作用在边际上又是递减的：

$$\frac{\partial F}{\partial EI} > 0, \quad \frac{\partial^2 F}{\partial EI^2} < 0$$

$$\frac{\partial F}{\partial ES} > 0, \quad \frac{\partial^2 F}{\partial ES^2} < 0$$

$$\frac{\partial F}{\partial DM} > 0, \quad \frac{\partial^2 F}{\partial DM^2} < 0$$

$$\frac{\partial F}{\partial EG} > 0, \quad \frac{\partial^2 F}{\partial EG^2} < 0$$

对C–D函数（1）全微分得到如下结果：

$$dF = \frac{\partial F}{\partial EI} \cdot dEI + \frac{\partial F}{\partial ES} \cdot dES + \frac{\partial F}{\partial DM} \cdot dDM + \frac{dF}{dEG} \cdot dEG \quad （2）$$

对式（2）两边同乘以$\frac{1}{F}$，然后对等式右端各项分别乘以$\frac{EI}{EI}$、$\frac{ES}{ES}$、$\frac{DM}{DM}$、$\frac{EG}{EG}$，整理以后就有如下结果：

$$g = \varepsilon_1 g_1 + \varepsilon_2 g_2 + \varepsilon_3 g_3 + \varepsilon_4 g_4 \quad （3）$$

$g = \dfrac{dF}{F}$，　$\varepsilon_1 = \dfrac{\partial F}{\partial EI} \cdot \dfrac{EI}{F}$，　$\varepsilon_2 = \dfrac{\partial F}{\partial ES} \cdot \dfrac{ES}{F}$，　$\varepsilon_3 = \dfrac{\partial F}{\partial DM} \cdot \dfrac{DM}{F}$，　$\varepsilon_4 = \dfrac{\partial F}{\partial EG} \cdot \dfrac{EG}{F}$，

它们分别表示各分项4个维度各自的弹性系数，$g_1 = \dfrac{dEI}{EI}, g_2 = \dfrac{dES}{ES}$，

$g_3 = \dfrac{dDM}{DM}$，$g_4 = \dfrac{dEG}{EG}$ 则分别表示 4 个分项度各自的增长率。由式（3）可见经济转型绩效的改善来自各个维度发生改进的贡献，一方面这依赖于各维度提高的变化率，另一方面也依赖于各维度对绩效影响的弹性系数。假定在一定时期内各维度的影响弹性是不变的，我们可以提出如下的理论推论。

理论推论 1：当经济转型的体制转型趋于不断深化和完善时，经济转型的绩效会得到提高。

改革开放进入 20 世纪 90 年代以后，邓小平在南方谈话中提出了兼容计划与市场的理论框架，把社会主义和市场经济有效结合起来，应用于经济发展，使计划和市场两种手段既能相互克服缺点，又能相互弥补不足，从而形成了任何一种单一形式都无法比拟的混合优势。全面建立社会主义市场经济体制的建议以包容型智慧实现了社会主义与市场经济的有机融合。社会主义市场经济的改革目标是在改革的实践过程中逐步明确的，社会主义与市场经济有效结合的演进过程也是改革逐步深化、全面铺开的过程。党的十一届三中全会提出，要按客观经济规律办事，重视价值规律的作用；党的十二大提出"计划经济为主、市场调节为辅"；党的十二届三中全会提出"社会主义经济是公有制基础上的有计划商品经济"；党的十三大提出"社会主义有计划商品经济的体制应该是计划与市场内在统一的体制"。1992 年年初，邓小平在南方谈话时指出："计划多一点还是市场多一点，不是社会主义与资本主义的本质区别……计划和市场都是经济手段。"1992 年 10 月，党的十四大报告明确指出，"我国经济体制改革的目标是建立社会主义市场经济体制"，"使市场在社会主义国家宏观调控下对资源配置起基础性作用"，标志着我们党在经济体制改革的认识与实践上取得重大突破。从改革开放的历史轨迹中可以看到，虽然市场经济元素的权重在不断增加，但是社会主义制度始终毫不动摇。中国经济改革始终坚持社会主义与市场经济的有效结合。改革一方面在国有经济以外的民营经济领域中推进，从 20 世纪 70 年代末至 80 年代初在农村实行家庭联产承包责任制与在沿海城市设立经济特区的实验性改革到 90 年代明确了建立社会主义市场经济体系的目标，这个过程中经济体制转型的结果可以用社会主义经济市场化程度的指数来测度和评价；另一方面，国有企业改革也是经济体制转型中的重要内容，国有企业通过重组的方式提高了经济效率，推动了国有企业效率的提高和对国民经济控制力的增强。这也保证了中国经济转型过程中公有制的主体地位，进一步巩固了社会主义制度。

回顾中国改革开放40年经济体制改革的历程可以得到一个基本结论，经济体制转型不是要彻底否定社会主义，而是通过改革推动社会主义制度的自我完善和发展。在坚持社会主义制度的前提下引入非公有制经济，开展渐进式的经济体制转型，借助市场经济的活力调整计划经济时代下束缚生产力发展的生产关系，适应了社会主义初级阶段对解放生产力和发展生产力的现实需要。因此，有理由认为在这一历史实践的过程中，经济体制转型是否逐渐得到深化和完善决定了其解放生产力的能力和效果，当经济体制转型越来越成熟时就能更好地解放和发展生产力，加快经济发展，提高经济转型的整体绩效。

理论推论2：在改革过程中当经济结构趋于均衡和完善时，经济绩效将会提高。

新中国成立以来经历了经济结构的巨大变迁，经济总量和人均收入水平得到了极大的提高。改革开放之后经济结构随着经济体制转型有了更深刻变革，贯穿经济转型的全过程，因此经济结构是否协调是评价经济转型绩效的重要方面。H.钱纳里认为把发展中国家的经济发展进程理解为经济结构全面转变的一个组成部分最恰如其分[1]，刘易斯则把二元经济及结构转化作为发展中国家经济发展的重要环节[2]。国民经济结构转型本身就意味着经济发展水平的质变和经济绩效的改进，这种质变就是传统经济向现代经济的转化，成功转化意味着经济发展进入了现代化的阶段。二元结构下经济最显著的特征是非平衡性，个别产业、个别地区得以优先发展，当不平衡不充分的因素积累到一定程度就会出现国民经济不协调和宏观经济失衡的现象，经济落后地区和落后产业成为制约国民经济发展的短板。二元经济结构转化过程就是国民经济从非平衡、不协调的状态到平衡、协调发展的过程，意味着经济进入了新的更有效率的可持续发展阶段。

也有学者认为经济结构转换是实现经济发展和经济转型的重要源泉。国内学者充分研究了中国改革开放过程中经济结构协调优化对国民经济整体素质和经济均衡稳定及高质量发展的重要意义。经济绩效的好坏取决于两个方面，一是由技术水平决定的要素产出效率，二是要素的配置效率。

---

[1]　［美］H.钱纳里等：《工业化和经济增长的比较研究》，吴奇等译，上海，上海三联书店1995年版，第56页。

[2]　Lewis, W. A: *Economic Development with Unlimited Supplies of Labor*, The Manchester School, 1954(2).

经济结构的优化程度直接影响了部门的资源配置效率，要素在不同经济部门之间的充分转移是获得生产效率改进的重要原因，要素转移和经济结构优化就有理由成为评价转型绩效的科学依据。[①] 因此，经济结构转型不仅是中国经济增长的动力，也是经济平稳发展和经济转型绩效改进的必要条件。

经济结构转型是从经济发展的过程中来反映经济绩效的，如果经济结构不断得到优化并趋向均衡，经济绩效就会提高，中间消耗随之降低，为国民经济持续快速增长提供了可能，从而对经济绩效发挥了正向作用；如果经济结构不合理或趋于失衡，就会导致资源配置不合理，经济运行效率低下，从而阻碍经济转型绩效的进一步提高。此外，经济结构的优化不仅有利于经济各部门构成要素之间的协调配置，保持经济绩效的稳定性，而且能够促进传统部门劳动力与现代部门资本的有机结合，尤其是第一产业劳动力的福利状况也会因此改善，从而推动实现现代化与共同富裕的目标。

理论推论 3：在经济发展方式转型的过程中，如果资源使用效率的提高和环境成本降低，那么经济的绩效将得到提高。

改革开放 40 年以来，从以经济建设为中心到实现又好又快发展，再到党的十九大提出经济"高质量发展"，中国经济发展的阶段性目标从追求速度和数量逐步向追求质量和效益的可持续发展转型。可持续发展这个术语首先是在 1980 年由国际自然及自然资源保护联盟提供的《世界保护战略：保护生物资源促进可持续发展》中提出来的，然后得到 1987 年世界环境与发展委员会的研究报告《我们共同的未来》广泛接受，将其解释为寻求满足当代人的需要和抱负而又不损害后代人满足他们自己需要的能力[②]。这个概念意味着提高经济增长和满足人们基本需求，让更多人得到发展机会同控制人口、保护改善环境都是经济发展的目标。有关环境和经济发展之间关系的研究普遍认为环境不可能永远支撑经济增长，生态经济学的传统观点也认为不受约束的经济增长将会导致非可再生资源的耗竭和环境的退化，这将会严重影响经济生产和人类的生活质量，这种经济增长是不可持续的。但经济增长的支持者认为经济增长与环境改善并行不悖的机会也是存在的。格罗斯曼和克鲁格指出，在经济发展的早期阶段生态环

---

[①]    Simon Kuznets: *Modern Economic Growth, Finds and Reflections*, The American Economic Review, 1973(6).

[②]    ［英］A.P. 瑟尔沃：《发展经济学》第九版，郭熙保、崔文俊译，北京，中国人民大学出版社 2015 年版，第 317 页。

境恶化，在这个阶段之后，环境随经济发展而改善，这与 20 世纪 90 年代有名的环境库兹涅茨曲线提出的经济增长和环境污染的关系具有一致性。政府制定的环境经济政策等在改变环境库兹涅茨曲线的走势和形状上有重要意义，这一经验性的结论值得发展中国家警惕的是，如果环境退化超过了环境阈值，那么环境退化就会成为不可逆的，将对发展中国家的经济发展产生重要的制约作用。国内学者普遍认为经济增长与环境污染呈正相关，经济增长过程中的规模效应会加剧中国的环境污染。而构成效应和技术效应相反将降低中国的环境污染程度，加强环境保护有利于经济可持续性增长。结合各国的实践与研究结果可以发现，在经济增长的过程中一方面资源环境消耗是经济增长的必要条件，资源消耗的代价不会自动消失；另一方面采取积极措施合理利用和保护生态环境可以在一定程度上缓解二者的矛盾，使产生的污染物能被环境更充分地分解吸收，同时由于技术的作用使得工业化和现代化的产出效率呈指数型增长，当资源存量越丰裕、环境越好时越能刺激产出。

在我国从计划经济体制向市场经济体制转变的过程中也伴随着发展方式的深刻变革，重工业优先发展模式的选择符合当时国内政治、经济形势，对短期内建立起完整的工业体系具有积极意义，但是其所付出的代价也是巨大的。改革开放初期，以劳动密集型产业和出口导向型经济为主，这是一种生产要素利用率不高、资源环境代价大的发展方式，造成了一定程度上的自然资源和社会资源的浪费。同时，由于当时国内资源要素价格较低，地方政府又普遍以 GDP 为考核指标，加之资源使用和保护体制与相应法律法规还不健全等原因，使得环境成本高度外部化进一步加剧了资源消耗和环境破坏。推进高质量发展，仅仅依靠原有的经济发展模式是难以实现的。因此，在新的发展战略和发展目标的要求下，必须实现经济发展方式的转变，要充分考虑环境污染所带来的成本和保护环境带来的收益，建立低成本、高质量的经济发展新模式。经济结构转型伴随产业结构优化升级，以经济结构转型促进经济发展方式转型可以提高经济转型的总体绩效，因此评价经济转型不能忽视经济发展方式转型的内容，将这部分纳入经济转型绩效的评价对于制定产业政策，强化产业结构调整中的环境管理力度和推行清洁生产、发展低碳经济、树立自然资本的观念都有积极的意义。

理论推论 4：在对外开放的过程中如果面向经济全球化转型的国际经济竞争力不断提高时，经济绩效将会改善。

在相当长的时期中经济全球化是由发达的资本主义国家推动的，一方面，经济全球化是资本主义生产和资本主义市场经济在全球范围扩张的结果，体现了资本家对剩余价值的无限度追求；另一方面，它又是生产社会化和商品经济全球化发展的结果，反映了生产力发展的内在要求，促进了生产力的发展和社会财富的增加。邓小平指出："对外开放具有重要意义，任何一个国家要发展，孤立起来，闭关自守是不可能的，不加强国际交往，不引进发达国家的先进经验、先进科学技术和资金，是不可能的。"① 习近平总书记在主持中共十八届中央政治局第二十八次集体学习时总结当代中国马克思主义政治经济学的一项重要理论成果时提到，"关于用好国际国内两个市场、两种资源的理论"②。社会主义经济在有关经济全球化方面的理论和实践创新使社会主义国家可以积极主动地融入全球化，即使全球化是资本主义国家主导的。改革开放 40 年以来的实践与经验积累，使中国政府认识到在经济全球化背景下，一个国家要发展就必须主动顺应经济全球化潮流，发展社会主义生产力应当充分运用人类社会创造的先进科学技术成果和管理经验。"以开放促改革"被公认为是中国经济发展的典型模式和成功经验，过去 40 年中我国不断扩大对外开放，坚持发展开放型经济，充分利用国际国内两个市场、国际国内两种资源，这帮助我国获得了经济全球化的红利。但是与其他发展中国家一样，我国最初是以资源禀赋的比较优势融入全球化的，这使得许多产业处于产业价值链的中下游，在改革初期处于全球化的从属地位。但是随着中国经济实力的增强，加入世界贸易组织以后在引进来的同时谋求在全球范围内更广泛的开放和发展的机遇，随着经济体制改革深化、经济结构不断调整和经济发展方式有计划有步骤地转型，中国逐渐成长为世界第二大经济体。短短 40 年取得的历史性成就激励着中国一方面把握全球化大势，坚定不移地扩大开放，另一方面在面向未来更高水平的现代化发展目标时，以自身的高质量发展更好地推动世界经济的发展，从经济全球化的参与者向引领者转变。

经济全球化已经扩展到经济发展的各个领域，贸易的全球化使全球商品市场成为一个整体；生产的全球化使企业在全球范围内整合生产资料，利用各国要素优势组织投资和生产活动；金融的全球化使国际资本在世界

① 《邓小平文选》第三卷，北京，人民出版社 1993 年版，第 117 页。
② 习近平：《论坚持全面深化改革》，北京，中央文献出版社 2018 年版，第 187 页。

范围自由流动，为国际生产和国际交换提供资金借贷和货币兑换服务。但是，各种矛盾和问题也逐渐凸显，我国在进一步提升对外开放的过程中，也必须应对新的困难和挑战。发达国家结束了黄金增长期，进入深度调整期，制约了世界范围内的消费需求和投资需求的扩张。与这些国家推进再工业化的目标相适应的是发达国家产业回流本土产生了较强的进口替代效应，金融危机的后期影响和世界经济的不确定性使得全球贸易由快速增长期进入低迷期，这些外部冲击增加了我国宏观经济总需求中国外需求和引进外资的压力。综上分析，将经济全球化转型纳入经济转型绩效的综合研究评价体系，可以更全面客观地评价我国经济转型的真实绩效，通过实证研究的过程来描述经济转型的客观特征，可以为未来经济转型的政策设计提供参考。

综上所述，改革开放40年以来的中国经济转型以经济体制转型为核心内容，随着经济结构的调整和优化，带动了经济发展方式从数量型到质量型的转变，这些方面的变革给中国经济既带来了机遇也带来了挑战。党的十八届五中全会明确提出了新发展理念，因此必须顺应我国经济深度融入世界经济的趋势，奉行互利共赢的开放战略，发展更高层次的开放型经济，积极参与全球经济治理和公共产品供给，提高我国在全球经济中的制度性话语权，构建广泛的利益共同体，从而有利于我国把握国际发展趋势，更好地应对经济全球化带来的机遇和挑战，赋予改革开放以时代特色，以此带动创新、推动改革、促进发展，在互利互惠的合作中实现我国更好的发展，迈出建设开放型经济强国的新步伐。

### 三、经济转型绩效的测度方法

经济转型绩效是一系列因素的综合反映，用数量指标对经济转型问题进行度量是一个极端复杂的问题，它涉及经济转型各个方面的内容，这也意味着经济转型绩效指数必须是由多个方面、多个指标所构成的一个大规模综合指标体系。现有相关研究文献对经济转型绩效的量化分析一般都是通过建立一个综合评价指标体系来实现的，主要有层次分析法、熵值法和因子分析法等测度方法。层次分析法根据研究者对各指标重要性程度的主观认识进行权重赋值，因子分析法与主成分分析法都是根据数据自身特征而非人的主观判断来确定权重结构，可以很好地避免指标之间的高度相关性和权重确定的主观性。但是，对于包含4个维度的经济转型绩效测度而言，因子分析法难以刻画出各维度的具体变化情况，只能得到公共因子的变动态势，而熵值法属于一种客观赋值法，能很好地反映相关指标之间的关系，因此选择其进行量化研究进而采用同样方法合成总指数对中国经济转型 40 年的经济转型绩效进行评价。

## 第二节　改革开放 40 年以来中国经济转型绩效的总体性时序评价研究

### 一、经济转型绩效指数体系的构建

如前所述，经济转型绩效不是一个单一的概念，其具有非常丰富的内涵。因此，本书所构建的指数体系不可能涵盖和穷尽经济转型绩效所涉及的各个方面、反映经济转型绩效的全部内容。这里所构建的经济转型绩效指数的 4 个方面内容是在第一节理论推论的基础上构建起来的理论体系，只能对经济转型绩效的阶段性变动特征和总体时序变化趋势作一个基本的判断。由于在理论分析和理论推论中将经济转型绩效界定为经济体制转型、经济结构转型、经济发展方式转型、经济全球化转型，即对外开放 4 个维度，所以这里构建的经济转型绩效的指数就相应地包括 4 个方面的内容，并从成本和收益两个方面构建了分别影响 4 种转型绩效的分项指标（如表 20 所示）。

### 表 20　总体层面经济转型绩效指数的构成

| 方面指数 | 分项指标 1 | 分项指标 2 | 基础指标 | 指标属性 |
|---|---|---|---|---|
| 经济体制转型 | 成本 | 制度供给成本 | 国家财政对国有企业的补贴占 GDP 的比重（C1） | 逆 |
| | | | 行政费用支出占 GDP 比重（C2） | 逆 |
| | | 所有制转换成本 | 城镇登记失业率（C3） | 逆 |
| | | 公平性损益 | 基尼系数（C4） | 逆 |
| | | | 泰尔指数（C5） | 逆 |
| | 收益 | 经济增长效率 | GDP 增长率（R1） | 正 |
| | | | 人均 GDP 增长率（R2） | 正 |

续表

| 方面<br>指数 | 分项<br>指标1 | 分项<br>指标2 | 基础指标 | 指标<br>属性 |
|---|---|---|---|---|
| 经济<br>体制<br>转型 | 收益 | 市场扩大化程度 | 工业总产值中非国有企业所占比重<br>（R3） | 正 |
| | | | 非国有经济投资占全社会固定资产投<br>资比重（R4） | 正 |
| | | | 外方注册资金占外商投资企业总注册<br>资金的比重（R5） | 正 |
| 经济<br>结构<br>转型 | 成本 | 二元经济结构转<br>换成本 | 二元对比系数（C6） | 正 |
| | | | 城乡收入差距之比（C7） | 逆 |
| | | 产业结构调整<br>成本 | 金融业与制造业平均工资之比（C8） | 正 |
| | | | 国家财政用于农业支出比重（C9） | 逆 |
| | | 区域经济结构变<br>动成本 | 西部地区GDP占全国GDP比重（C10） | 正 |
| | 收益 | 二元经济结构<br>转化 | 农村人均纯收入增长率（R6） | 正 |
| | | | 农业劳动力占总劳动人口比重（R7） | 逆 |
| | | 产业结构优化 | 第三产业产值占GDP比重（R8） | 正 |
| | | 城市发展 | 城市人口占总人口比重（R9） | 正 |
| | | | 非农劳动力占总劳动力比重（R10） | 正 |
| 经济<br>发展<br>方式<br>转型 | 成本 | 要素使用非集约<br>成本 | 资本产出比（C11） | 逆 |
| | | 发展的环境代价 | 工业废物排放量（C12） | 逆 |
| | | | 工业污染治理投资占GDP比重（C13） | 逆 |
| | | 发展不协调成本 | 城市化滞后工业化率（C14） | 逆 |
| | | | 消费率滞后投资率（C15） | 逆 |
| | 收益 | 人力资本积累 | 每万人中大学以上学历毕业人数（R11） | 正 |
| | | 社会福利改善 | 出生时的预期寿命（R12） | 正 |
| | | | 每千人口卫生人员数（R13） | 正 |
| | | 科技创新能力 | 年新增专利数（R14） | 正 |
| | | | 研发费用（R15） | 正 |

续表

| 方面指数 | 分项指标 1 | 分项指标 2 | 基础指标 | 指标属性 |
|---|---|---|---|---|
| 经济全球化转型 | 成本 | 市场损失 | 进口占 GDP 比重（C16） | 逆 |
| | | | 资本外逃（C17） | 逆 |
| | | 对外依存风险 | 外资依存度（C18） | 逆 |
| | | | 对外贸易依存度（C19） | 逆 |
| | | | 外债负债率（C20） | 逆 |
| | 收益 | 贸易开放度 | 贸易总额占外汇储备的比例（R16） | 正 |
| | | | 净出口比重（R17） | 正 |
| | | | 中国经济总量占世界经济总量的比重（R18） | 正 |
| | | 贸易环境公平度 | 从国际贸易中所获税额占进出口总额比例（R19） | 正 |
| | | 外资经济贡献度 | 外商贡献度（R20） | 正 |

　　从经济体制转型绩效测度指标的选择来看，根据之前对改革开放制度变迁成本方面的理论分析，可分别从制度供给成本、所有制转换成本和公平性损益的维度来评价。由于我国的改革开放是自上而下的制度变迁，因此制度供给成本主要由政府来承担，表现为国家财政对国有企业改革的补贴和与此相关的行政费用支出。所有制转换成本主要通过经济体制转型引起的城乡劳动力流动过程中的失业率来表现，公平性损益则以市场经济发展过程中引起的收入差距来表现，这里选取基尼系数和泰尔指数作为基础评价指标。经济体制转型带来的收益方面，主要由市场经济对生产力的发展，即市场经济体制对经济增长带来的激励作用来评价，一方面表现为经济增长效率，另一方面表现为市场化扩大程度。这里分别选取 GDP 增长率和人均 GDP 增长率来评价经济增长的整体收益，而市场化扩大程度分别选取与非公有制经济发展相关的经济指标来测度市场化改革的收益。

　　从经济结构转型测度指标的选择来看，主要涉及与城乡二元经济结构转换、产业结构调整以及区域经济结构变动相关的 3 个方面的成本和收益。对于二元经济结构转换成本来说可以选取二元对比系数、改革中引起的城乡收入差距之比来评价其成本，以农村人均纯收入增长率、农业劳动力占总劳动人口比重因改革的推进而逐渐缩减来评价二元经济结构带来的收益。对于产业结构调整来说，第三产业发展和传统农业改造是产业结构升级的主要表现，因此可以用金融业与制造业平均工资之比和国家财政用于农业支出比重解释产业转型的经济成本，以第三产业产值占 GDP 比重的变化来评价产业结构优化的收益。在区域经济结构转变方面，宏观上选取西部地区 GDP 占全国 GDP 比重来评价成本，以城市人口占总人口比重和非农劳动力占总劳动力比重来评价区域经济发展中城镇一体化的收益。

在经济发展方式转型方面，依据经典的经济增长理论以要素使用效率、发展的环境代价及发展不协调成本的维度来量化经济发展方式转型的成本。在具体数量指标选取上以资本产出比作为要素使用效率测度的指标，以工业废物排放量及工业污染治理投资占 GDP 比重来评价发展的环境代价，以城市化滞后工业化率和消费率滞后投资率的指标测度发展不协调成本，这些具体数量指标解释了我国在发展方式转型过程中宏观经济面临的主要矛盾，经济增长方式从粗放向集约转型过程中面临的要素使用效率不高、资源能耗大、消费不足的问题。然而，近年来经济发展方式的转型也开始逐渐释放出新的效能和收益，以内生增长理论为依据主要表现为人力资本积累提高、社会福利改善以及科技创新能力不断增强。这里选取每万人中大学以上学历毕业人数作为评价人力资本积累的指标，以出生时的预期寿命、每千人口卫生人员数来评价生活方式转型的社会福利改善情况，选取年新增专利数和研发费用投入指标来评价科技创新能力，这些指标的选取均能从宏观上反映出我国在经济发展方式转型过程中的新变化和新成就，也符合新发展理念的内在要求。

在改革开放面向经济全球化转型与国际接轨的过程中既有机遇又有挑战，既产生成本也获得收益。在成本方面经济全球化转型对国内产业的发展有一定影响，并且从外贸依存的角度也有输入经济风险的代价。这里我们选取进口占 GDP 比重和资本外逃的指标量化因经济全球化转型付出的代价和成本，以外资依存度、对外贸易依存度和外债负债率来衡量可能面临的对外依存风险。在收益方面，主要来自对外开放促进了出口对经济增长的贡献，自由贸易带来的发展机遇，以及引进外资助力经济起飞。基于这 3 个维度，我们选取贸易总额占外汇储备的比例、净出口比重和中国经济总量占世界经济总量的比重来评价对外开放对国内经济的贡献，以从国际贸易中所获税额占进出口总额比例来衡量贸易环境公平带来的经济收益，以外商贡献度来衡量外商投资给经济增长带来的收益。

## 二、经济转型绩效综合指数的计算

以上指标体系所使用的数据来自国家统计局发布的历年《中国统计年鉴》《中国人口和就业统计年鉴》和《新中国五十年统计资料汇编》，以及其他相关的研究成果。在计算过程中以 1978 年为基期，对个别年份缺失数据的处理采用传统回归方程进行估测。由于我国产业结构经过几次重大调整，因此对三次产业相关的数据使用了《中国国内生产总值核算历史资料（1952—2004）》的结果以保持统计口径的一致性。泰尔指数参考了王少平、欧阳志刚的定义和计算公式作了测算而得到。

其中 C1、C2、C9 来源于《中国财政年鉴》，C3 来源于 EPS 数据库，C4、C6、C8、C10、C11、C12、C13、C15、C16、C19 来源于国家统计局数据，C5 来源于《基于泰尔指数的中国大陆区域经济差异变动》，C7 来源于《中国统计年鉴》，C14、C18 来源于知网统计数据库，C17 来源于《中国转型时期资本外逃研究》《我国资本外逃规模估算与影响因素分析》[①]《中国资本外逃的规模测算和对策分析》[②]，C20 来源于知网统计数据库及《中国统计年鉴》，R1 来源于国家统计局数据，R2 来源于世界银行网站，R3 来源于《中国工业统计年鉴》及《中国统计年鉴》，R4、R5 来源于《中国工业统计年鉴》《中国统计年鉴》及 EPS 数据库，R6 来源于国家统计局数据及《中国统计年鉴》《中国农村统计年鉴》，R7、R8、R9、R10 来源于知网统计数据库和《中国人口和就业统计年鉴》，R11 来源于《中国统计年鉴》《中国教育统计年鉴》，R12 来源于世界银行网站，R13 来源于《中国卫生和计划生育统计年鉴》及《中国统计年鉴》，R14 来源于《中国科技统计年鉴》及《中国统计年鉴》，R15 来源于《中国财政年鉴》《中国科技统计年鉴》，R16、R17 来源于国家统计局数据，R18 来源于国家统计局数据和世界银行网站，R19 来源于国家统计局数据及《中国对外经济统计年鉴》，R20 来源于中国国家统计局数据及 EPS 全球统计数据分析平台的数据库整理而得，对应的原始数据指标为外方注册资金，缺失的数据通过建立回归方程的方法运用已有的数据进行估测得到。

---

　①　赵方华、张雯、何伦志：《我国资本外逃规模估算与影响因素分析》，《统计与决策》2019 年第 4 期。

　②　任惠：《中国资本外逃的规模测算和对策分析》，《经济研究》2001 年第 11 期。

## 三、熵值法计算权重和指数

多指标综合评价的方法按权重的产生方式可以分为主观赋权评价法和客观赋权评价法两大类，其中主观赋权法又包括层次分析法、综合评分法、模糊评价法等，客观赋权法包括主成分分析法、熵值法、灰色关联分析法等。两种赋权方法特点各有不同，其中主观赋权评价法依据专家经验衡量各指标的相对重要性，对于数量不大的指标体系较为适用，但对于变量众多的复杂指标体系就容易受主观因素较强的干扰，所以在评价指标较多的综合指数时难以得到准确的评价。而客观赋权法综合考虑了各变量之间的关系，根据各指标所提供的初始信息量来确定权数，从而达到更精确的评价结果。因此，这里选择熵值法来计算指标的权重更符合该指标体系的特点，熵值法根据各指标的变异程度，利用信息熵值计算出各指标的熵权对各指标的权重进行修正，从而得到较为客观的指标权重，是一种较好的确定指标权重的方法。在综合指标体系的测算中，有很多学者使用这一方法（陈明星等，2009[①]；王富喜等，2013[②]），具体计算步骤如下。

1. 指标的归一化处理

由于各分项量指标的计量单位不同，因此在计算综合指标前先要进行标准化处理。并且，由于正向指标和逆向指标数值代表的含义不同（正向指标数值越高越好，逆向指标数值越低越好），因此对于正逆指标我们用不同的算法进行数据标准化处理。其具体方法如下。

$$正向指标：x_{ij}' = \frac{x_{ij} - \min\{x_{ij}, \cdots, x_{nj}\}}{\max\{x_{ij}, \cdots, x_{nj}\} - \min\{x_{ij}, \cdots, x_{nj}\}}$$

$$逆向指标：x_{ij}' = \frac{\max\{x_{ij}, \cdots, x_{nj}\} - x_{ij}}{\max\{x_{ij}, \cdots, x_{nj}\} - \min\{x_{ij}, \cdots, x_{nj}\}}$$

其中 $x_{ij}'$ 为归一化处理后的值，min 表示最小值，max 表示最大值。

2. 计算第 $j$ 项指标下第 $i$ 个年份占该指标的比重

$$P_{ij} = \frac{x_{ij}'}{\sum_1^n x_{ij}'}, \ i=1, 2, \cdots, n, \ j=1, 2, \cdots, m$$

---

① 陈明星、陆大道、张华：《中国城市化水平的综合测度及其动力因子分析》，《地理学报》2009 年第 4 期。

② 王富喜、毛爱华、李赫龙、贾明璐：《基于熵值法的山东省城镇化质量测度及空间差异分析》，《地理科学》2013 年第 11 期。

3. 计算第 $j$ 项指标的熵值

$$e_j = -k* \sum_1^n P_{ij} \ln(p_{ij})，其中 k=1/\ln(m)，满足 e_j \geqslant 0$$

4. 计算信息熵冗余度

$$d_j = 1 - e_j$$

5. 计算各指标的权重

$$w_j = \frac{d_j}{\sum_1^m d_j}$$

6. 计算各年的指数

$$s_i = \sum_1^m w_j \cdot x_{ij}'$$

根据以上熵值法计算权重的步骤，得到各基础指标与方面指数的权重（如表 21 所示）。

**表 21　各基础指标与方面指数的相应权重**

| 方面指数 | 基础指标 | 权重 | 方面指数 | 基础指标 | 权重 |
|---|---|---|---|---|---|
| 经济体制转型（0.14406） | C1 | 0.01376 | 经济发展方式转型（0.43990） | C11 | 0.01726 |
| | C2 | 0.01543 | | C12 | 0.01782 |
| | C3 | 0.01218 | | C13 | 0.01452 |
| | C4 | 0.03401 | | C14 | 0.01827 |
| | C5 | 0.01453 | | C15 | 0.01765 |
| | R1 | 0.01174 | | R11 | 0.05098 |
| | R2 | 0.01015 | | R12 | 0.01685 |
| | R3 | 0.01877 | | R13 | 0.02901 |
| | R4 | 0.02772 | | R14 | 0.08948 |
| | R5 | 0.00510 | | R15 | 0.08981 |
| 经济结构转型（0.20514） | C6 | 0.01502 | 经济全球化转型（0.21090） | C16 | 0.01540 |
| | C7 | 0.03056 | | C17 | 0.00585 |
| | C8 | 0.03801 | | C18 | 0.00364 |
| | C9 | 0.00705 | | C19 | 0.01372 |

续表

| 方面指数 | 基础指标 | 权重 | 方面指数 | 基础指标 | 权重 |
|---|---|---|---|---|---|
| 经济结构转型（0.20514） | C10 | 0.02562 | 经济全球化转型（0.21090） | C20 | 0.01788 |
| | R6 | 0.01804 | | R16 | 0.01067 |
| | R7 | 0.03840 | | R17 | 0.00610 |
| | R8 | 0.02023 | | R18 | 0.04402 |
| | R9 | 0.02438 | | R19 | 0.06031 |
| | R10 | 0.03840 | | R20 | 0.04165 |

注：括号内数据为方面指数的权重。

由表21可以看出，首先，在4个方面指数中经济发展方式转型的数据信息最为强烈，这意味着在改革开放40年的过程中中国经济转型的综合绩效受发展方式转型这一维度的影响较大，即通过改革开放带来的发展方式转型对经济发展的长期影响比较重要。其次，对经济绩效影响较大的是经济全球化转型，这说明随着改革开放的进程不断推进，中国已经更深入地参与到国际经济的格局中，并在其中扮演着越来越重要的角色，积极参与国际经济活动对我国经济绩效的改进有着重要的现实意义，与我国过去以出口导向型战略为主的经济发展实践相符。不仅如此，改革开放的影响因素来自经济结构的转型，这说明改革开放这项制度创新在使我国从传统走向现代化的进程中促进了经济结构的转型升级，并促进了经济绩效的改善，从而使经济结构不断优化朝着现代化的目标演进，这对经济增长质量的长期改善贡献显著。最后，体制转型这个维度贯穿改革开放的始终，但其对经济绩效最快速的推动主要表现在初期和中期，而其他的经济结构、经济发展方式、更深入的经济全球化转型的动力势能则在中后期逐渐释放出来。

## 四、经济转型绩效的测度结果

根据各基础指标的相应权重求得各方面指数值，然后用相同的方法获得各方面指数权重，从而合成经济转型绩效的指数值，所测度的记录（如表22所示）。

### 表22　1978~2017 年中国经济转型指数测度结果汇总

| 年份 | 方面指数 | | | | 经济转型指数 |
|---|---|---|---|---|---|
| | 经济体制转型 | 经济结构转型 | 经济发展方式转型 | 经济全球化转型 | |
| 1978 | 0.08251 | 0.03886 | 0.07850 | 0.11455 | 0.28125 |
| 1979 | 0.06948 | 0.04524 | 0.06781 | 0.09423 | 0.15049 |
| 1980 | 0.06853 | 0.04265 | 0.08468 | 0.08727 | 0.15267 |
| 1981 | 0.06619 | 0.05785 | 0.08673 | 0.10203 | 0.21147 |
| 1982 | 0.07708 | 0.07038 | 0.08820 | 0.09536 | 0.25660 |
| 1983 | 0.08465 | 0.07246 | 0.08533 | 0.09496 | 0.28539 |
| 1984 | 0.09449 | 0.07517 | 0.08096 | 0.10761 | 0.36246 |
| 1985 | 0.09391 | 0.07644 | 0.06848 | 0.11068 | 0.34808 |
| 1986 | 0.08485 | 0.06943 | 0.07064 | 0.08184 | 0.21468 |
| 1987 | 0.08723 | 0.06652 | 0.07277 | 0.07315 | 0.19827 |
| 1988 | 0.09143 | 0.06709 | 0.07184 | 0.06911 | 0.20293 |
| 1989 | 0.07131 | 0.06191 | 0.07653 | 0.07313 | 0.13054 |
| 1990 | 0.07176 | 0.07948 | 0.08127 | 0.05760 | 0.11563 |
| 1991 | 0.08292 | 0.06994 | 0.08027 | 0.05301 | 0.13554 |
| 1992 | 0.09046 | 0.07041 | 0.07536 | 0.05485 | 0.16535 |
| 1993 | 0.08733 | 0.06199 | 0.06968 | 0.06172 | 0.15188 |
| 1994 | 0.08934 | 0.08662 | 0.07479 | 0.05282 | 0.17393 |
| 1995 | 0.08896 | 0.08554 | 0.07861 | 0.06084 | 0.20275 |
| 1996 | 0.08882 | 0.09059 | 0.08292 | 0.06658 | 0.23434 |
| 1997 | 0.08839 | 0.08937 | 0.08752 | 0.06885 | 0.24639 |
| 1998 | 0.08482 | 0.08153 | 0.08898 | 0.06942 | 0.22540 |
| 1999 | 0.08130 | 0.08242 | 0.09265 | 0.07206 | 0.22630 |
| 2000 | 0.07169 | 0.07889 | 0.08976 | 0.07081 | 0.17108 |
| 2001 | 0.06762 | 0.08433 | 0.08974 | 0.06819 | 0.15233 |
| 2002 | 0.06847 | 0.08699 | 0.09079 | 0.06623 | 0.15526 |

续表

| 年份 | 方面指数 | | | | 经济转型指数 |
|------|----------|--|--|--|--------------|
|      | 经济体制转型 | 经济结构转型 | 经济发展方式转型 | 经济全球化转型 | |
| 2003 | 0.07040 | 0.08987 | 0.08963 | 0.06131 | 0.14993 |
| 2004 | 0.07296 | 0.10189 | 0.08548 | 0.05782 | 0.15789 |
| 2005 | 0.07439 | 0.10969 | 0.09545 | 0.05862 | 0.19492 |
| 2006 | 0.08066 | 0.11650 | 0.10846 | 0.06125 | 0.26280 |
| 2007 | 0.08624 | 0.13181 | 0.11918 | 0.06771 | 0.34624 |
| 2008 | 0.08338 | 0.14085 | 0.12885 | 0.08662 | 0.42182 |
| 2009 | 0.08548 | 0.14372 | 0.13815 | 0.09684 | 0.48331 |
| 2010 | 0.09256 | 0.15729 | 0.15238 | 0.09483 | 0.55127 |
| 2011 | 0.09539 | 0.16931 | 0.17714 | 0.09608 | 0.62835 |
| 2012 | 0.09328 | 0.17444 | 0.19888 | 0.09980 | 0.67741 |
| 2013 | 0.09499 | 0.18566 | 0.21882 | 0.10308 | 0.74602 |
| 2014 | 0.09671 | 0.19210 | 0.22605 | 0.09723 | 0.75693 |
| 2015 | 0.09955 | 0.19422 | 0.25321 | 0.11177 | 0.86699 |
| 2016 | 0.09285 | 0.19926 | 0.28402 | 0.11809 | 0.92086 |
| 2017 | 0.09107 | 0.19501 | 0.30643 | 0.12096 | 0.95795 |

（指数）

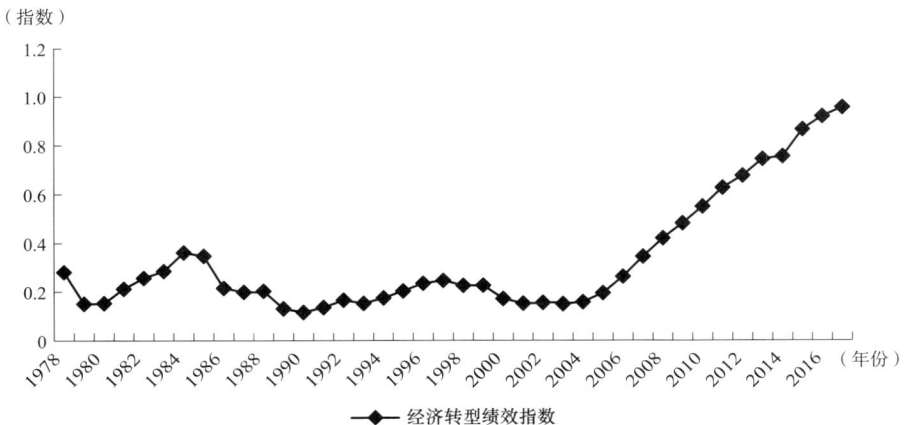

图 14　改革开放 40 年经济转型绩效指数

（指数）

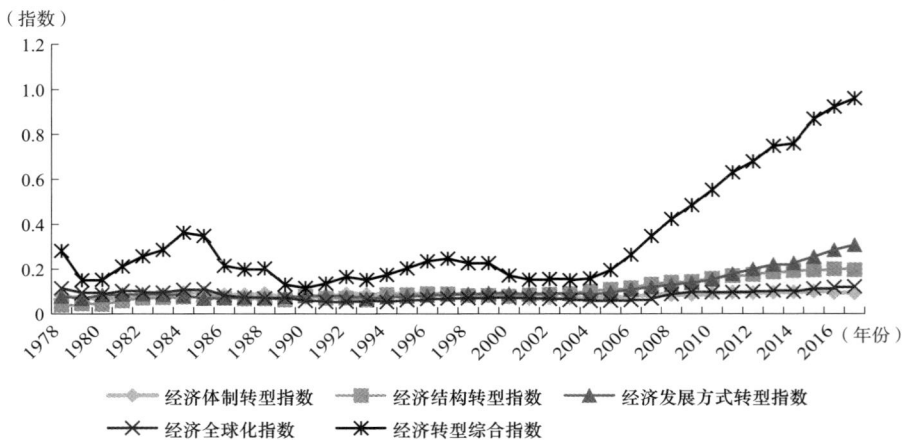

图 15　4 个方面指数变动趋势

由表 22 和图 14 可见，中国经济转型绩效总体上呈现在波动中稳健上升的态势，在 1978~1985 年这一阶段是第一个提高时期，在 1986~1992 年出现了缓慢的下降，1993~1997 年再次稳步提高，1998~2003 年经历了总体态势增长但短期略微下降的阶段，2004~2017 年一直处在显著提高的过程之中。经济转型指数在不同历史阶段的变化趋势与发展方式转型和结构转型以及全球化转型方面的指数变动基本保持一致，尤其是 1998 年之后的波动趋势与发展方式转型和结构转型的趋势具有相当程度的一致性，进入 21 世纪后的波动趋势则与全球化转型指数的变动趋势高度吻合。这说明从 20 世纪 90 年代以来市场经济改革逐步推进以及 2001 年加入世贸组织都对我国经济转型绩效的稳步提高起到了重要的推动作用，而这些重要的时间节点与图 14 和图 15 所反映出的阶段性变化趋势也表现出一致性，说明此处的理论研究与我国经济转型的具体实践相吻合。

经济转型绩效综合指数的变动趋势说明经济转型成本在经济转型的前期并不显著，在转型进入中期后开始上升并且在这一阶段中上升的幅度最快，当经济转型进入中后期阶段时，经济转型成本上升的幅度又趋向下降的态势。而经济转型收益在经济转型初期的总量并不是很高但是增长最为迅速，在经济转型进入中期时，由于受到经济利益调整的摩擦经济转型收益曾一度下降，进入 21 世纪后前期转型的成效逐渐释放经济转型收益也因此继续增长，从而拉动整体经济绩效趋向增长。经济转型成本和经济转型收益综合变动的趋势呈现较强的互补性特征，二者共同的牵引与约束作用影响了经济转型绩效的变动轨迹。经济转型前期由于经济转型收益的上升远远超过经济转型成本的上升，因而呈现经济转型绩效迅速增长的趋势，经济转型进入中期后由于经济转型成本显著增长抵消了经济转型的收益，故而使处于这一时期中的经济转型绩效的增长幅度较之前表现出放缓的趋势，进入经济转型深化阶段经济转型收益开始释放，引起经济转型绩效的上升。综上所述，经济转型绩效的总体性变动特征与经济转型成本和经济转型收益的综合作用结果相互吻合，经济转型成本和经济转型收益的综合变动决定着经济转型绩效在长期变化趋势中的演进。

值得注意的是，经济体制转型的绩效在20世纪80年代中期增长较快，1992年以后继续保持增长，尤其在1992~1998年有较为明显的效率改进。这是因为在经济转型的前期和中期，经济体制的变革采用增量改革的方式避免了因各利益集团博弈使得经济转型成本急剧上升的情况发生，在此阶段的经济转型收益呈现明显上升的趋势，因而经济体制转型绩效在趋势上表现为显著提升。自20世纪90年代末国有企业改革开始，经济体制转型给国民经济运行带来了全新的激励机制和强大的推动力，经济转型的收益开始迅速释放。然而，随着经济体制转型的深化，同期的经济转型成本处于明显的增长阶段，经济成本高位增长致使经济体制转型绩效有一定的回落。进入21世纪后经济体制转型的收益逐渐释放出来，进入一个规模报酬递增的区域，但依然受成本制约呈现缓慢爬行式的增长。结合经济转型的实践来看，经济体制转型的目标是建立中国特色社会主义市场经济体制，然而这一目标在经济政策上的匹配和支持却是逐渐形成的。自1978年改革开放以来，经济体制转型实行"双轨制"的策略不仅成功避免了计划经济的低效率对国民经济的影响，而且为新体制的建立赢得了时间和空间。然而，这种新旧经济体制共存的情况也因为受到计划经济体制残余的影响而暂时隐藏了经济转型的成本。新体制还没有完全建立起来，政府又必须保护这些关系国家经济命脉的经济主体，例如政府对国有企业补贴费用逐年增加就会在相当程度上提高经济转型的成本，一定程度地影响了经济体制转型的效率。当经济体制转型基本完成之后，经济体制转型的成本趋于下降，同时因体制转型而产生的收益显著增长，从而拉动了经济体制转型绩效的上升。通过实证分析可以得知中国经济体制转型的目标已经初步完成，经济体制转型进入收益递增的区间。现阶段进入经济转型的深化阶段，只有着力控制好经济转型成本，经济转型的绩效才能继续保持新的增长。

从传统到现代的结构转型是不断实现工业化和现代化的过程，经济结构的调整改善了原有生产关系中不适应生产力的部分，在促进产业结构优化升级和加快城市化的进程中作出了贡献。经济结构转型绩效在改革开放 40 年的经济转型中出现了几次较明显的效率增长点，分别是 1985 年和 1996 年，2004 年及其之后的年份绩效一直表现出增长态势。[①] 对应之前的成本与收益变动不难发现，这是由经济转型的结构转型收益和成本的相互变动导致结构转型绩效发生的变化。当步入经济转型的后期时提升经济结构转型绩效关键是在控制结构转型成本的同时继续深化结构转型，加快产业结构优化升级的步伐，实施工业反哺农业的战略措施，加快社会主义新农村建设，加快农业现代化进程，从而提高经济结构转型的收益，推动经济结构转型绩效的增长，从而助力更高水平的工业化和现代化建设。改革开放 40 年来，经济结构转型的过程使得农业得到增长并矫正了计划经济体制下不平衡的产业结构，农轻重比重较之前优化，农业内部结构的不合理状况得到了矫正，之前受到抑制的林、牧、副、渔业有了更快的增长，轻工业和重工业的比重有所改善，第三产业也得到了迅速的发展。传统计划经济体制下已经存在的农村工业在中国特色社会主义市场经济条件下已经具备了雏形，农村工业化的发展很好地优化了农业产业结构，打破了传统农业的经济结构格局。此外，农村工业化在缩小城乡差异，改变二元经济结构方面也有一定的贡献，农村剩余劳动力因此有了向外转移的渠道，农民的人均纯收入水平也随之增长，农村工业企业集中的地区发展成为人口集中、生产力水平较高的乡镇，这些地区成为连接城市和农村的枢纽，推动了城镇化的进程。但是，也应当看到经济结构转型的成本是高昂的，失业率上升、收入水平下降、消费不足以及区域经济结构失衡等问题是长期制约经济转型绩效的重要因素，因此，控制好经济结构转型的成本对后期的经济转型绩效具有十分重要的作用。

　　经济发展方式转型绩效综合地反映出经济发展方式从粗放到集约的转变以及民众生活水平的改善情况，在经济转型的 40 年里经济发展方式的变化对我国经济转型综合绩效的影响最为显著。进入经济转型新阶段，体制转型和结构转型的成本已经基本得到控制，发展方式转型成本却出现抬升趋势，从而成为影响经济转型绩效的重要因素，同时在经济转型后期也由于发展方式转型取得的成效显著地提升了经济转型的综合绩效。经

---

　　① 1984 年，国家推动第一轮土地承包的政策并将土地承包年限规定为 15 年，土地承包经营权的改革致力于加强土地经营权的创新和二元经济结构的变革；1998 年，大规模的结构调整和资产重组引起了产业间结构的变动和劳动力在产业间的流动，推动了中国转型期内经济结构的变革。

济全球化转型绩效在整个经济转型过程中有 3 个重要的增长拐点，分别为 1981 年、1992 年和 2004 年。前期增长较快但效率波动明显，随着转型进入中期阶段，经济全球化转型绩效进一步提高。中国经济转型在向深层推进并更深入地融入全球化之时，经济绩效的增长更为明显。

综上所述，当经济转型进入后期阶段控制和削减经济转型成本是保持经济转型绩效的关键。与传统计划经济体制不同的是，在建设中国特色社会主义市场经济体制的进程中，随着发展理念的调整，经济发展方式决定生产力发展水平对经济绩效的影响变得越来越重要，成为影响我国向现代化发展目标前进的关键因素。经济发展方式转型也是影响综合经济绩效的一个主要因素，这意味着未来应当继续以科技进步助力产业结构优化升级，加强对传统农业的改造，大力实施乡村振兴战略，促进二元经济结构顺利地转化。

## 第三节　中国经济转型绩效的地区性差异研究

改革开放 40 年以来，我国主要依靠成本低要素和投资带动经济快速发展，随着经济进入新常态出现了人口红利消退、资源环境承载能力下降、资本回报率递减等问题，我国以投资、消费、出口"三驾马车"为主的旧动力逐渐衰退。伴随中国特色社会主义进入新时代，经济转型也进入深化转型发展的新阶段，在关键领域突破核心技术，形成经济可持续发展的新动力迫在眉睫。目前，中国经济正在经历从高速增长阶段转向高质量发展阶段，经济转型的内部条件和外部环境都发生着深刻变化，同时中国经济转型在全国范围内表现出地区异质性的特征。区域性差异继续扩大，尤其是按收入水平划分的发达与欠发达农村地区之间的转型绩效存在差异。如果在循环累积因果效应下将使描述区域经济差异的数据特征表现为分散而非收敛的特点（收敛性的描述可以用变异系数来考察），这可能会影响中国经济转型的综合绩效和收益的表现，增加转型的摩擦成本甚至影响整个经济社会协调发展目标的实现。因此，探究中国经济转型的地区性和时序性差异能帮助研究者更科学地评价经济转型的总体绩效水平，对于诊断经济转型的问题和发现制约经济转型绩效改善的真正隐患和症结所在，以及促进推动中国经济向高质量发展迈进具有重要的理论意义和现实意义。

## 一、区域经济转型绩效指数的构建

为了能够对中国经济转型绩效的变动状况作出更客观的判断，遵循从总体到个别，从宏观到微观的分析思路，本书在考察了经济转型综合时序特征之后，从区域视角对其经济转型绩效进行更进一步的考察。在构建表 20 的指标体系时已经考虑到进行区域差异分析所涉及数据的可获得性问题，因此表中所选指标大部分与地区相关数据均有较好的可获得性，这也保证了指标体系的完整性以及避免了总量分析和地区分析的差异。

## 二、区域经济转型绩效指数测度的数据说明

这里所采用的数据来源于历年《中国统计年鉴》《中国人口和就业统计年鉴》《中国农村统计年鉴》《中国教育统计年鉴》《中国区域经济统计年鉴》和《新中国六十年统计资料汇编》及各省市历年统计年鉴，部分数据来源于国家统计局、EPS 数据库、CSMAR 数据库。由于西藏、海南资料不全，重庆市在 1997 年后才成立，为保持数据的一致性，最终选取了数据较全的 28 个省、自治区、直辖市。对于缺失数据采取建立回归函数的方式来插补，最终得到了 1978~2017 年数据较全的 28 个省、自治区、直辖市的能够涵盖成本、收益的 32 个数据指标。

这部分所涉及的与中国经济转型绩效综合指数相同的指标都采用了同样的数据处理方法来剔除不同量纲的影响。由于区域之间统计口径的不同及部分区域缺失数据较多，因此最终的指标体系包含了 31 个指标，在上节的基础上剔除了国家财政对国有企业的补贴占 GDP 的比重（C1）、基尼系数（C4）、泰尔指数（C5）、工业总产值中非国有企业所占比重（R3）、金融业与制造业平均工资之比（C8）、出生时的预期寿命（R12）、资本外逃（C17）、外债负债率（C20）、从国际贸易中所获税额占进出口总额比例（R19）。

## 三、区域经济转型绩效的测度结果

区域经济转型绩效指数的测度方法与中国经济转型绩效整体指数测度方法相同，通过对部分省、自治区、直辖市有代表性年份的经济转型绩效指数进行测度并得到其排名情况（如表 23、表 24 所示）。

表 23　部分省、自治区、直辖市代表性年份经济转型绩效指数的变化趋势

| 样本区域＼年份 | 1978 | 1980 | 1985 | 1990 | 1995 | 2000 | 2005 | 2010 | 2015 | 2016 | 2017 |
|---|---|---|---|---|---|---|---|---|---|---|---|
| 北京 | 0.2111 | 0.2059 | 0.2193 | 0.2114 | 0.2870 | 0.3156 | 0.3144 | 0.4817 | 0.7257 | 0.7635 | 0.7993 |
| 天津 | 0.1768 | 0.1756 | 0.2202 | 0.2399 | 0.2620 | 0.2492 | 0.3129 | 0.4960 | 0.7085 | 0.7250 | 0.7818 |
| 河北 | 0.2134 | 0.1759 | 0.2476 | 0.2156 | 0.3133 | 0.2932 | 0.3314 | 0.5142 | 0.6988 | 0.7336 | 0.7843 |
| 山西 | 0.1927 | 0.2042 | 0.3000 | 0.3059 | 0.3350 | 0.2763 | 0.3100 | 0.4508 | 0.5780 | 0.5773 | 0.7080 |
| 内蒙古 | 0.2044 | 0.2077 | 0.2723 | 0.2717 | 0.2978 | 0.2835 | 0.3021 | 0.5232 | 0.6409 | 0.6539 | 0.6391 |
| 辽宁 | 0.2433 | 0.2761 | 0.3249 | 0.3484 | 0.3823 | 0.3292 | 0.3968 | 0.5524 | 0.6879 | 0.6452 | 0.6602 |
| 吉林 | 0.2498 | 0.2352 | 0.3087 | 0.2992 | 0.3395 | 0.3142 | 0.3705 | 0.4851 | 0.5597 | 0.6384 | 0.7142 |
| 黑龙江 | 0.2378 | 0.2603 | 0.2903 | 0.3262 | 0.4077 | 0.3490 | 0.3817 | 0.5474 | 0.6491 | 0.6674 | 0.7052 |
| 上海 | 0.2068 | 0.1934 | 0.2146 | 0.2011 | 0.2660 | 0.2212 | 0.2798 | 0.4771 | 0.6525 | 0.6741 | 0.8260 |
| 江苏 | 0.2214 | 0.1868 | 0.2641 | 0.2232 | 0.3070 | 0.2582 | 0.3102 | 0.5146 | 0.6756 | 0.7058 | 0.7469 |
| 浙江 | 0.1698 | 0.2175 | 0.2468 | 0.2518 | 0.3191 | 0.2687 | 0.3248 | 0.4880 | 0.6273 | 0.6912 | 0.7887 |
| 安徽 | 0.1680 | 0.1965 | 0.2812 | 0.2680 | 0.3115 | 0.2626 | 0.2778 | 0.4349 | 0.6856 | 0.7379 | 0.7592 |
| 福建 | 0.2044 | 0.2290 | 0.2734 | 0.2544 | 0.2814 | 0.2583 | 0.3255 | 0.4833 | 0.6556 | 0.7119 | 0.7663 |
| 江西 | 0.1548 | 0.2003 | 0.2389 | 0.2474 | 0.3568 | 0.2811 | 0.4134 | 0.5186 | 0.6401 | 0.6765 | 0.7115 |

续表

| 样本区域＼年份 | 1978 | 1980 | 1985 | 1990 | 1995 | 2000 | 2005 | 2010 | 2015 | 2016 | 2017 |
|---|---|---|---|---|---|---|---|---|---|---|---|
| 山东 | 0.2128 | 0.1918 | 0.2733 | 0.2533 | 0.3123 | 0.2647 | 0.3276 | 0.4470 | 0.6525 | 0.7214 | 0.7696 |
| 河南 | 0.1740 | 0.1803 | 0.2647 | 0.2493 | 0.3466 | 0.2992 | 0.3772 | 0.5066 | 0.6721 | 0.7130 | 0.7790 |
| 湖北 | 0.2093 | 0.2135 | 0.2934 | 0.3094 | 0.2966 | 0.2934 | 0.3053 | 0.4280 | 0.6666 | 0.7176 | 0.7624 |
| 湖南 | 0.2065 | 0.2217 | 0.2541 | 0.2639 | 0.3099 | 0.2811 | 0.3378 | 0.4735 | 0.6938 | 0.7424 | 0.7536 |
| 广东 | 0.1876 | 0.1759 | 0.2145 | 0.2373 | 0.3127 | 0.2861 | 0.3390 | 0.4434 | 0.6357 | 0.7596 | 0.7909 |
| 广西 | 0.1504 | 0.2097 | 0.2529 | 0.2211 | 0.3461 | 0.2566 | 0.3656 | 0.4826 | 0.6399 | 0.6810 | 0.7479 |
| 四川 | 0.1834 | 0.2287 | 0.3020 | 0.2624 | 0.4033 | 0.2848 | 0.3592 | 0.5127 | 0.6272 | 0.6681 | 0.7180 |
| 贵州 | 0.2051 | 0.1806 | 0.2480 | 0.2887 | 0.3066 | 0.2988 | 0.4190 | 0.5868 | 0.6432 | 0.6944 | 0.7191 |
| 云南 | 0.2091 | 0.2097 | 0.2290 | 0.2554 | 0.2650 | 0.2824 | 0.3080 | 0.4677 | 0.6439 | 0.6845 | 0.7586 |
| 陕西 | 0.1897 | 0.1518 | 0.2550 | 0.2355 | 0.2431 | 0.2411 | 0.2866 | 0.4067 | 0.6855 | 0.7622 | 0.7696 |
| 甘肃 | 0.1985 | 0.2149 | 0.2685 | 0.2336 | 0.2912 | 0.2573 | 0.3333 | 0.4407 | 0.5832 | 0.6196 | 0.6600 |
| 青海 | 0.1813 | 0.1809 | 0.2420 | 0.2453 | 0.3270 | 0.4718 | 0.2997 | 0.3990 | 0.4960 | 0.5465 | 0.6001 |
| 宁夏 | 0.2361 | 0.2092 | 0.3052 | 0.1904 | 0.3011 | 0.2338 | 0.2815 | 0.5079 | 0.6111 | 0.6683 | 0.6936 |
| 新疆 | 0.2026 | 0.2298 | 0.2951 | 0.3433 | 0.3298 | 0.3276 | 0.3961 | 0.5207 | 0.6615 | 0.6699 | 0.7343 |

表24　部分省、自治区、直辖市代表性年份经济转型绩效指数排名及排名变化

| 样本区域＼年份 | 1978 | 1980 | 1985 | 1990 | 1995 | 2000 | 2005 | 2010 | 2015 | 2016 | 2017 |
|---|---|---|---|---|---|---|---|---|---|---|---|
| 北京 | 8 | 15（-7） | 26（-11） | 26（0） | 23（3） | 5（18） | 17（-12） | 17（0） | 1（16） | 1（0） | 2（-1） |
| 天津 | 23 | 27（-4） | 25（2） | 19（6） | 27（-8） | 25（2） | 18（7） | 12（6） | 2（10） | 7（-5） | 6（1） |
| 河北 | 6 | 25（-19） | 20（5） | 25（-5） | 12（13） | 10（2） | 13（-3） | 8（5） | 3（5） | 6（-3） | 5（1） |
| 山西 | 18 | 16（2） | 5（11） | 5（0） | 8（-3） | 17（-9） | 20（-3） | 21（-1） | 26（-5） | 27（-1） | 22（5） |
| 内蒙古 | 14 | 14（0） | 12（2） | 8（4） | 20（-12） | 13（7） | 23（-10） | 4（19） | 18（-14） | 23（-5） | 27（-4） |
| 辽宁 | 2 | 1（1） | 1（0） | 1（0） | 3（-2） | 3（0） | 3（0） | 2（1） | 5（-3） | 24（-19） | 25（-1） |
| 吉林 | 1 | 3（-2） | 2（1） | 6（-4） | 7（-1） | 6（1） | 7（-1） | 14（-7） | 27（-13） | 25（2） | 20（5） |
| 黑龙江 | 3 | 2（1） | 8（-6） | 3（5） | 1（2） | 2（-1） | 5（-3） | 3（2） | 15（-12） | 22（-7） | 23（-1） |
| 上海 | 11 | 19（-8） | 27（-8） | 27（0） | 25（2） | 28（-3） | 27（1） | 18（9） | 13（5） | 18（-5） | 1（17） |
| 江苏 | 5 | 21（-16） | 15（6） | 23（-8） | 17（6） | 22（-5） | 19（3） | 7（12） | 8（-1） | 12（-4） | 16（-4） |
| 浙江 | 25 | 8（17） | 21（-13） | 15（6） | 11（4） | 18（-7） | 16（2） | 13（3） | 22（-9） | 14（8） | 4（10） |
| 安徽 | 26 | 18（8） | 9（9） | 9（0） | 15（-6） | 20（-5） | 28（-8） | 25（3） | 6（19） | 5（1） | 12（-7） |
| 福建 | 15 | 5（10） | 10（-5） | 13（-3） | 24（-11） | 21（3） | 15（6） | 15（0） | 12（3） | 11（1） | 10（1） |
| 江西 | 27 | 17（10） | 23（-6） | 17（6） | 4（13） | 15（-11） | 2（13） | 6（-4） | 19（-13） | 17（2） | 21（-4） |

续表

| 样本区域 \ 年份 | 1978 | 1980 | 1985 | 1990 | 1995 | 2000 | 2005 | 2010 | 2015 | 2016 | 2017 |
|---|---|---|---|---|---|---|---|---|---|---|---|
| 山东 | 7 | 20（-13） | 11（9） | 14（-3） | 14（0） | 19（-5） | 14（5） | 22（-8） | 14（8） | 8（6） | 9（-1） |
| 河南 | 21 | 6（15） | 4（2） | 11（-7） | 2（9） | 12（-10） | 9（3） | 9（0） | 23（-14） | 21（2） | 19（2） |
| 湖北 | 9 | 10（-1） | 7（3） | 4（3） | 21（-17） | 9（12） | 22（-13） | 26（-4） | 10（16） | 9（1） | 11（-2） |
| 湖南 | 12 | 7（5） | 17（-10） | 10（7） | 16（-6） | 16（0） | 11（5） | 19（-8） | 4（15） | 4（0） | 14（-10） |
| 广东 | 20 | 26（-6） | 28（-2） | 20（8） | 13（7） | 11（2） | 10（1） | 23（-13） | 21（2） | 3（18） | 3（0） |
| 广西 | 28 | 11（17） | 18（-7） | 24（-6） | 6（18） | 24（-18） | 8（16） | 16（-8） | 20（-4） | 16（4） | 15（1） |
| 四川 | 24 | 24（0） | 14（10） | 16（-2） | 5（11） | 7（-2） | 6（1） | 11（-5） | 9（2） | 10（-1） | 7（3） |
| 贵州 | 13 | 23（-10） | 19（4） | 7（12） | 18（-11） | 8（10） | 1（7） | 1（0） | 17（-16） | 13（4） | 18（-5） |
| 云南 | 10 | 12（-2） | 24（-12） | 12（12） | 26（-14） | 14（12） | 21（-7） | 20（1） | 16（4） | 15（1） | 13（2） |
| 陕西 | 19 | 28（-9） | 16（12） | 21（-5） | 28（-7） | 26（2） | 25（1） | 27（-2） | 7（20） | 2（5） | 8（-6） |
| 甘肃 | 17 | 9（8） | 13（-4） | 22（-9） | 22（0） | 23（-1） | 12（11） | 24（-12） | 25（-1） | 26（-1） | 26（0） |
| 青海 | 22 | 22（0） | 22（0） | 18（4） | 10（8） | 1（9） | 24（-23） | 28（-4） | 28（0） | 28（0） | 28（0） |
| 宁夏 | 4 | 13（-9） | 3（10） | 28（-25） | 19（9） | 27（-8） | 26（1） | 10（16） | 24（-14） | 20（4） | 24（-4） |
| 新疆 | 16 | 4（12） | 6（-2） | 2（4） | 9（-7） | 4（5） | 4（0） | 5（-1） | 11（-6） | 19（-8） | 17（2） |

通过上述时间演进和空间维度综合评价了各地区域性经济转型绩效的实证研究，结果不难看出，我国区域经济转型绩效在时空的分布上存在着一定的变化规律和分布特征。表 23 列出了 28 个省、自治区、直辖市代表性年份的经济转型绩效指数的变化情况，其综合绩效时序变化趋势基本一致，这是因为改革开放以来各省、自治区、直辖市的经济转型绩效水平也得到了一定程度的提高，但从区域视角来衡量各省、自治区、直辖市之间的经济转型绩效还存在着很大的差异。表 24 显示了部分省、自治区、直辖市经济转型绩效指数排名及排名变动情况，其中括号中的数值为部分省、自治区、直辖市经济转型绩效排名变化情况，排名变化是相对于相邻年份的变化而非相对于基期 1978 年的变化。1978 年改革开放伊始，经济绩效指数排前 3 名的地区是：吉林、辽宁、黑龙江，这主要是因为在计划经济时代东北三省是老工业基地，在重工业优先发展的战略下东北三省首先建立了以国防工业为主的经济体系，因此在改革开放之初的经济绩效领先于其他地区。改革开放以后，全国各地区的经济转型绩效指数的排名变动很大，在 1978 年排名前三的东北三省到 2017 年时的排名已经下降到第 20 位、第 25 位、第 23 位，而起初排名靠后的安徽、浙江、广东上升到第 12 位、第 4 位、第 3 位。2017 年，经济转型绩效排名在第 21~28 位的是江西、山西、黑龙江、宁夏、辽宁、甘肃、内蒙古、青海，这 8 个地区中 4 个位于西部地区，2 个位于东北地区，2 个位于中部地区。同一年份中位列前十的地区有：上海、北京、广东、浙江、河北、天津、四川、陕西、山东、福建，这些地区中只有 2 个位于西部地区，其余都位于东部地区。这说明改革开放 40 年以来我国各省、自治区、直辖市中因经济转型得益最大的地区主要集中于东部地区，而广大西部地区及东北老工业基地的转型绩效指数排名大多靠后。

## 四、结论及政策意义

以上研究表明随着经济转型的不断深化，尤其是中国经济进入新常态以来，地方经济以怎样的态势出现了严重的分化现象，一些地区经济增长呈中高速态势，而另外一些地区经济则表现为负增长。这种增长路径相差明显的双向分化特征增加了我国经济转型的难度，这也是某些地区经济增长动力不足、区域经济差距缩小面临的瓶颈问题。探寻其背后的原因则归因于经济转型过程中经济发展方式转型引起的负外部性和搭便车等问题带来的高成本低绩效，以及欠发达地区传统农业生产方式转型慢为主的低绩效问题，这说明需要继续通过发展方式转型和优化升级产业结构推动经济深化转型，从而为推动经济高质量发展提供更有效率的技术与制度创新支持。

　　根据以上对改革开放 40 年以来我国经济转型绩效的综合时序分析及区域性差异分析来看，我国经济转型总体上取得了较好的经济绩效。经济转型中经济发展方式转型指数的变化最为显著，其次对经济结构转换升级的影响和结果较为明显，这两方面均体现了从传统向现代化发展过程中解放生产力和发展生产力的要求，展现了社会主义制度的优越性。从区域视角来看，改革开放 40 年以来虽然我国各省、自治区、直辖市的经济转型绩效取得了一定程度的提高，但是经济转型绩效在各地区之间的绝对水平和变动幅度存在着很大的差异。转型之初得益于计划经济的老工业基地绩效表现良好，但随着经济转型的持续深入，各地区在时空上表现出较大的异质性特征。老工业基地逐渐衰落，东部地区逐渐成为经济绩效增长最快的地方，广大中部地区和西部地区的经济绩效则较为落后。根据实证分析可得到以下 3 个方面的建议以促进区域经济绩效的均衡发展：首先，坚持党的领导以及政府的有效治理，发挥党总揽全局、协调各方的作用，实现资源使用效率的改进，践行绿色发展理念，消解经济转型在欠发达地区可能产生的负外部性及市场失灵问题；其次，以新发展理念引领经济转型，对经济转型中区域结构性失衡的现象予以矫正；最后，以高质量发展为主题，推进经济持续健康增长，以供给侧结构性改革为主线不断优化产业结构，以新发展格局为依托开辟国内国际两个市场，为发展创新型经济提供制度支持。

# 第六章 改革开放 40 年经济转型
# 存在的问题及启示

## 第一节 改革开放 40 年中国经济转型存在的问题

通过第五章对经济转型综合绩效的实证研究可以分别看到经济转型 4 个方面维度转型绩效指数的变动趋势。本节将依据经济转型的实践经验对第五章实证分析的结果作出解释，综合改革开放 40 年来，在经济体制转型、经济结构转型、经济发展方式转型和经济全球化转型过程中遇到的问题进行梳理，并为下一步实现经济的现代化转型指明了方向。

经过改革开放 40 年的发展，中国经济总量已经位居世界第二，经济发展从高速增长阶段转向高质量发展阶段，原本支撑经济增长的人口红利在人口老龄化的压力下逐渐消退，劳动力成本不断上升导致经济增长动力不足，劳动份额在收入分配中的占比降低，这些都增加了经济转型的成本和降低了经济转型的效率，深刻影响着经济转型绩效的改善。具体到经济体制转型方面来说，主要有以下 8 个方面的问题。

### 一、后发优势减弱，经济转型面临由要素驱动向创新驱动的挑战

虽然中国的经济转型取得了巨大成就，但是在经济转型的过程中也伴随着一些深层次的问题。改革开放以来，中国选择了一条适合自身国情的以市场为导向的经济转型道路，社会主义市场经济体制得以确立。对于一个人口规模超过 14 亿的大型经济体，改革开放 40 年来中国经济平均增长率超过 9%，并使现行标准下 9899 万农村贫困人口全部脱贫，区域性整体贫困得到解决，完成了消除绝对贫困的艰巨任务[1]，带领全国人民走上

---

[1] 习近平：《在全国脱贫攻坚总结表彰大会上的讲话》，《人民日报》2021 年 2 月 26 日。

一条全面小康的发展道路，这是世界经济前所未有的巨大成就。同时，中国经济体制也实现了由原先单一的计划经济体制向中国特色社会主义市场经济体制的过渡和转型，成功地从农业大国转变为制造业大国，又从工业化迈入城市化，多种经济成分 40 年来得到充分快速发展，非公有制经济占 GDP 的比重达到 60% 以上，对宏观经济总量的增长贡献显著。非公有制经济的地位经历了从"社会主义公有制经济必要的、有益的补充"到"社会主义市场经济的重要组成部分和促进社会生产力发展的重要力量"的转变，我们党对非公有制经济的态度也由"允许"发展到"鼓励、支持和引导"。总的来看，改革开放 40 年来非公有制经济的发展有利于进一步解放生产力、发展生产力，有利于满足人民日益增长的美好生活需要，因此应当通过继续鼓励、支持和引导非公有制经济的发展来发挥其对保持中国经济活力、刺激就业、推动创新的积极作用。依据前文实证研究依托的相关指标体系的具体数值及其变动趋势可知，改革开放 40 年来中国在经济总量上宏观经济诸多指标都已跃居世界前列，对比 20 世纪 70 年代末和 80 年代初来看，中国已经从世界经济的参与者转型为世界经济的贡献者。持续高速增长的经济绩效产生的根本原因来源于制度变迁引起的后发优势的充分发挥和释放，在经济转型 4 个方面的内容里资本、技术、劳动力、经济体制和经济结构协同作用，汇合成了巨大的推动力，改革开放促使这些潜在的后发优势充分发挥出来。从普遍意义上看，改革开放是推动中国作为发展中大国后发优势得以发挥的促发器。

就后发优势而言，这是一种普遍存在于发展中国家的发展潜能。世界范围内发展中国家一共有 130 多个，其共同特点是市场经济体制不完善、工业化程度低，绝大多数发展中国家经济落后，经济增长缓慢，后发优势的潜在能力无法充分发挥和释放。但是，改革开放却为中国经济社会中蕴含的潜在优势创造了良好的制度环境和政策激励，使得生产力构成要素的潜在效能得以充分发挥，经济在宏观总量上朝着潜在产出水平和充分就业的状态趋近。然而，随着经济转型和经济发展水平与发达国家之间的差距逐渐缩小，改革开放之初所蕴含的后发优势及潜能也逐渐下降，经济增长动力也随之减弱，经济发展进入新常态。目前，中国与发达国家仍然存在一定的差距，在实现中国式现代化的进程中，经济转型绩效进一步提升的动力将更多地依靠制度创新和技术创新，从要素驱动到创新驱动成为经济实现现代化目标的必由之路。因此，在当前及未来的经济转型过程中必须建立自主创新体系，全方位提升自主创新能力以创新驱动经济转型 4 个方面实现绩效的改进和优化。

## 二、政府职能发挥不足，政企关系有待向耦合型治理方向改革

《中共中央关于全面深化改革若干重大问题的决定》（以下简称《决定》）中明确指出："经济体制改革是全面深化改革的重点，核心问题是处理好政府和市场的关系，使市场在资源配置中起决定性作用和更好发挥政府作用。"① 因此就经济体制转型绩效而言，处理好政府和市场的关系是经济转型绩效在未来进一步提高的关键所在。习近平总书记在《关于〈中共中央关于全面深化改革若干重大问题的决定〉的说明》中指出："冲破思想观念的障碍、突破利益固化的藩篱，解放思想是首要的。在深化改革问题上，一些思想观念障碍往往不是来自体制外而是来自体制内。思想不解放，我们就很难看清各种利益固化的症结所在，很难找准突破的方向和着力点，很难拿出创造性的改革举措。因此，一定要有自我革新的勇气和胸怀，跳出条条框框限制，克服部门利益掣肘，以积极主动精神研究和提出改革举措。"② "政府的职责和作用主要是保持宏观经济稳定，加强和优化公共服务，保障公平竞争，加强市场监管，维护市场秩序，推动可持续发展，促进共同富裕，弥补市场失灵。"③ 在改革开放 40 年的实践中，学术界对政府和市场关系的认识逐渐深化，但是市场体系依然处于有待完善和发展的过程中，在某些领域存在政府干预过多和监管不到位的问题，对照以上《决定》中所提的政府职责和作用来看依然存在相当的差距。尽管在维持宏观经济稳定方面取得了重大进展，但是在政府理性干预尤其是政企关系方面对市场失灵的弥补缺乏相应的科学理念和政策，使得政府理性干预的作用不能得到充分发挥。当前中国处于经济转型升级的关键历史时期，政府应当助推"服务之手"、强化"援助之手"④ 的功能而净化"干预之手"，增强社会公众对政府的信心，从而营造良好的宏观经济预期，推动社会生产和经济的繁荣。

---

① 《中共中央关于全面深化改革若干重大问题的决定》，北京，人民出版社 2013 年版，第 5 页。

② 《中国共产党第十八届中央委员会第三次全体会议文件汇编》，北京，人民出版社 2013 年版，第 114 页。

③ 《中共中央关于全面深化改革若干重大问题的决定》，北京，人民出版社 2013 年版，第 6 页。

④ 王振中、胡家勇编：《深化经济体制改革》，北京，社会科学文献出版社 2014 年版，第 7 页。

### 三、劳动报酬占比下降，收入分配领域出现逆向转移问题

根据第四章经济转型成本度量时的指标数据显示，中国在改革开放初期经济保持高速增长的同时也出现了一个不尽如人意的现象即收入差距不断扩大。这与改革开放以来实行的收入分配政策有着密切关系。改革开放后产品市场和要素市场的市场化进程渗透到社会生活的各个领域，引起了普遍的收入分配逆向转移现象，即收入从相对低收入者向相对高收入者转移的现象。这与促进公平的转移支付正好相反，因此称其为收入分配中的逆向转移。在市场经济体制逐渐建立的过程中，价值规律在发挥资源配置作用的同时也加剧了生产要素逐渐向少数人的集中。低收入者由于其社会地位较低，拥有较少的社会资源和生产要素，在遇到一些需要以非交易方式解决的问题时只能通过向拥有其所缺乏的社会资源和生产要素的所有者购买使用权，于是在多次交易之后收入分配就会发生一种逆向转移，导致收入差距的扩大。

形成这一结果的一个重要原因在于市场经济中生产的收入在劳动力所有者和资本要素所有者之间进行分配时，其各自能获取多大的份额与他们在生产中所处的地位有关。马克思主义政治经济学的基本观点也认为人们在经济中的物质利益关系由生产资料所有制决定，这意味着生产资料所有制在决定生产关系的同时也决定了生产者之间的社会权利及地位。市场经济奉行按生产要素的贡献进行分配，这是市场经济"效率优先"原则的依据。这意味着市场经济本身带来了收入差距的必然性，但中国进行经济体制改革的目的是实现社会主义制度的自我完善和发展，所以在改革的过程中要发挥社会主义制度的优越性克服市场经济在收入分配方面可能导致的收入差距过大的风险。马克思主义劳动价值论认为劳动是价值创造的唯一源泉，应当尊重劳动者的劳动价值。初次分配中各要素所得实际上是要素所有者经济地位的反映，中国在经济体制转型过程中已经进入到"三步走"战略的最后一步，应当践行社会主义制度的本质要求，完善收入分配制度，全面贯彻新发展理念，遏制收入分配的逆向转移，逐步缩小收入差距。

### 四、技术进步作用于农业现代化的效应有限，农业社会化服务体系有待完善

改革开放以来，中国主要依靠低要素成本驱动对外开放和经济增长，随着经济转型进一步深入，以往的增长模式难以为继。在现代化的进程中技术进步日益成为经济结构转型和产业结构优化的决定因素。尤其在中国

解决二元经济结构的问题时更需要发挥技术进步的作用助力农业现代化，以技术进步重塑农业生产方式，提高农业技术进步的收入效应。技术进步能有效提升农业的劳动生产率，节约农业生产部门的劳动力投入数量，以技术替代劳动要素的投入而发生有利于农业产值增长的替代效应，这将直接引起农业生产效率的提高。与此同时，科技转化为现实生产力必须进行大规模的基础设施投资，不断更新设备并加大对劳动力的培训和增加人力资本的积累，这一要求对农业部门的产业优化同样适用。技术进步应用于农业生产需要匹配相应的土地和农业机械，并通过规模化生产来降低单位农产品的生产成本，从而实现规模经济效应。

在改革开放 40 年的进程里，农业整体发展水平滞后于工业和服务业，尤其是欠发达地区的农村经济依然受制于传统生产方式无法形成增长效应和规模经济效应。究其原因在于，经济欠发达地区的农村地广人稀，依赖农业传统作业方式，属于小规模分散经营的农户，这类农户受农业机械化冲击小于大规模经营农户，农业收入也较低。农业技术和机械化对农业产值产生的影响在不同生产规模的农户之间产生了收入分配效应，引起农业生产部门内部收入差距的拉大和生产效率的差异。这表明技术进步本身并非中性，不同利益主体受益程度存在明显差异，完全依靠市场经济无法有效全面地解决这类非均衡性问题，这对于本身就滞后于工业的农业来说更是如此。从收益方面看收入的增长只能是技术进步转化为生产力的结果而非原因，因此要提高技术改造传统农业的能力，并提高经济收益在农业部门中的普惠化程度，还需要靠政府来不断地建立和完善农业社会服务体系以此支撑和保障农业的均衡发展，实现乡村振兴。

## 五、城市化的社会成本较高，区域间发展程度不平衡

改革开放以来，沿海地区因受益于相关经济政策所带来的制度红利首先开始了城市化进程。随着中国经济从传统生产方式到现代化的转型，人口向中心城市聚集，城市化进程也面临新的问题和矛盾。迅速成长起来的城市可能缺乏科学的规划和布局，导致住房问题和卫生问题在近年来较为突出。作为发展中的人口大国，在人口快速增长的同时也出现了一系列的城市病，例如交通拥挤、环境恶化、犯罪率上升等问题。城市规模扩张和人口的迅速增长导致对公共产品和公共服务的需求与其供给能力之间产生了显著的矛盾，由此引发了城市资源和公共产品被过度消耗导致的相关问题。这些问题的发生给经济转型带来了较大的经济成本，影响了经济转型

绩效的持续改进。因此有针对性地解决这些问题，实施有包容性的城市化才能改变城市的面貌并真正提高居民的生活质量。

在市场经济发展的过程中，城市化进程为劳动力要素的流动提供了方向，城市化和劳动力的再生产密切相关，在城市工业体系中，中心地区和边缘地区之间的分工和流通形成了制造业的产业价值链，并因嵌入价值链的分工而获得差异性的经济收益。随着中国工业化的深入和现代化的推进，不同城市因所处分工体系中的地位不同导致所获得的经济收益呈现明显的差异。现代化程度高的城市，知识和技术的重要性日益加强，这类城市更能吸引高知识群体的流入而成为知识和技术的聚集地，因此其劳动生产率和地区收入增长率都更高更快。而外围中小城市则承担绝大多数的制造业并服务于周围的农业，这类城市吸引更多的传统劳动力，从而制约了这些外围城市的人口聚集效应，因此劳动生产率和地区收入都较中心城市更低。如若发生马太效应，生产要素的跨地区再流动将受到阻碍，导致地区之间城市化进程的差异拉大，地区经济协调发展也因此受到阻碍。城市化进程中的发展不协调问题反映在经济转型中集中体现为经济的结构性扭曲，制约了长期经济增长的动力和经济转型绩效的改进。实现兼顾效率与协调的城市化发展模式有利于解决区域发展不协调的问题，降低城市快速发展的社会成本，因此如何在经济转型深化阶段实现地区间人均收入和生活质量上的平衡将是未来构建新型城市化发展模式的现实挑战。

## 六、生态环境问题复杂，经济发展的环境成本较高

改革开放以来，中国工业化的发展从一定程度上说是以牺牲环境和自然资源为代价的，粗放型经济发展模式下引发了日益严峻的生态环境问题。为了实现经济增长，从而过度消耗资源，环境也因此遭到污染，自然环境和生物多样性均遭到不同程度的破坏，尤其在东北老工业基地和西部资源富集区，这样的问题尤为突出。因为相对于沿海以第三产业为主的南方城市来说，北方的城市深处内陆主要为高污染、高耗能的产业，因此受环境污染和资源约束的影响更大，相应地会负担更多的因治理污染而发生的经济成本。然而，粗放型经济发展方式的效益却非常有限，这也导致了地区之间经济发展方式转型的不协调和不平衡。这些以传统工业为支柱产业的地区为了谋求经济增长和国民收入只能继续开采资源，肆意排放污染，这样的经济行为模式会引起较高的负外部性，使生态承载能力变得薄弱，导致污染治理和经济发展的环境成本激增。如何权衡工业生产和资源

环境之间的冲突是未来经济发展方式转型深化过程中要重点面对的问题。

环境污染、资源短缺引发的问题严重阻碍了经济发展方式向现代化转型，因此需要对其引起的负外部性进行矫正和治理。然而，市场经济的自身机制对此无能为力，无法调节经济社会发展中产生的这类矛盾。污染问题的治理及解决都需要与之相适应的制度来规范和约束，然而中国建立市场经济体制的时间还比较短，这方面的制度供给尚未健全。经济转型以来，传统工业产业的资源配置效率较低，资源整合能力薄弱，技术创新水平较低，这些因素都严重阻碍了现代化绿色产业体系的构建及产业体系向绿色和高级化的顺利转型。目前，绿色发展理念和科学决策机制也有待落实和健全，与生产直接相关的高质量发展的绿色标准并不完善，相关制度和政策设计的监管力度有待加强。要加快绿色产业政策实施，以确保生态治理、绿色产业发展能够有效落实。

### 七、世界经济不确定风险增加，出口贸易增长放缓

改革开放以来，中国以出口导向型发展战略为指导积极融入全球化的进程，充分发挥经济的比较优势嵌入国际分工价值链中，在积极融入全球化的过程中，中国的国际贸易份额也得到迅速增长，逐渐成长为世界贸易大国。在出口导向型战略下外需的增长拉动了宏观经济总量的增长。同时，中国经济的起飞和发展也为世界经济提供了广阔的市场，国内社会的稳定和经济的繁荣为吸引外资提供了保障，中国在享受全球化收益的同时也日益成为世界经济的贡献者。但是自中国经济进入新常态以来，世界经济发展形势也在不断变化，金融危机的后期影响促使逆全球化的思潮不断涌动，这些外部冲击增加了世界经济的不确定性和国际贸易活动的风险。在这一现实背景下，中国如何应对复杂的国际环境，主动谋划经济发展的战略就成为当前和未来经济在全球化转型中面临的挑战。

在从传统到现代的经济转型中要素禀赋的比较优势随着国民收入的增长和生产要素成本的上升而不断提高，以往从事劳动密集型产业的比较优势正逐渐减弱。受国际金融危机、粮食安全和地缘冲突的影响全球经济进入萧条期，这减少了工薪阶层的家庭收入进而影响到国外市场需求。在单边主义和霸权主义的影响下，生产线也开始向东南亚等国家和地区转移，中国对外贸易也面临巨大的压力。面对这一挑战，如何迎难而上，加速全球化从传统的扁平式向一种以区域化为主的、新型多层次的全球化转型是未来经济转型的重要任务。同时，加强"一带一路"倡议下的合作，更有

效地促进沿线国家和地区生产要素的循环，降低对发达国家的外贸依存度
具有重要的现实意义。

### 八、资本向外转移，金融风险增加

在第五章对经济转型绩效综合指数测算的过程中计算了作为经济转型
成本而存在的资本向外转移率，统计数据显示金融危机以后资本向外转移
的情况较为明显，虽然中国政府采取了各种措施抑制资本向外转移并取得
了较好的效果，但绝不能掉以轻心，资本向外转移问题的解决还有赖于金
融货币体系的深化改革。资本向外转移的负面影响主要包括：导致金融不
稳定，削弱货币政策的调控能力；削弱国家的税基，降低国内投资能力；
增加外部融资的边际成本，导致国家净资产和国民收入减少。如果在资本
向外转移中国民财富被少数人攫取，还将造成贫富差距的扩大，引发社会
的不稳定。资本向外转移会破坏一国宏观经济政策的效应。资本向外转移
问题的解决也取决于中国金融体制的进一步改革，在未来的经济转型中应
当充分重视资本向外转移现象并加大治理。同时，中国产业链向外迁移的
情况也越来越明显，以食品、服装、鞋类等低端制造业产业链向东南亚、
印度、墨西哥转移，而医药化工、机械制造和计算机、电子产品的生产制
造则呈现出回流发达国家的趋势。产业链的转移可能会降低中国在同类
商品制造的国际市场竞争力，使技术转型和产业升级面临关键技术"卡脖
子"的风险，对技术研发、自主创新和经济增长造成严重的负面冲击。

## 第二节　改革开放 40 年中国经济转型的启示

根据第四章对经济转型成本进行实证研究的结果可以看出，中国经济
转型受到两个强有力因素的约束：一是对低成本资源和要素高强度投入的
过度依赖；二是经济增长对投资和出口的依赖。这两方面的约束是影响经
济转型中后期综合绩效改进的主要原因，同时这个研究结果也表明中国的
经济转型还未完成发展方式转型和全球化转型的目标，目前的经济发展方
式仍然是较为粗放和传统的，全球化转型的外贸依存与资本向外转移等造
成的效率损失将在经济转型深化阶段逐渐显现出来，成为经济转型成本抬
升的重要因素。

## 一、加快发展方式绿色转型，推动经济高质量发展

改革开放 40 年经济转型的实践表明，加快发展方式绿色转型是未来经济发展的重要任务，"推动经济社会发展绿色化、低碳化是实现高质量发展的关键环节"[①]。通过向自然资源投资来恢复和扩大资源存量以减轻单位 GDP 的资源和环境代价，使经济发展的成果更好地为微观经济个体所共享并实现社会经济的可持续性发展。如若要在经济转型深化阶段控制好经济转型成本的上升则必须改变中国经济增长对低成本资源和要素高强度投入的依赖，以产业结构的优化升级、鼓励技术创新和人力资本积累实现绿色转型，并在全社会普及有利于向绿色经济发展方式转型的社会意识。

（一）加快产业结构优化升级，提升产业竞争力

产业结构优化升级是加快绿色发展方式转型的重要途径。中国正处于新型工业化和城镇化快速发展阶段，大规模的基础设施建设需要钢材、水泥、电力等的供应保证，这些"高碳"产业是新一轮经济增长的带动产业并无法通过国际市场满足国内的巨大需求，基于这些产业在生产中的重要作用，它们的存在依然有其合理性和必要性。构建绿色发展方式的目的是提高资源、能源的利用效率，降低经济的碳强度，促进中国经济结构和产业结构优化升级。

中国能源消耗强度的下降需要依托各产业能源利用效率的提高来实现。研究显示在产业结构中，工业能耗的比例虽在下降但仍是最大的能源消费部门，而交通和建筑物用能则是能源消费增长最快的部门。因此，这三大部门无疑是降低单位能耗的重点。要实现能源使用效率的提高，就必须提倡清洁生产、资源节约、减少或者转移落后的高耗能产业，推动高消耗高污染型产业向资源节约和生态环保型产业转变。淘汰落后技术和落后产能要通过科技创新推进节能减排来实现，以发展区域性生态工业园形成生产的规模效应和产业的集聚效应来降低经济成本。以清洁生产的标准逐渐淘汰并升级落后且缺乏规模效应的传统高污染、高耗能产业；淘汰低效电机，通过应用调频技术和调峰技术等来开展工业节电；发展资源回收利用的"静脉"产业，减少资源和能源的消耗；大力开发涉及石油、化工、电力、交通等多个领域的低能耗技术；等等，降低高碳产业碳排放。由此

---

① 习近平：《高举中国特色社会主义伟大旗帜 为全面建设社会主义现代化国家而团结奋斗——在中国共产党第二十次全国代表大会上的报告》，北京，人民出版社 2022 年版，第 50 页。

可见，在推进绿色发展方式转变的过程中，应当加快培育绿色新型产业体系，以此促进传统产业的优化升级，使中国尽快实现绿色发展理念下的产业结构升级优化，这也是中国在国际产业分工中提升竞争力的要求。

（二）推动绿色发展方式转型的技术创新

提高技术创新水平是走绿色发展方式和实现经济社会可持续性发展的重要途径。毋庸置疑，绿色发展方式是中国实现经济现代化发展目标的必经之路。由于技术水平发展不同，科技自主研发水平和自主创新能力有待进一步提升，这使得中国由"高碳"经济向"绿色"经济转型面临着较大的挑战。在经济转型深化阶段应当努力加快可再生材料、清洁生产技术的开发与创新。以加大研发投入鼓励技术创新，同时构建绿色型经济的国家技术体系，加强国际技术合作和交流，通过吸收、消化、创新的阶段性发展，提高科技成果转化率和科技应用于生产的能力，力争在绿色型生产技术的自主研发和自主创新上求得突破，提高中国向绿色发展方式转型的能力。

据统计中国大约 23% 的污染是在出口产品的生产过程中产生的。[①] 这种高碳经济下的出口模式，使中国在世界产业链分工中基本处在价值较低的制造环节。这样的产业分工地位，造成中国在全球产业链格局下的产业竞争力缺失。因此在经济转型中后期，面对绿色发展方式转变的要求，提高重化工业能源转化环节中的能源利用效率，降低重化工业单位产值能耗，是产业转型中的重要内容，也是中国在未来节能减排重要的切入点之一。新技术的发明能够促进低能耗的新型产业涌现，又能够应用于传统产业改造，这两方面的结果都有利于促进绿色循环经济的实现。鼓励技术创新需要从工业生态设计入手并形成自主知识产权，发展自主品牌与建立销售网络，提高核心竞争力，逐渐培育出自主研发的科技内生型生产能力。

（三）建立完善绿色型经济发展方式的法律法规

第五章经济转型绩效实证研究的结果说明，中国清洁生产和节能减排等工作取得了较大成效，但全国各行各业的能耗指标相差显著，全国总体水平和世界先进水平相比仍有较大的差距，与绿色发展方式的相关法律法规还不完善，这也将极大地影响绿色经济的发展程度。相关法律法规是从约束和激励两个方面发挥对经济社会的管理和控制作用的，构建绿色经济发展模式需要以法律法规的建立和完善来加强对行业生产的指导作用，以

---

① 夏堃堡：《发展低碳经济 实现城市可持续发展》，《环境保护》2008 年第 3 期。

便发挥正式制度对经济活动可能产生的负外部性而引起效率损失的矫正作用。此外，通过相应的法律法规来加强企业、公众对发展绿色经济的认同，以经济利益和社会效益激励经济行为主体自我约束和规范的能力，降低其机会主义动机及行为引起的社会成本，以达到降低经济发展方式转型成本的目标。通过健全和完善相关制度，发挥其激励和约束作用，以最小的成本实现经济、社会和生态效益的最大化。具体有以下 3 个方面的内容。

第一，推进能源为主的资源产品价格调整机制和环境税费法律法规建设，确定生态补偿新机制。对实行节约能源、清洁生产和资源回收利用的生产者给予一定期限内的免缴部分或全部税款的优惠措施，而对资源浪费大、污染严重的企业可以加收环境保护税，这样的措施有利于鼓励环保产业的发展，减少污染控制成本。第二，完善有关清洁生产标准的法律法规，约束高能耗低效率的生产方式。清洁生产的标准法律化意义在于它能够将综合预防的环境策略以一种强有力的法律手段持续地应用于生产流程和产品销售获取收益的过程中，以减少社会和自然环境的风险。有关清洁生产的法规制度对于推动企业生产方式的转型十分重要，尤其当企业面临生产计划、经济效益与环境保护相冲突时的经营决策发挥着重要的调节、引导和规范的作用，这为企业进一步制定合理有效、节能减排的清洁生产方案并将有效可行的方案制度化提供明确有效指导。第三，完善与绿色经济的统计、监测、评价和考核领域相关的法律法规制度。环保部门应定期编制环境污染综合防治规划，要逐步建立和完善国家节能减排统计制度，按规定做好各项能源和污染物指标的统计和监测，并按时报送数据。要对节能减排的各项数据进行质量控制，加强统计、监测和考核的检查和巡查，确保各项数据的真实、准确。

（四）构建有利于绿色发展方式的社会意识

绿色发展方式不但是政府和企业关注的重要内容，还需要各经济利益主体乃至全社会的广泛参与才能实现。由于工业生产导致的环境问题涉及面广、影响范围大，因此应对工业污染首先需要各政府部门的参与，也需要不同领域不同学科专家的共同参与，在社会范围内加强研究、集思广益、发挥集体智慧。与此同时，还应加强相关的舆论宣传，推行绿色经济，前提是实现生态环境观念上的创新，重估自然资源的价值。实现这一目标需要在两个方面作出努力。

1. 在全社会范围内继续加强环保意识

越来越多的公民已经意识到环境问题已经上升到影响社会协调发展的

高度和层面，这一体会来源于环境破坏对个人生活的影响日益明显。根据有关机构的调查显示，中国公民的环保意识呈现上升趋势，但是总体水平还不高，公民对环境保护的参与度不高，对环境保护的满意度也不理想，对破坏环境的反思和弥补行动也缺乏主动积极性，公民环境保护意识总体有待加强，环保意识在全社会范围内提升的空间仍然较大。

2. 推行绿色经济的消费意识

绿色消费生活方式是简约、适度、低碳的，并且符合人的健康和环境保护标准的生活消费方式。其倡导资源节约型和环境友好型的消费生活方式，是一种在绿色发展理念指导下建立的一种文明又健康的消费生活方式。在不降低社会人群生活质量的前提下推行消费领域节能和减少碳排放的行动选择还有巨大空间，要发挥这一领域的效应需要在消费群体中普及并推广一种绿色消费、环保消费、健康消费的消费理念，同时通过加强宣传和教育的手段将绿色消费理念模式化，从而推广到整个经济社会发展之中，达到以绿色消费需求拉动企业自主朝向绿色型生产和产品供给转型的目的。

促进经济发展方式向绿色发展方式转型是中国转变经济发展方式、创新经济发展模式、破解经济发展与转型难题、提高经济发展质量和经济转型绩效的重要途径。通过深化经济体制改革、经济结构调整、科学技术创新、消费方式优化、政策法规完善等措施，大力推动经济可持续发展，以循环经济和绿色经济推动建设资源节约型、环境友好型社会，实现中国经济社会又好又快发展。

## 二、构建新发展格局，引领新型全球化

党的十八届三中全会指出："适应经济全球化新形势，必须推动对内对外开放相互促进、引进来和走出去更好结合，促进国际国内要素有序自由流动、资源高效配置、市场深度融合，加快培育参与和引领国际经济合作竞争新优势，以开放促改革。"[①] "一带一路"倡议是中国以开放促发展的重大战略体现，是经济发展进入新常态下面对如何持续地推动中国经济平稳发展而提出的一个综合性国际化发展战略。从对外开放的角度来看，在全球经济低迷时期区域保护主义日渐兴起的形势下，如何积极主动地参与

---

① 《中共中央关于全面深化改革若干重大问题的决定》，北京，人民出版社 2013 年版，第 25~26 页。

并主导区域经济一体化，为消化国内过剩的产能和推进产业结构升级提供新的发展动力。从对内经济改革来看，如何在新常态下通过全面深化改革推动生产方式转变，提高经济增长的质量和效益，寻求经济增长的新动力，避免经济滑落进入中等收入陷阱，都成为亟待解决的问题。在这样的背景下，"一带一路"倡议成为促进提升经济转型绩效、降低经济转型成本的国家创新战略，其实质是"以开放促改革促发展"的总和型发展战略。

以开放促改革，以改革促发展能够更好地解决中国经济发展的可持续动力问题。首先，深度融入全球经济是中国对外依存度提高的必然结果。其次，全球经济增长越来越体现出技术进步和知识积累的作用和效应，产业结构升级、对全球产业价值链的主导必将促使制造型企业通过开放和转型不断地获得未来发展的动力。最后，随着中国全面参与国际经济，对国际经济规则的适应、融入、参与、主导将是一个必然的过程，而这一过程的进展是与国内市场经济规则的成熟与发展密切联系的。

全面深化改革将更好地使中国经济与国际经济接轨，在这一过程中必须将开放、开发、改革、转型和发展联系起来，既要立足于本土市场需求，开展国内范围的产业分工协作，承接国内产业转移，加强多链融合，又要积极发展外向型经济，更深入地融入全球产业链、供应链、价值链，更积极主动地扩大高水平对外交流合作，共同构筑安全稳定、畅通高效、开放包容、互利共赢的全球产业链体系。在更深地融入全球产业链的同时要加强与"一带一路"沿线国家的合作。"一带一路"沿线区域多属于经济欠发达地区，处于工业化起步阶段，经济总量规模偏低，以资源密集型、劳动密集型、高耗能和高污染产业为主，处于产业链的低端，经济的互补性不强，导致彼此之间难以从区域协作与开放中获得规模扩大、生产率提高和社会福利增加的发展收益。尽管资源开发产业链条短、产业辐射带动能力低是现实约束，但这些区域不应走传统工业化的发展模式，而应走产品价值链的合作模式，尽快过渡到以服务贸易为主的经济发展模式，使区域经济形成谋求动态均衡的互助性发展优势。

中国目前的资本输出是以基础设施、基础工程建设为主，例如高铁、高速公路、港口、矿山等。这种资本输出仍是建立在中国人力资源充裕的基础上，包括中国高科技企业例如华为、中兴等，其海外拓展实际上仍然是以基础线路、硬件的铺设为主，所以在国外投资中还未能形成中国主导的全球产业价值链。因此，可以通过国内的区域平衡发展由国内产业转移构建国家价值链，再借助"一带一路"倡议构建中国主导的全球产业价值链。国内国外两个市场的拓展将为中国产业价值链的构建提供发展空间。

（一）深度参与全球产业分工与合作，推动普惠包容的经济全球化

改革开放 40 年以来，经济全球化的不断深化促使国际生产制造活动由一国内部的分工转变为全球范围的分工，由工厂内部简单的流程扩展为全球的巨大生产网络，形成了模块化生产、合同化制造、服务化外包等新兴生产方式和商务模式，这种国家为主体的迂回生产模式构成了新型的全球产业分工。制造业的全球产业分工主要有两种形式：一种形式是以传统的垂直分工为基础，国家间按照差异化的产业进行劳动分工，落后国家和先进国家分别从事农产品或者初级产品的生产与工业制成品的生产，抑或是落后国家从事劳动密集型产业而发达国家从事技术和资本密集型产业的生产；另一种形式是以水平化的生产专业化分工形式依照产品的工艺、型号进行同一产业内部的合作，主要以跨国公司的生产和贸易为代表。20 世纪末，跨国公司内部分工展开的生产全球化发展迅速，跨国公司也因此得到了快速的发展，成为经济全球化最高的表现形式。跨国公司在世界范围内配置生产要素并组织生产，其经济活动结成了全球性的生产网络，加速了资本的国际转移并扩展了国家之间贸易的范围与规模。对于经济全球化的新发展方式而言，一方面自由贸易规模得到了历史性扩张，加入全球产业价值链是增加一国财富的重要渠道，中国在改革开放的过程中赶上了这一世界经济发展的潮流；另一方面对低技术和低工资的欠发达国家而言在经济关系上依然没有改变从属于发达国家的现实。西方发达国家通过资本帝国的力量和全球产业价值链所处的优势地位榨取外围国家的利润得以进行资本积累，而外围国家可能因过分依赖这一分工体系而面临失去自主积累和自主发展的能力，因此发展中国家只有走自主发展的道路并最终摆脱资本主义建立的世界经济体系才能迎来新的发展机遇。

依据以上分析回看全球产业分工的形成和影响就得到了更清晰客观的关于世界经济贸易和投资的本质。首先，全球产业分工通过全球化的生产与配置创造财富，但不同国家由于在价值链上所处的环节不同，财富增长速度也不同。其次，全球产业分工改变了竞争力的含义，使得竞争力的衡量更加侧重于企业的跨境生产和工艺上的核心技术。全球产业分工与合作加深了国家之间的互相依赖，生产、贸易、服务和投资之间的关系更为紧密，合作越来越重要。在全球经济一体化的背景下，一个国家的经济发展不可能脱离全球产业分工与合作，当一个国家或经济体融入全球产业分工并嵌入全球产业链之后，不仅会产生重要的协同效应，而且也会产生技术

的外溢效应，推动该国产业结构不断升级和优化。但是自国际金融危机之后，发达资本主义国家通过国际贸易和国际金融向外输出债务和危机造成了对发展中国家较大的冲击，加重了这些国家的经济发展成本，使国际经济活动受到各种阻力造成零和博弈，这一事实激发了世界范围内贸易保护主义的盛行。"逆全球化"的抬头和涌现使世界经济陷入经济全球化何去何从的争论焦点之中。关于经济全球化问题，习近平总书记曾多次发表重要讲话系统地阐述了中国对经济全球化的认识，也回应了国际社会对经济全球化走向的关注。中国向世界提出了构建"人类命运共同体"的倡议，并致力于积极参与国际价值链，推动构建更加普惠包容的经济全球化，这是中国对国际经济新形势所作的科学判断，并为世界提供了推动经济全球化良性发展的中国智慧。

自 1987 年党的十三大召开并确立了以经济建设为中心的有中国特色的社会主义的基本路线，改革开放成为我们的总方针。经过近 40 年的改革开放，党的十八届五中全会明确提出必须牢固树立并切实贯彻创新、协调、绿色、开放、共享的发展理念，全面深化改革，提高对外开放水平，奉行互利共赢的开放战略，积极参与全球经济治理和公共产品供给，提高我国在全球经济治理中的制度性话语权。在积极融入全球产业价值链的过程中需要不断提高国内产业的技术水平，在建立完整产业体系的基础上实现产业结构在国际分工体系中从中低端向高端水平延伸。

传统模式的产业升级主要表现为一国在不同时期不同产业和部门之间的升级更替，而在全球产业分工视角下的产业升级则主要表现为在该产业部门内部的工艺、产品、价值链等不同技术复杂程度或附加值的升级和扩展。发展中国家参与地区或全球产业价值链可以开拓更广阔的国际市场，提升本国的国际竞争力。因此，一国在全球产业价值链中的参与程度与其主导程度成为其经济质量高级化的重要体现。深入参与全球市场，借助资本、人力、知识技术融入全球产业价值链，既可以为全球产业价值链创造新的发展机遇，又可以分享相应的经济收益。然而，在对外开放过程中不能过度地依赖改良型的比较优势战略，以免落入"比较优势陷阱"，而要着力于培养新的竞争优势以推动自主创新能力的提高，尤其要以新型技术驱动的产业升级创造新的竞争优势更深入地参与国际分工，实现从经贸大国向经贸强国的转型。同时，在与国际经贸组织开展谈判和制定双边、多边贸易协定的过程中，应当根据国际法和国际贸易规则为底线坚决抵制不公平、不合理的经济现象，维护中国企业参与国际经济活动的合法权益。

中国改革开放 40 年来取得的成就正是得益于发展外向型经济融入了全球产业链、价值链实现的，但由于没有很好地通过技术创新实现向价值链的高端攀升，使得中国产业发展在面对全球产业链升级和重构的现实背景下面临一些新的挑战，影响了中国在全球产业链分工中的地位。经过 40 年的经济转型之后产业结构变迁对经济增长的贡献已经趋近效率前沿，通过购买技术实现国内产业结构升级已经出现困难。同时，劳动密集型产业的人口红利也逐步消退，新技术产业与发达国家还有一定差距，所以在全球产业价值链生产模式下，构建由中国主导的全球产业价值链成为中国参与世界经济和区域经济的重要目标。改革开放 40 年来，中国出口导向型发展战略在技术革新方面基本上以利用国外技术为主，以学习、模仿达到技术同步。随着经济转型不断深化，经济结构的调整进入关键时期，如果只依赖技术进口难以完成对发达国家的技术超越，从而面临长期被锁定在产业分工格局低端的风险。同时，发达国家以专利保护对发展中国家实施技术垄断，以至于中国在关键领域面临"卡脖子"的困境。在日益激烈的综合国力的竞争中，只有从自主创新方面实现突破，掌握核心技术才能占据大国竞争和经济发展的主动地位。社会主义制度的优势就在于集中力量办大事，应当发挥政府主导下的统筹协调和协同创新的优势，大力推进自主创新实现技术自主。在科技创新的源头上加强科学基础设施建设，提升前沿科技向生产力转化的能力，加快关键领域、重点行业的原创性科技创新成果产出，构建高效的技术供给体系。同时，要继续坚持"引进来"和"走出去"相结合，积极融入全球创新网络，深化国际交流合作，把技术引进和技术创新有机结合起来，提高技术供给的质量。

一般而言，发展中国家首先都是通过从事低端附加值生产嵌入国际分工网络，在追赶发达经济体的过程中通过并购高附加值生产环节以实现升级。然而，在产业标准、贸易规则和区域协调的制度要素方面，只有通过国际产业转移与区域经济一体化的相互融合才能逐步获得。"一带一路"倡议通过"促进经济要素有序自由流动、资源高效配置和市场深度融合，推动沿线各国实现经济政策协调，开展更大范围、更高水平、更深层次的区域合作，共同打造开放、包容、均衡、普惠的区域经济合作架构"[1]。这一外向型发展战略对逐步构建由中国主导的全球产业价值链体系、推动产业结构优化升级、降低经济结构转型成本等具有重大的战略意义。

---

[1]　王义桅：《"一带一路"：中国崛起的天下担当》，北京，人民出版社 2017 年版，第 75 页。

（二）深化互利合作机制，构建开放型经济体制，共享开放机遇

"一带一路"倡议实施以来随着区域经济合作的不断加深，产业集群和产业融合效应通过产业渗透、产业交叉、产业重组等方式不断加强。增长极和梯度推移理论表明不同区域的分工合作关系是不断变化的，区域之间的空间关系也会随之变化。以交通运输线路或者网络等基础设施串联点成面，由此形成了区域的空间结构以及从不同区域空间结构关系角度考虑的不同合作模式。随着中国逐渐成为全球最大的能源消费国之一，2023 年原油进口量达到 5.3 亿吨，原油进口依存度达到 73%。[①] 中国需要实施多元化的能源进口战略来解决国内能源紧张的问题以维持经济的可持续发展。中亚地区物产资源非常丰富，油气资源储量居世界前列，有潜力成为世界上重要的能源供应基地。该地区的国家也有寻求发展油气产业所需的资金、技术和多元化出口市场的期待。双方的能源合作有助于形成资源互补型国际经济合作，并以总成本最小化的方式实现国家利益的互惠互补。中亚地区农牧业生产条件优良，是世界上重要的农产品基地且纺织业发展迅速，棉花加工能力快速提升，已经形成了以棉纺织业为主的具有竞争优势的国际贸易产品，这类产品与中国西北地区的产品具有很强的互补性。双方在电子信息领域也有合作的空间，中国积极参与投资当地信息网络基础设施建设、拓展和运营各种传输网络，带动了中国高科技电子信息产品的出口，有利于降低经济发展方式转型的成本和经济全球化转型成本。

马克思主义政治经济学的基本观点认为资本主义世界体系的建立根源于资本主义制度本身，在由资本主义国家主导下构建的世界体系里除资本主义国家之间的合作以外，还有发达资本主义国家与发展中国家的经济贸易关系。后面一种表现为"中心—外围"关系即控制与被控制、剥削与被剥削的关系，其发展趋势是两极分化。"经济和政治发展的不平衡是资本主义的绝对规律"[②]，这个规律是建立在生产资料私有制和生产的无政府状态基础上的。在世界范围内资本的竞争和联合都是为了在更大范围攫取超额利润，资本的这种竞争关系表现为各国资本在国际市场上的竞争和各资本主义国家在政治、经济方面的竞争。发达资本主义国家力图在竞争中保持优势，而欠发达的发展中国家则要抓住机遇奋力追赶，这种矛盾成为引起国家间发展不平衡的根本动因。

---

[①]　钟富良：《大国博弈下全球原油供应格局调整及对中国的启示与建议》，《国际石油经济》2024 年第 3 期。

[②]　《列宁选集》第二卷，北京，人民出版社 2012 年版，第 554 页。

国际金融危机之后资本主义国家进入后危机时代，西方发达国家的经济普遍受到了严重冲击。在这场席卷全球、影响深远的危机中中国也面临对外贸易的不利局面，国外需求减少使中国经济一度放缓，但在中国共产党的坚强领导下中国政府审时度势地进行了积极有效的宏观调控，经济得到恢复，此后逐渐成为取代日本赶超美国的世界第一大贸易国。在新技术装备制造领域和基础设施建设领域均完成了从传统的被动参与到主动参与的转变，世界经济格局由于中国经济转型释放出的强大势能也随之出现了新的变化，即从原来的发达资本主义国家主导开始转向多方联合、协调发展。"一带一路"倡议的提出实施，发起成立亚洲基础设施投资银行，G20 杭州峰会的成功举办都标志着中国在更积极主动地参与世界分工合作，成为影响世界经济发展格局的一支新的重要力量，也标志着中国在发展对外经济关系的历史进程中步入了新的阶段。

在新的历史背景下发展对外关系，需要积极拓展双边和多边的经济关系。双边经济关系对区域经济增长的影响重大，中国在世界不同区域内分别与日本、韩国、马来西亚、南非、尼日利亚、德国、俄罗斯、英国、法国、荷兰、美国、墨西哥、巴西、智利和澳大利亚建立了较为重要的贸易关系。这些贸易关系往往通过国际经济合作组织或者双边贸易协定的方式得以强化。以自由贸易区为重点，促进国与国商品的自由进出口，给参与双边或者多边贸易的国家和地区都带来了明显福利和经济收益，甚至更优于其他一体化的贸易组织。同时，在与多个地区和国家的经济往来中区域经济的集团化对一国的经济绩效也产生着重要的影响。这些集团经济能够通过谈判消解各自在文化、价值观、政治体制等方面的差异，致力于在经济合作的目标和方式上达成共识。"一带一路"倡议的实施和 G20 峰会的举办都针对如何有效地建设多边经济合作，这对于成员之间降低商品贸易成本，形成强强联合或者优势互补的双赢与多赢的国际经济合作关系具有重要的现实意义。

改革开放 40 年来，中国在发展对外关系中积极参与国际经济组织并且充分发挥中国的影响力，致力于在发展自身的同时为世界经济发展贡献力量。中国是世界银行、国际货币基金组织、世界贸易组织的成员国，同时也积极参加联合国下属的国际经济组织，例如联合国开发计划署、国际劳工组织、联合国贸易和发展会议、世界知识产权组织、联合国粮食及农业组织等。从世界经济发展的现实结果来看，发达资本主义国家在主导经济全球化和世界经济发展方向的过程中，没有真正推动欠发达国家和地区经济的发展，反而每每在经济危机中通过其主导的国际经济体系向外输出危机，欠发达国家和地区成为分摊其经济危机的工具。随着中国经济的崛起，以中国为首的发展中国家也成为世界经济发展的重要力量，在致力于创造一种新的平等互利、和谐共融的国际经济合作关系中发挥着日益重要的作用，这凸显了中国政府倡导构建新型合作共赢的国际经济关系的发展理念。

中国是所有发展中国家中最大的转型经济体，相对而言中国拥有较强的经济实力。在与其他发展中国家建立多边经贸关系时中国一般多采取比较优势的原则，以基础设施加上技术转移输出国外，同时从资源富集的地区进口生产资料和能源以弥补国内市场对生产资料的需求。在与发展中国家开展经贸合作的过程中中国提供了多方位全方面的经济援助和帮扶计划，为其改善民生、增加公共产品供给、削减贫困、提高医疗教育事业的水平作出了重要的贡献，凸显了中国的大国风范，向世界证明了中国的经济腾飞和取得的经济奇迹以及经济发展的道路不同于资本主义国家的霸权主义，是一种和平相待、相互尊重、互利共赢的新型全球化道路。

2020 年，习近平总书记在 G20 利雅得峰会上针对如何在全球治理方面发挥更大的引领作用提出了鲜明的中国主张：第一，加大应对气候变化力度；第二，深入推进清洁能源转型；第三，构筑尊重自然的生态系统。[1]改革开放以来，中国充分利用经济全球化的机遇不断扩大对外开放，为国际社会提供了公共产品，推动了全球治理，在谋求自身发展和受益于经济全球化的同时也拉动了世界经济的增长，对世界经济的复苏作出了贡献，正如习近平总书记指出，"中国是经济全球化的受益者，更是贡献者"[2]。新时代以来，中国不断加强与发展中国家的合作，携手共进推动新的国际经济发展格局，分享经济建设和发展的经验，为发展中国家在国际事务中争取到更多的话语权，并主动承担国际社会债务减缓、开展援助等方面的责任。面对不同国家在发展水平、文化背景、生产方式等方面的不同，积极推动构建人类命运共同体，"以文明交流超越文明隔阂、文明互鉴超越文明冲突、文明共存超越文明优越"，"推动经济全球化朝着更加开放、包容、普惠、平衡、共赢的方向发展"。[3]

---

[1] 习近平：《习近平在二十国集团领导人第十五次峰会上的讲话》，北京，人民出版社 2020 年版，第 9~10 页。

[2] 习近平：《习近平外交演讲集》第二卷，北京，中央文献出版社 2022 年版，第 10 页。

[3] 习近平：《习近平著作选读》第二卷，北京，人民出版社 2023 年版，第 48 页。

## 三、加强中国特色社会主义经济文化建设

党的十九大报告指出，"必须坚持马克思主义，牢固树立共产主义远大理想和中国特色社会主义共同理想，培育和践行社会主义核心价值观……发展社会主义先进文化"。[①] 社会主义核心价值观引领了社会主义先进文化的前进方向，是增强社会主义先进文化凝聚力、吸引力和竞争力的精神支撑和灵魂。习近平总书记在党的十九大报告中论述了发展社会主义先进文化和文化自信的重要性："文化自信是一个国家、一个民族发展中更基本、更深沉、更持久的力量。"[②] 这充分表明以社会主义核心价值观为导向加强中国特色社会主义经济文化建设有利于经济高质量发展。

文化对经济的影响越来越引起学者们的注意，在以往的研究中有不少学者也就文化的本质、文化与经济发展的关系作了深刻的探讨。有学者认为文化是塑造一国民众行为的基本的、共同的价值体系，是体现世代传承的信念、价值观的总称。文化能够为人们提供主观能动性。当文化作为非正式制度发挥其作用时，会通过潜在、内化的机制影响正式制度实施的效率。而一旦观念作为文化的产物进入人脑，交易的规则就产生了，而且由共同文化塑造的行为标准更容易被人们接受，经济主体持有的共同信念可以帮助其在经济活动中获得有关决策利弊的判断。诺贝尔经济学奖得主阿马蒂亚·森指出，发展中国家必须重视审慎行为的优良品德，还要重视那些补充性的价值观的作用，其研究表明发展中国家要改变贫困落后的状况，必须进行文化、价值观方面的建设，以形成有利于经济效率改进的价值观体系[③]。在对中国传统文化与经济绩效的相关性研究中也有学者认为中国经济增长的奇迹本身就是在儒家传统文化的影响下由节俭观念带来的高储蓄率和家庭重视教育促进了人力资本积累的结果。这个研究结果表明，先进的文化与经济发展绩效有较强的相关性，这给我们当前的国家发展和经济建设都带来了重要的启示，在中国特色社会主义进入新时代的背景下，在中华民族伟大复兴的历史进程中应当大力推动中国特色社会主义经济文化建设，促进中国实现长久的繁荣与发展。社会主义核心价值观就是实现这一伟大目标的精神指导和保障。要在全社会范围内大力培育和践

---

① 《中国共产党第十九次全国代表大会文件汇编》，人民出版社 2017 年版，第 18~19 页。

② 《中国共产党第十九次全国代表大会文件汇编》，人民出版社 2017 年版，第 18 页。

③ ［印］阿马蒂亚·森：《以自由看待发展》，任赜、于真译，北京，中国人民大学出版社 2002 年版，第 6 页。

行社会主义核心价值观，不断增强新时代的文化自信，激发社会主义核心价值观对经济社会繁荣发展的引领和促进作用。

与社会主义核心价值观对应的中国特色社会主义文化发展道路属于精神层面的范畴，主要指社会主义制度奉行的信念、态度、价值观等精神文化特质。精神文化是一个国家发展到一定阶段后继续前进的精神力量和精神指引，对社会进步、经济繁荣有持久的激励作用：一方面，从微观视角来说微观经济主体所具有的文化特质会直接影响其经济行为和决策，进而影响经济效率；另一方面，一个国家和民族所具备的文化特质也会在宏观层面上影响该国经济增长的轨迹和正式制度中经济政策实施的效果。

（一）以社会主义核心价值观为导向建设中国特色社会主义经济文化，充分发挥其对经济转型的激励作用

社会主义核心价值观蕴含的文化属性提供了推动社会进步的动力和保障。在特定的文化价值观背景下制定的经济政策可能从两个方向上影响经济发展的结果：其一，当政策抑制文化的激励功能发挥作用时就会给经济发展带来阻碍，加速经济萧条；其二，当政策促进文化的激励功能发挥作用时就会促进经济繁荣，因此一定价值观背景下的文化因素影响着经济行为的效果。有助于促进繁荣的文化价值观对于经济发展的影响，可以从以下 4 个方面来解释。首先，从经济增长理论中生产效率的决定因素来看，经济发展所需的要素投入、生产资料和资源、地理位置与交通物流等因素都可以因那些有利于提高经济效率的文化因素而得到实现或改善。其次，从经济发展所需的技术条件来看，有利于改善经济效率的文化因素可以提高生产要素投入的质量和生产过程的专业化程度，这是经济发展所必需的技术条件。再次，在经济发展的竞争优势上，有利于提高生产效率的文化因素可以帮助一国不断地改善人力资本积累的能力，增加知识、投资、技术、创新的供给，从而带来更高水平的经济增长与生活水平的改善。最后，有利于促进经济繁荣的文化因素还能够给经济发展提供形成内部优势的动力，能够以促进繁荣的文化激励经济主体从事更有秩序的经济活动，减少经济外部性导致的效率损失，且有利于改善微观的工商环境质量，促进生产效率的提高。

综上所述，促进经济繁荣的文化因素以 4 个方面的合力共同影响着经济绩效，这启示我们需要根据一国经济发展的目标来加强国家的经济文化建设。经济文化是指对个人、单位以及其他机构的经济活动有影响的信念、态度和价值观。从经济文化对经济发展的作用来看，经济文化是以信

念、态度和价值观为核心，对经济发展产生直接影响或通过与其他经济要素相互作用而产生影响的文化观念或文化形式。当前在经济转型期间，社会主义核心价值观既有助于经济繁荣发展，又有助于生产率提高。一方面，它蕴含着推动经济建设、改善生产率的中国特色社会主义经济文化的有利要素；另一方面，它包含着人与社会和谐统一的文化理念。因此，要在社会主义核心价值观的指导下建设和繁荣中国特色社会主义经济文化。

以意识形态反映出来的核心价值观转换为世俗的行为准则后，在促进微观经济主体经济行为效率的改善和节约交易成本方面有着独特的优势。例如社会主义核心价值观在个人层面上要求的敬业、诚信，激励着经济行为主体以勤奋、讲求实效、诚实的态度从事经济活动，既改善了经济秩序也提高了经济效率。社会主义核心价值观秉承的理想信念、态度和文化属性等因素有利于社会繁荣和促进经济进步，中国特色社会主义经济文化所指向的社会规则为全社会共同的信念体系提供了一个受信任的经济联系网络，从而能够激励兴业精神和社会投资活动。

中国经济转型的实践证明，只有当有助于社会繁荣发展的价值观在社会繁荣出现以后仍然发挥作用，繁荣才能持续，即促进经济持久发展的价值观必须是内生的，是依靠社会自身发展并且能够自发继承时才能更好地促进经济可持续发展和繁荣。只有发展不停顿，积累的过程才不会被它自身的成就遏制。例如激励人们勤劳奋斗的价值观不能仅从利益方面作暂时性考量，否则一旦取得经济成就，价值观的激励功能就会消失。在一国从贫困走向富裕的道路上，其价值体系中除了取得经济效益以外，必须有某种价值观能够激励人们继续创造财富。不同于工具理性主义的价值体系，这种价值观必须是非经济性的、利他性的，能够促进经济发展，并且会不断地推动财富的积累和创造过程的持续发生。正所谓有道德的经济发展能够克服诱惑，激励经济主体不仅要顾及眼前利益，更要有着眼于长远发展的目标，这类有利于提高经济发展质量，追求长远经济发展的价值观更能为实现经济现代化提供可能。

社会主义核心价值体系的目标具有上述能够促进经济长久繁荣的激励功能。因此，建设符合社会主义核心价值观的中国特色社会主义经济文化，能更充分地发挥文化对于经济发展的长期激励作用。有利于长期经济发展的中国特色社会主义经济文化应该具备以下 3 个特征：首先，社会财富的积累需要明确财富目标和社会责任，注重长远利益和整体利益，以富强、民主、文明、和谐为价值目标，追求高质量发展；其次，市场秩序能更好地得到自由、平等、公正、法治的激励，人们广泛地遵守法律和契约；最后，社会成员在工作中以爱国、诚信、敬业、友善作为遵守职业道德和经济往来的行为准则。这 3 个方面的文化特征将共同形成经济发展内生的道德力量，从而克服工具主义价值观的暂时性弊端，为长远的经济发展与持续繁荣提供内在的、源源不断的动力。

（二）中国特色社会主义经济文化的价值属性

习近平总书记指出：“如果一个社会没有共同理想，没有共同目标，没有共同价值观，整天乱哄哄的，那就什么事也办不成。我国有十三亿多人，如果弄成那样一个局面，就不符合人民利益，也不符合国家利益。”[①] 中国特色社会主义是党和人民的共同理想，党的十九大报告指出：“中国特色社会主义是改革开放以来党的全部理论和实践的主题，是党和人民历尽千辛万苦、付出巨大代价取得的根本成就。”[②] 中国特色社会主义既为社会主义先进文化建设提供了统一思想、凝聚共识的奋斗目标和精神动力，也为培育和践行社会主义核心价值观提供了旗帜鲜明的时代主题和前进方向。在坚持中国特色社会主义这个共同理想的指引下，社会主义核心价值观成为社会主义先进文化的外在表现形式，是发展社会主义先进文化的集中展示。习近平总书记强调：“坚守我们的价值体系，坚守我们的核心价值观，必须发挥文化的作用。”[③] 社会主义核心价值观为人们提供了精神指引和价值遵循，当前中国特色社会主义文化建设首要是坚持社会主义核心价值观的指导，从情感和价值观的高度与视野来为中国特色社会主义事业、民族复兴的共同目标提供强大的精神动力和实践准则。以中国特色社会主义文化建设来培育有自信、尊道德、讲奉献、重实干、求进取的担当民族复兴大任的时代新人，并使之转化为人们的情感认同和行为习惯，从而培育良好的商业道德和经济秩序。

社会主义核心价值观充分体现出社会主义先进文化的价值追求。社会主义核心价值观的价值指向是最大限度地满足广大人民群众的利益诉求，社会主义先进文化也应表达广大人民群众的价值立场，使之符合中国特色社会主义经济发展的目标，使社会生产充分满足人民群众需要，让社会全体成员得到全面发展，最大限度地满足人民群众的利益诉求。与此同时，社会主义核心价值观作为社会主义先进文化的核心要素，是由中华民族的

---

① 习近平：《论党的宣传思想工作》，北京，中央文献出版社 2020 年版，第 194~195 页。

② 《中国共产党第十九次全国代表大会文件汇编》，北京，人民出版社 2017 年版，第 13 页。

③ 习近平：《习近平谈治国理政》第一卷，北京，外文出版社 2018 年版，第 106 页。

文化吸引力、意识形态、价值理念凝聚而成的，其文化软实力的作用日益凸显。以社会主义核心价值观指导中国特色社会主义文化发展，推进中国特色社会主义文化创新，是增强社会主义制度优越性的重要途径。综上所述，社会主义核心价值观既蕴含着丰富的文化属性，又凝结了社会主义先进文化的精髓，在中国特色社会主义文化建设方面具有先导性。因此，中国特色社会主义文化建设必须以社会主义核心价值观为引领，这是新时代中国特色社会主义文化建设的核心理念和必然要求。

（三）加强中国特色社会主义经济文化建设的路径

1. 加强中国特色社会主义经济文化内生制度建设

基于以上对文化促进经济发展的作用机制的分析可知，只有推动经济持久发展的文化、价值观成为社会主义经济发展的内生动力时，才能更好地促进和实现经济长远的发展。因此，应当加强构建中国特色社会主义经济文化与经济发展之间的制度联系，增强有利于经济发展的中国特色社会主义经济文化建设，培育其内生力量。经济文化内生力量的表现主要反映在以下两个方面。其一，文化作为一种非正式制度，以其包含的理想信念、道德规范、意识形态等内容约束着人们的行为，也激励着制度创新。对东亚地区经济增长的研究表明，受中国传统儒家文化的影响，家庭关系的高紧密度提高了储蓄的总水平，而东亚各主要国家对教育的重视则加快了这些地区人力资本积累的速度，这两者与经济发展都有较强的正相关的联系，并且也给中国经济转型的轨迹和制度创新打下了深深的烙印。其二，经济文化为经济发展提供强大的精神动力和保障。例如上文所分析的那样，从社会主义核心价值观中所抽象出来的勤奋务实、实干兴邦、勇于创新的精神解释了中国经济增长的奇迹。务实创新的精神形成了中国特色社会主义经济发展的内在动力，体现了中国特色社会主义的制度优势，使得中国抓住了经济发展的机遇。

经济文化表现出的推动社会进步的能力，都是在社会主义核心价值观下通过制度内生获得的。因此，加强有利于经济发展的中国特色社会主义经济文化内生制度建设对于继续汲取经济发展所需的文化养料，发挥社会主义制度优越性推动中国经济高质量增长，实现高水平的经济现代化起着重要的推动作用。社会主义核心价值观是社会主义意识形态的集中表达，其本质上是马克思主义价值观的体现，也是应对中国社会文化现实问题的必然选择。社会主义核心价值观是在党的社会主义价值理论体系的基础上，对中国特色社会主义文化建设认识的深化和发展，同时也是社会主义先进文化建设的根本内容。中国特色社会主义经济文化建设以各种形式实践了社会主义核心价值观包含着的各种先进价值理念和文化因素。因此，以社会主义核心价值观为指导建设中国特色社会主义经济文化，符合社会主义制度的根本要求，有利于发挥其对经济发展的制度优势。

2. 充分吸收借鉴中华优秀传统文化

尽管马克斯·韦伯认为中国传统文化特别是儒家思想所秉持的道德伦理，因为缺乏理性和科学精神，而束缚了中国的经济发展和现代企业制度的效率。但随着 20 世纪 70 年代后亚洲"四小龙"和中国大陆经济起飞与发展的成就使许多学者对以往儒家文化不利于经济发展的判断提出了质疑，当前也有更多的研究表明中华优秀传统文化对中国经济发展起着积极的推动作用。例如有研究认为儒家道德伦理强调家庭成员彼此之间的责任和信任，这使得家庭组织拥有更多的利他主义行为。子女作为家庭组织中利他主义的主要受益者，当他们意识到积极回馈父母也会增进家庭总效用水平进而改善自己的私人境遇时，善待、孝顺父母这类相互传递利他主义的组织行为就成为一种理性的选择。儒家文化倡导的责任、利他、集体主义等文化价值为经济发展创造了有利条件，更重要的是，在传统文化中家庭还是国家与微观个体之间的桥梁和纽带，是构成社会的基本组织细胞。国家在宏观层面被视为一个大家庭，大家庭中社会成员对集体的责任就是家庭伦理传统在国家宏观层面的折射。社会主义核心价值观要求的国家、社会、个人 3 个层次相统一的行为规范也需要首先通过家庭的教化体现到社会这个大的共同体中，并且家庭的有效率运行和对价值观、信念、行为准则的持守能大大地减少国家宏观的组织治理成本。所以中华优秀传统文化，例如优良家风、尊老爱幼等价值观念在家庭成员间的代际传承，就成为有利于促进经济进步的文化动力。据此可知在中国特色社会主义经济文化建设中，应当坚定文化自信，充分借鉴和发挥中华优秀传统文化的作用，推动中华优秀传统文化创造性转化、创新性发展，充分发挥中华优秀传统文化有利于提高经济效率、降低治理成本、改善市场秩序的积极作用。

3. 推动区域间经济文化平衡发展

文化除了具有稳定性和继承性以外，还具有动态演化的特征。文化会随着社会物质生产的发展而发展，制度和经济发展的变化都会引起文化的变迁。物质生产力水平更高的地区，文化变迁的速度就更快。因为经济更好的发展带来更高的教育水平、更高的收入、更受信任的法律制度，这些因素会加速文化朝着有利于实现经济发展目标的方向去演化。由于文化与物质生产相关联的这一动态演化的特征，文化在地区之间也呈现发展的不平衡状态。从中国经济转型的实际经验来看，东部沿海地区已经进入工业化后期阶段，一方面东部地区因其具有较浓的经商文化传统而在经济转型过程中迅速崛起；另一方面受高速经济增长和市场化与国际贸易的影响，东部地区经济文化建设与其他地区相比也较快，尤其是具有企业家的创新精神是引起该地区财富增长最主要的经济文化因素之一。对于东部地区而言，文化因素促进经济发展的影响正在逐渐发挥出创新引领的正向激励作用，因此应当最大限度地释放经济文化对该地区经济发展的溢出效应，提高经济文化的建设质量。中部地区正处于工业化中期阶段，要积极推动该地区中国特色社会主义经济文化建设的力度，从而为中部地区蓄积经济发展的文化动能。西部地区由于经济发展较为落后，经济总体水平不高，应当以经济发展促进当地经济文化的培育，打破地域文化对经济发展的阻碍，把有利于生产率提高的经济文化培育作为拉动西部地区区域经济发展、形成区域经济竞争优势的牵引力。

## 第三节　中国特色社会主义进入新时代
## 经济转型的方向与挑战

以上的实证研究论证了中国自 1978 年以来在经济建设等方面取得的成效，研究结果显示经济转型综合绩效不断地向效率前沿趋近，这表明经济转型已经基本完成了转型之初的各种目标，从此中国经济转型即将进入一个实现全面现代化的关键性历史时期。党的十八大是在我国进入全面建成小康社会决定性阶段召开的一次十分重要的大会，确立了"两个一百年"奋斗目标。中国特色社会主义新时代不是经济转型的最后阶段，而是从关注经济转型收益为重点的生存型经济转型模式向以控制经济转型成本、关注社会主义公平正义与经济社会可持续发展为重点的发展型经济转型方式不断转变的重要过渡阶段。经济转型方式的转变需要科学及时的制度安排来推动实现，能否顺利完成与新时代所需要并且相互匹配的制度建设，走一条低成本的经济转型之路，解决经济发展中不平衡不充分的矛盾是中国经济所要面对的重要课题。

## 一、新时代的特征

改革开放 40 年来的经济转型是在渐进式经济转型道路之上分步骤地完成经济体制转型、经济结构转型、经济发展方式转型和经济全球化转型的各项任务，实现了中国特色社会主义经济建设的奇迹。随着前转型时期完成经济体制转型的基本目标，新时代也随之而来。但是新时代并非前转型时期的简单延续，而是前转型时期的深化。与前转型时期相比较，新时代将具有以下 5 个方面的特征。

（一）中国特色社会主义新时代是协调发展的时代

针对前转型时期出现的种种社会矛盾，新时代进一步深化"协调发展"这一思想。针对不平衡不充分发展的矛盾，更加强调社会经济系统的协调发展。中国特色社会主义新时代协调发展的重点体现为以下 3 个方面。

1. 以建设协调发展社会作为中国特色社会主义新时代的目标要求

进入新时代，中国迫切地需要将之前"效率优先、兼顾公平"的发展理念转变为以公平促协调促发展。在社会生产关系和经济关系的调整方面，应当强调实现先富帮助后富，一起实现共同富裕的目标。在人与自然的关系上，既要提高人们利用自然资源的效率又要实现人对资源的可持续开发利用。通过利用与保护、开发与重建并行的"双向"良性循环体系，促进人与自然和谐共生。在地区发展关系上，以发达地区带动欠发达地区，推进区域经济一体化建设，在互助互动中实现地区之间优势互补，促进区域之间的协调发展。

2. 把城乡一体化和经济社会一体化建设作为中国特色社会主义新时代促进协调发展的关键

新时代要解决前转型时期的遗留问题，最典型的就是长期处于分割状态的城乡市场。二元经济结构下城市居民收入水平和福利水平提高迅速，而农民收入水平与福利水平提高相对缓慢，城市与农村逐渐呈两极化发展趋势。二元经济结构是中国特色社会主义新时代发展不协调的关键因素，因此新时代将格外关注城乡经济社会一体化的进程。应加快建立以工促农、以城带乡的长效发展机制。各级政府尤其是地方政府机构应当尽快完善农村社会保障制度建设，降低农村教育成本，提高农业劳动力的劳动素质。此外，由于计划经济时代奉行的农村支持城市、农业支持工业的发展战略，使得农村在经济转型和发展过程中付出了较大的代价，因此应进一步实施工业反哺农业，城市反哺农村和加快发展乡村振兴的战略，从各个方面支持农村的进步与全面发展。

3. 建立完善以利益调节为核心的社会经济利益整合机制

前转型时期的中国是一种典型的关系型社会，这种关系型社会在前转型时期为弥补相应制度的缺失起到了积极的作用，有效提高了社会交易的效率，但是也滋生了权力寻租等腐败现象，阻碍了社会公平，不利于社会的协调发展。新时代应当通过国家制度建设，建立规范的对话和协商机制，引导各个利益团体以合法的形式表达利益诉求，妥善处理各种利益关系。努力促使群众团体和利益集团等社会组织成为公众利益的代表，真正实现广大人民群众的社会经济利益。

（二）中国特色社会主义新时代是共同富裕的时代

在建立中国特色社会主义市场经济体制的前转型时期，中国采取了先富带动后富的非均衡发展战略，以"效率优先、兼顾公平"作为加快经济建设时期的分配原则。效率优先的具体表现是"鼓励一部分人、一部分地区先富起来"，这一原则打破了计划经济时代的平均主义，在经济增长的过程中发挥了重要的作用，具有相当的历史进步性。但中国经济也出现了贫富差距拉大的现实问题，这引起了城乡关系失衡、区域关系失衡和收入分配关系的失衡。这一问题的合理解决事关社会主义现代化国家建设。因此，这一时期经济转型的重要任务就是解决失衡问题、促进共同富裕。新时代实现共同富裕的主要途径可以从以下 3 个方面来考虑。首先，以公平为原则促进共富。新时代要由效率优先转变到公平优先为原则，在人与人的经济关系上强调先富帮助后富，最终实现共同富裕。着力解决好收入差距扩大的问题，建立相应的利益补偿机制，使得在经济发展过程中的利益受损者能够得到相应的补偿，公平分摊经济转型的成本，使得经济转型的收益惠及范围扩展到全社会。其次，以低收入群体受利促进共富。市场经济建立和发展的初期一部分人先富裕起来，收入之间的差距随着市场经济的发展在循环累积中呈现出极化效应。新时代应当关注低收入群体的获利问题，更加关注贫困者生活水平的提高，加快转变政府职能，完善低收入群体受利的制度安排，为低收入群体提供更公平的经济发展和收入分配政策。最后，以全面发展促进共富。新时代要从局部发展转变为经济社会的全面发展，从宏观视域规划系统开发经济社会资源，注重个体和个体之间、个体和群体之间以及经济与社会二者关系之间的协调与均衡。

（三）中国特色社会主义新时代是以人民为中心的时代

以人民为中心就是把人民群众生活水平的提高作为衡量经济转型的根本标准，同时发扬健全关注人民发展的人文关怀精神也是中国特色社会主义新时代深化转型的重要内容。2017 年，中央经济工作会议指出："坚持以人民为中心的发展思想，贯穿到统筹推进'五位一体'总体布局和协调推进'四个全面'战略布局之中。"[①] 从完善城乡保障体系，到对低收入家庭的补贴及"三农"补贴，都是旨在建立覆盖全面的社会保障体系，这将是中国特色社会主义新时代的经济工作体现以人民为中心的重点，具体来看有以下两个方面要求。其一，把改善民生纳入国家制度建设的框架。根据数据显示中国基尼系数已经超越了国际警戒线，这意味着中国的收入差距已经日益显著。因此，在收入分配政策的改革上要针对收入差距拉大的现实，从调整国民收入的初次分配和再次分配入手，不断完善分配格局让广大人民群众能够共享到经济转型的收益。要实现这个目标需要把改善民生纳入国家制度建设的范畴之中，必须统筹国家、集体和个人的利益关系，统筹好眼前与长远的利益关系，着力提高改善民生的绩效。其二，以加大公共产品供给改善民生。新时代要加大对社会公共产品和服务的供给，特别是改善农村公共产品的供给。这要求在全国范围内建立和完善基本公共产品和公共服务的供给体制，改善地方财政的支出结构，加大公共产品投资占财政支出的比重，并且进一步完善税收制度建设，建立鼓励农业发展的税收激励制度，加大政府间财政转移支付力度，同时加大对落后地区的财政拨款力度。

（四）中国特色社会主义新时代是经济高质量发展的时代

改革开放 40 年来，伴随经济转型和快速经济增长的是较为沉重的资源环境代价。数量型经济增长曾经为经济市场化的目标作出了突出贡献，当前这样的经济增长模式已经不能适应经济可持续性发展的要求，需要采取以质取胜的质量型经济增长来代替之前的数量型增长模式，通过质量型增长走一条聚集化、渗透化、融合化的经济发展道路。党的十九大报告指出，"我国经济已由高速增长阶段转向高质量发展阶段"[②]，这是党中央根据国际国内形势的变化，特别是中国经济发展条件和发展阶段变化作出的重大判断。新时代关注经济增长质量的 4 个方面主要体现在。第一，追求

---

① 《中央经济工作会议在北京举行　习近平李克强作重要讲话》，《人民日报》2017 年 12 月 21 日。
② 《中国共产党第十九次全国代表大会文件汇编》，北京，人民出版社 2017 年版，第 24 页。

经济增长的创新性，避免较大幅度的经济波动。前转型时期经济增长的波动性较大，经济波动较为明显，直至中国特色社会主义进入新时代之后这一现象才逐渐趋于稳定，表现为经济增长在高位上的平稳波动。新时代要正确处理好实体经济与虚拟经济的关系，避免金融危机对经济增长的短期冲击。第二，以新型工业化和城市化来提高经济结构优化的效率。新时代需要对前转型时期资源配置不合理的经济结构进行调整，通过运用各种经济政策改变不合理的经济结构和过剩的产能，进一步提高产业集聚度、关联度，加快以信息化和现代科技带动工业化的发展，鼓励研发创新，提高技术进步对经济发展的贡献率。第三，降低经济发展的生态环境代价。新时代需要以可持续发展战略促进未来经济发展方式转变，通过加强资源的产业化管理，遵循自愿的自然规律，按照经济规律和自然规律协调资源开发及利用的方式，降低经济增长的生态环境代价。第四，以人民生活水平和福利的提高为目标。新时代应当使人民在良好生态环境中开展生产和生活以求实现经济社会的可持续发展，提高经济社会发展的生态效益。通过经济增长推动人民生活质量的改善，促进先进的生活方式和生活理念的传播，为人民提供健康良好的生活环境。

（五）中国特色社会主义新时代是创新的时代

经济转型进入中后期之后更需要处理好经济转型、社会发展和创新的关系。其中经济转型是社会发展的动力，也是实现长期创新的基础；社会发展是经济转型的目的，也是创新的可靠保障；创新则是经济转型、社会发展的前提条件，同时也是社会发展的重要标志。处理好经济转型、社会发展和创新三者之间的关系，要根据客观条件不断调整侧重点。前转型时期的重点在于通过经济转型推动社会发展，新时代则更加强调在深化经济转型中依靠创新推动社会发展。这意味着经济和社会都会进入一个更加激励创新的状态，这样才能将前期经济转型的绩效保持下去。新时代推动创新的途径主要体现在以下 3 个方面。第一，经济创新。新时代追求经济增长的创新性，经济的创新意味着宏观经济在创新的驱动下内生出新一轮经济发展的动力，更好地实现充分就业、物价稳定和国际收支平衡的经济目标。经济创新还包括经济增长质量的改善，即通过经济的创新实现协调发展，提高经济增长的质量和效益。第二，社会创新。前转型时期取得的优良转型绩效是建立在制度创新的基础之上的，新时代要继续保持经济转型的绩效需要更加激励创新的社会环境作为保障。因此，新时代应加强社会治安综合治理，积极化解各类社会矛盾，为创新的发生提供稳定安全的社会保障，同时在企业生产方面重视安全生产，提升安全生产监督管理水平。第三，政策创新。中国经济转型的绩效来源于改革开放的优良政策，良好的政策促进了经济转型收益的提高，新时代要以确保经济绩效的宏观政策创新作为推进各项经济工作的主线，避免经济动荡和经济秩序的混乱，坚定不移地深化经济体制改革，推进完善中国特色社会主义市场经济改革的各项工作。

## 二、新时代经济转型的方向

经济转型本身具有阶段性的特征，前面各章节的实证研究结果已经呈现与中国经济转型有关的成本、收益和综合绩效演化变动的历史情形和未来趋势，这为分析中国经济转型向不同阶段的演进提供了理论和实证的依据。实证研究的证据显示中国目前已经基本完成经济转型初期设立的体制转轨和经济建设的各种目标，经济转型已经进入一个新的阶段——中国特色社会主义进入新时代。改革开放 40 年的经济转型使中国在市场经济体制建设、经济结构调整、经济发展方式转变和经济全球化等方面取得了举世瞩目的成就，引起了国际社会的广泛关注[1]。当前，中国已进入新发展阶段，经济转型主要有以下 4 个方面的方向转变。

（一）经济转型理念由"增长"转变为"协调"

前期的经济转型以"增长"为主题，经济转型的主要内容围绕"解放和发展生产力"而展开。在改革开放和经济转型的初期，中国的生产力水平低下，人民生活较为困难，生产力水平低下与解决生存问题是这一时期最突出的矛盾。因此，在经济转型初期选取的是以增长为目标的生存型经济转型模式。在"发展才是硬道理"的指导下中国经济实现了持续 40 年的高速增长，经济转型总体效益的提升在这一时期表现得十分显著，时至今日经济转型已经基本完成了经济现代化建设的初步目标。然而，在这一时期经济高速增长的同时也出现了许多深刻的社会矛盾和问题，形成了一些不平衡不充分的因素，为长期保持优良的经济转型绩效并实现更高水平的经济增长埋下了隐患。"非均衡"发展战略是这一时期经济转型的主要策略，通过鼓励一部分人、一部分地区先富起来而实现经济迅速增长的思想，导致了在经济转型初期出现了典型的"不平衡、不充分"的现象，这突出地反映在以下 3 个方面。

---

① 白永秀、任保平：《未来 30 年改革的主题判断和路径选择》，《改革》2010 年第 1 期。

第一，局部增量改革。中国经济体制转型的目标是逐渐明晰的，中国向市场经济体制转型的最初目标是为了完善社会主义计划经济体制，制度供给主要致力于建设有中国特色的社会主义。由于改革方式是在政府主导下的局部试验，因此局部式的增量改革持续了较长时间，这种改革方式一方面得到了积极稳妥而富有成效的肯定，另一方面也引起了经济团体内部积累的矛盾逐渐凸显，最终在经济转型完成其基本使命之时表现出急剧上升的态势，形成各种亟待解决的尖锐的社会经济问题。

第二，效率优先。纵观前期经济转型的全过程，经济转型收益递增是伴随效率优先的原则产生的。效率优先的原则使得较高的经济增长率掩盖了社会的不公平现象，这直接导致了在面对人与自然的矛盾时，以人的物质利益为主；在发达与欠发达地区发生矛盾时，以发达地区的利益为主；在社会发展和经济增长发生矛盾时，以经济增长为主。

第三，强者受利。渐进式经济转型路径下的局部改革实质上形成了以强者为主的受利意识。在转型初期高度集中的计划经济体制下，重工业优先发展的战略和生产计划化的指令导致了严重的城乡分割和分配上无效率的平均主义，城市与农村的两极化发展趋势，使得利益仅为占少数比例的既得利益集团所占有。

前转型时期由于受局部增量改革、效率优先、强者受利等生存型发展模式的制约，引起了社会各种不协调发展因素逐渐呈显著扩大态势。因此，中国特色社会主义进入新时代，协调发展战略替代了以增长为中心的发展战略成为新时代经济转型的主题，这要求要以协调发展作为统领经济改革和社会发展的主要指导思想，通过平衡且充分的发展消除前转型时期的种种矛盾和导致发展不协调的动因。

（二）经济转型的重点由"改革"转变为"创新"

经济转型初期进行体制转型是生产关系的自我调整与优化，重点是经济体制的改革。经济体制转型实质上就是对生产关系的改革，通过经济体制转型调整生产关系中不适应生产力发展要求的部分，从而消除生产关系对生产力发展的制约。中国特色社会主义进入新时代，在经济转型的深化阶段不仅要继续调整生产关系而且要重点调整生产力的结构，充分发挥先进生产要素对生产力进步的作用。这一变化主要反映在以下两个方面。

第一，以共同富裕作为经济结构调整和优化的价值目标。实现共同富裕体现了社会主义制度的本质要求，朝向实现这一价值目标开展的经济结构调整要求发挥生产力构成要素的全部作用，协调生产力构成要素之间的匹配与合作，以人为本，发挥先进生产力的代表作用。

第二，生产力结构调整的主要内容在于从生产力的构成角度来分析生产力构成要素的组合和优化，基本可以将其归纳为以下 6 个方面的内容。一是人力资源结构的调整与优化。要注重通过提高劳动者素质，扩大优质人力资源的比重来提高优质人力资源要素在经济发展中的贡献率。二是管理要素的调整与优化。通过创新管理方式，提高管理水平，更新管理手段，从而提高管理要素在经济增长中的贡献率。三是技术要素的结构调整与优化。要着重完善科技创新机制，通过鼓励技术创新提高技术进步的速度，提高技术进步在经济增长中的贡献。四是提高机器设备和软件的科技水平以及利用率。五是资源要素的优化配置。要在生产力要素调整中处理好人与物的关系，提高生产中各种自然资源与社会资源的配置效率。六是突破经济转型由"改革"到"创新"的转变是生产力结构调整和优化的关键，即发展新质生产力对现代化的重要作用。经济转型初始时期中国主要是通过生产关系的改革为生产力作用的发挥创造物质条件，进入新时代生产关系的改革即经济体制转型的任务已经基本完成，因此需要在新的生产关系基础上，致力于调节生产力结构从而推动经济现代化的实现。党的十九大报告明确提出："创新是引领发展的第一动力，是建设现代化经济体系的战略支撑。"[①] 在指引推进中国式现代化实践的过程中习近平总书记指出向改革要动力，向创新要活力，"惟改革者进，惟创新者强，惟改革创新者胜"[②]。以创新推动经济现代化的具体任务包括：发挥先进生产要素的作用进一步增强经济发展的内生动力，加快产业结构调整的步伐和力度，大力发展现代化农业、现代化工业、现代化服务业，将现代化经济体系全面推向前进，实现经济发展方式的转型和产业结构的升级，推动经济实现全面的现代化。

（三）经济转型的任务是构建一体化发展战略

如前所述前转型时期在以经济建设为中心的政策指引下，经济发展的任务是迅速实现经济增长，因此在这一时期的经济体制转型过程中采取了典型的"非均衡"发展战略。在鼓励一部分人通过诚实合法劳动先富起来的同时，也导致了城乡、工农关系的割裂，引起了区域差距和收入分配差距扩大的矛盾。中国特色社会主义进入新时代，经济转型的主要任务就是

---

① 《中国共产党第十九次全国代表大会文件汇编》，北京，人民出版社 2017 年版，第 25 页。
② 习近平：《习近平外交演讲集》第一卷，北京，中央文献出版社 2022 年版，第 205 页。

要扭转前转型时期因发展战略而导致的各种不均衡、不协调发展的社会经济现象，通过构建"一体化"战略，着力解决经济失衡问题，以实现共同富裕为目标，促进城乡一体化、区域一体化、逐渐缩小收入分配差距。

中国特色社会主义进入新时代，中国经济总量不断增长，经济实力显著增强，人民生活水平也不断提高。但是也应认识到前转型时期遗留下来的"非均衡"发展问题以及由此形成的不断增加的经济转型成本也给经济的持续发展带来了较大的压力。面对这些问题和压力新时代应当解决经济社会发展中的深层次矛盾和问题，消除影响可持续发展的体制障碍。[①] 解决这些矛盾和问题的方法是落实高质量发展，协调好经济转型中的各种利益关系，消除阻碍经济转型绩效改进的障碍。因此，新时代可以看成是一个从"二元"走向"一体化"的关键时期，这主要体现在以共同富裕为目标努力实现以下 6 个方面的一体化进程中。

第一，城乡一体化。前转型时期受重工业优先发展战略的影响和制约致使二元经济结构在中国经济体系中得以长期存在，造成了中国城市和农村在经济上的阻隔，引起城乡差距扩大和城乡市场分割的局面，因此需要打破这种城乡分割的局面实现从城乡分割走向城乡一体化的过程。消除城乡分割、经济与社会失衡，实现城乡经济社会一体化就成为当前及今后较长时期中的一项重要内容，也是新时代实现协调发展的关键性内容。

第二，人与自然一体化，即经济系统与自然生态系统的一体化过程。前转型时期从追求经济增长的结果上看主要体现为数量型的增长，经济高速增长背后的资源环境代价十分昂贵，尤其对西部生态环境脆弱地区的损害较为严重，致使经济增长突出的矛盾表现为人与自然的对立，经济增长的质量有待提高。新时代，应当以人与自然和谐共生的理念重新构建经济增长的模式，推动经济增长模式从数量型到质量型的转变，实现经济系统与自然生态系统的协调发展。

第三，经济社会一体化。前转型时期在以经济建设为中心的指引下，其转型的重点在于推动经济的起飞和增长，而诸如教育、医疗、社会保障等社会事业的发展则相对落后，导致了经济与社会发展不同步的状态。因此，要努力实现经济与社会的一体化进程，促使经济转型更加注重经济与社会的共同发展，这一目标的转变要求实现经济与社会在时间上的同步发

---

① 任保平：《后改革时代的主要矛盾、改革趋向及其重点》，《西北大学学报（哲学社会科学版）》2010 年第 2 期。

展，空间上相互渗透，内容上相互融合，动力上互相推动，结果上互相联系，最终实现经济与社会的协调和同步发展。

第四，区域经济一体化。前转型时期非均衡发展导致的另一结果是引起了中国地区经济发展的不协调现象，突出反映为发达的沿海东部地区与落后的内陆西部地区之间的矛盾，并且在发达的东部地区内部及落后的西部内陆地区内部各自均存在发达地区与欠发达地区的差距，这使得前转型时期在区域经济发展方面体现出典型的"地区双二元性"特征。新时代，在协调区域发展的同时需要通过以地区经济一体化战略的建设，逐渐打破区域经济发展的"双二元性"束缚，统筹东部与西部、发达与欠发达地区的共同发展，促进区域经济朝向一体化的方向演化。

第五，竞争与合作一体化。在经济转型初期曾经出现过度竞争的情况，过度竞争是指持续性过度供给或者生产能力相对过剩的产业共同组成的一种市场结构及后果。经济转型以来由于在简政放权的过程中，中央与省级政府实施财政包干制，地方政府的行政权、立法权和经济管理权力得到一定程度的扩大和明晰。与此同时，地方政府之间也表现出竞争的态势，这一方面为中国的经济发展带来了重要动力，但也带来了地方保护主义、项目重复建设等，例如导致了地方经济中许多产业及产业内部众多企业出现了过度竞争，造成了市场价格体系的紊乱和个别行业生产能力的闲置，经济资源浪费现象严重，使得资源不能向更高效率部门自由流动，严重约束了相关产业规模经济效应的释放。新时代应当强调以相互合作为指导方针来建立促进有效竞争的微观规制，同时加强政府宏观调控的职能，以便促进市场秩序趋向创新化方向发展，形成产业间及产业内部有效竞争与协调合作的一体化方略。

第六，计划与市场一体化。前转型时期基本完成了建立社会主义市场经济体制的任务，这一时期市场在经济运行中发挥资源配置的基础性作用，新时代要继续深化改革，使市场在资源配置中发挥决定性作用，同时积极通过宏观调控更好地弥补市场失灵从而有效地维护市场经济秩序。这要求全面转变政府职能，加强政府宏观调控的能力，加强公共服务体系建设，更好地发挥政府社会管理、维护社会公平和创新协调发展的作用。

（四）经济转型的途径由市场化转变为集聚化

前转型时期关注的是经济总量的数量型增长，以建立社会主义市场经济体制的市场化过程来实现经济迅速崛起的阶段性发展目标。然而，这一时期的市场化过程却带有明显的分散化特征，例如家庭联产承包责任制、工业股份制及发展民营企业，其实质都是分散化的具体表现形式。中国特色社会主义进入新时代在"一体化"战略的指导下，转型主要是通过聚集化、渗透化和融合化逐渐实现完善社会主义市场经济体制的目标，具体内容表现为以下 3 个方面。其一，新时代的聚集化。新时代的聚集化主要反映为两个方面的内容，即人口的聚集和资金与要素的聚集。人口的聚集是在城乡一体化的过程中逐渐形成人口密集、基础设施密集的城市，即城镇的城市化过程，伴随人口集聚的同时也带来了生活方式和生活理念的一体化。资金与要素的聚集是在产业聚集的过程中逐渐带来的正向外部效应，是工业化和产业化的结果与发展趋势。其二，新时代的渗透化。各产业、各经济部门之间相互渗透，相互之间的边界越来越模糊，尤其以信息化为背景的新时代，信息产业与其他服务业的相互渗透，使新时代的产业化过程出现了多元化的新发展。其三，新时代的融合化。新时代也是信息化的时代，但是信息化不是独立发挥作用的而是与工业化、城市化、市场化和国际化相互融合而相互促进发展的。以信息化带动工业化、城市化、市场化和国际化的融合型发展战略是新时代的特有路径。

### 三、新时代低成本经济转型的挑战

改革开放 40 年来中国经济转型取得了优良的绩效，经济效率不断得到持续的改进，有学者将其称为"中国的奇迹"。然而当经济转型初见成效之时，随着转型步入深化阶段，中国经济又面临着经济转型成本激增的压力和挑战。经济转型成本上升对未来经济转型绩效的潜在威胁客观上要求新时代应当在继续保持收益递增的前提下走一条低成本的经济转型道路，依靠现代化制度建设推动经济转型成本下降。具体地看，新时代面对化解经济转型成本的挑战主要在于以下 3 个方面。

第一，社会主义市场经济的制度基础相对不完善。前转型时期初步建立社会主义市场经济体制的任务和目标已经基本完成，然而与社会主义市场经济制度相匹配的法律制度建设却相对滞后，这滋生了市场秩序和市场行为的不规范，导致了过度竞争与过度垄断并存的问题，影响了长期经济转型绩效的改进。因此，应当进一步深化经济体制转型的力度，通过法律制度建设不断地完善社会主义市场经济体制，以契约型社会的建设推动国家经济制度的现代化进程。同时加快转变政府职能，不断完善市场与计划相匹配的宏观经济调控制度；通过深化企业产权制度改革，推动解决市场经济中经济利益分配的矛盾，全方面、多角度地建设统一、开放、竞争、有序的社会主义市场经济。

第二，保障社会公平的利益补偿机制不完善。前转型时期在形成经济转型效率的同时也发生了严重的社会不公平现象，这类矛盾通常使经济失去活力并阻碍了经济绩效的改进，这违背了推动社会协调发展的要求。中国特色社会主义进入新时代应当按照实现共同富裕这一社会主义制度的本质要求对前转型时期为经济增长作出贡献却成为经济转型成本主要承担者的那部分弱势群体进行利益补偿。以公平优先作为利益补偿机制建立的原则，通过利益调整机制弥补受损者的经济和社会利益，降低经济转型的公平性损失，合理分摊利益损失的成本，最终使得经济转型的丰硕成果惠及全社会，并推动社会协调发展，促进社会公平，最终实现共同富裕的目标。

第三，经济增长的外部依赖较高。前转型时期经济增长的动力主要来源于对出口和高度的资源投入，经济增长以粗放型的数量增长为主要特点。新时代应全面实现从粗放的数量型增长向集约的质量型增长转变。一方面，改变以出口导向为重点的战略，在发展贸易的同时着力加强国内市场建设，实现从出口拉动到内需拉动经济增长的转变，加强经济增长的内在动力，这要求从完善社会主义市场经济体制入手建立统一和有活力的国内市场基础。另一方面，以绿色经济促进经济发展方式转变，控制好经济增长的资源环境成本，形成低能耗、高效益的经济发展模式。

中国经济发展在经历了长期的高速增长之后，基本完成了经济建设的目标，取得了经济转型的巨大成就。随着经济转型绩效不断地趋向效率前沿，中国经济转型也进入到一个全新的时代。中国特色社会主义进入新时代标志着中国经济从高速增长到协调发展的转型，从非均衡到一体化的转型以及从市场化到聚集化融合化的转型。新时代以协调发展、共同富裕、以人民为中心和关注质量为主要特征，应当着力解决好正在激升的经济转型成本问题，通过加强市场的制度基础建设完善经济体制转型机制；通过构建公平化的成本分摊和利益补偿机制促进实现共同富裕和社会协调发展；以国内市场建设形成从出口导向到内需拉动的经济增长模式，以绿色经济理念促进低能耗的质量型经济发展，全面解决新时代的经济转型成本问题。

# 第七章　低成本经济转型之路的对策研究

党的十九大报告指出："我们要建设的现代化是人与自然和谐共生的现代化，既要创造更多物质财富和精神财富以满足人民日益增长的美好生活需要，也要提供更多优质生态产品以满足人民日益增长的优美生态环境需要。"[①] 当前，新发展理念中的绿色发展理念要求降低经济转型过程中因追求经济增长而付出的资源环境代价，因此低成本视角下的经济转型之路就成为中国未来经济转型和社会发展的战略方向和重要任务。

根据对改革开放 40 年经济转型历程的研究可知在经济转型初期追求数量型的经济增长对中国生态环境造成的破坏在经济转型中后期逐渐释放，这极大地限制了经济可持续发展，日益成为制约经济转型综合绩效提高的关键因素。中国经济转型的总体目标是建立社会主义市场经济制度并在本世纪中叶建成富强民主文明和谐美丽的社会主义现代化强国，如前所述在实现这个目标的过程中中国既取得了巨大的成就，同时也支付了一系列的经济成本。在对经济转型绩效进行实证分析的基础之上，本章将重点研究经济转型的成本控制、成本分摊等低成本经济转型道路的政策设计问题。在新的时代背景下关注如何有效控制经济转型成本的问题能够对保持后期经济转型的绩效并为合理的制度安排提供科学的依据和理论基础。通过有效率的制度安排来构建低成本的经济转型路径是下一步中国经济转型的重要任务，这意味着中后期的经济转型需要采取适当的方式缓和各方面的矛盾和冲突，减少经济系统中的各类非均衡因素，控制并合理分摊经济转型的成本，通过寻求低成本的绿色、协调、可持续发展转型模式，最终完成经济转型的 4 个方面。

---

① 《中国共产党第十九次全国代表大会文件汇编》，北京，人民出版社 2017 年版，第 40~41 页。

## 第一节　有效控制经济转型成本

对经济转型成本进行控制的本质是要求实现资源的优化配置，即防止资源的浪费以减轻经济增长率放缓带来的损失及其对国民经济的影响，使经济转型成本降到尽可能低的水平并保持住低成本的转型模式从而相对提高经济转型的综合绩效水平。根据第六章对经济转型综合绩效的实证分析及结果显示经济发展方式转型对经济转型绩效的综合影响在转型中后期越来越大，因此，对于当前及未来的经济转型而言应当充分重视影响经济发展方式转型的那些重要问题，以新发展理念为指导解决好经济发展方式转型过程中面临的矛盾和问题。当前，制约经济发展方式转型绩效提升的现实困境集中反映在经济增长与环境保护的冲突中，对此马克思主义政治经济学的研究观点认为环境问题不仅是自然生态问题，不仅是人与自然关系的协调以及社会发展和自然生态系统的协调，而是一个社会制度问题。马克思指出："社会化的人，联合起来的生产者，将合理地调节他们和自然之间的物质变换，把它置于他们的共同控制之下，而不让它作为一种盲目的力量来统治自己；靠消耗最小的力量，在最无愧于和最适合于他们的人类本性的条件下来进行这种物质变换。"[1]马克思还认为在经济转型和发展过程中，人、自然界和社会是紧密不可分的，是有机的统一整体，"只有在社会中，自然界对人来说才是人与人联系的纽带，才是他为别人的存在和别人为他的存在……才是人的现实的生活要素。只有在社会中，人的自然的存在对他来说才是人的合乎人性的存在，并且自然界对他来说才成为人"[2]。马克思提出了"人化的自然"和"自然的人化"的观点，把人作为自然界的一部分来界定，奠定了其生态经济的思想基础。他还指出当人和自然之间的物质变换是合理的时，人和自然之间处于和谐的状态，当人和自然的物质变换不合理时，人的生产劳动等活动会扰乱自然生态的平衡，引发自然界对人类的报复。因此，一味地追求利润和数量型的经济增长模式将带来人和自然的不协调，而社会主义制度的优越性使得人们应该可以合理地协调人与自然的关系，促进生态系统、经济系统和社会系统协

---

① 《马克思恩格斯全集》第四十六卷，北京，人民出版社 2003 年版，第 928~929 页。
② 《马克思恩格斯文集》第一卷，北京，人民出版社 2009 年版，第 187 页。

调地发展。当前，中国经济转型的物质基础为推动社会绿色发展提供了现实条件，实现低成本的经济发展方式转型需要从正式制度和非正式制度两个方面进行，在正确的发展理念指导下发挥社会群体的力量，合理地开发和利用自然，在人与自然和谐共生的基础上实现绿色协调可持续的发展。

## 一、低成本经济转型的理论基础

党的十九大报告指出，建设生态文明是中华民族永续发展的千年大计。必须树立和践行绿水青山就是金山银山的理念[①]，这一重要思想在《资本论》中可以找到其理论渊源。马克思分析了自然资源在价值创造中的地位和作用，他将自然资源分为两类，分别是：作为劳动资料的自然资源，比如矿藏、森林等，以及作为生活资料的自然资源，比如土地、水源等。马克思认为这两种自然资源在人类社会发展的不同阶段作用大小不同，其自然财富观的形成与绿色发展理念联系紧密。由于马克思认为劳动实践活动是人和自然联系的纽带，认为自然是人生存和发展的前提，人离开自然便无法生存，人类社会的一切关系都以人与自然的关系为基础，因此人必须在实践中在人的生产劳动改造自然的过程中把握人和自然的关系，在劳动为纽带的联系中自然成为人们获取生产资料和生活资料的源泉。人只有通过劳动实践才能对自然规律不断形成深刻的认识，并按照自然规律使自然生态系统发生变化。这说明人改造自然的活动是在一定的生产方式下进行的，生产方式是生产力和生产关系的统一，在生产方式矛盾统一的运动中表现出了生产关系和生产力运动的规律。解放生产力和发展生产力的同时还要保护生产力并尊重自然规律，这是解决人类活动和自然之间冲突的前提，也是实现经济和自然协调发展的前提。

自然界作为人类生存和发展的基础，自然生态的状况与人类自身命运密切相关。人与自然的冲突背后隐含的实质是人与人之间的利益之争。因此，人类与自然要和谐发展就必须先协调人与人的关系。但实现这种协调发展单靠认识是不够的，还要靠实践来实现，也就是要通过我们现有的生产方式以及和这种生产方式联结在一起的整个社会制度的变革才能得以实现。这一观点表明人类与自然是可以和谐共处的，但工业化的生产发展破坏了人与自然之间的协调关系，因此合理地调节人与自然之间物质的变换是实现绿色发展以及人与自然和谐共生的基础。由于人也是自然的一部

---

① 《中国共产党第十九次全国代表大会文件汇编》，北京，人民出版社 2017 年版，第 19 页。

分，因此要像爱护自己身体一样爱护自然界，当人类尊重自然的时候，自然就会造福人类；当人类破坏自然的时候，自然反过来会报复人类，所以从马克思主义来看人应当在和自然的协调过程中求得自己和群体的生存和发展。人类社会的经济系统和自然生态系统协调发展的途径是通过生产工具和技术进步来提高自然资源的利用率，形成人与自然和谐共生的技术基础。生产力发展是调节人和自然协调发展以及改善生产方式的物质基础，同时应当充分认识人与自然的关系，改变人类盲目开发利用自然的行为，使人类的经济活动遵循人与自然和谐共生的变化规律。不以客观自然规律为依据的人类经济计划只能带来灾难，因此人类的经济发展活动既要遵循经济规律又要遵循自然规律，才能免遭自然的报复和环境的约束。尽管人有改造自然的能力，但是这种能力应当受到控制，这种控制应当在经济合理且适合人类本性的途径下展开。实现绿色发展的途径是遵循自然规律和考虑生态环境成本，以低成本的视角出发来开发利用自然资源，这是最有效率也最适合人性的途径。

在发展经济的同时维持良好的生态环境，要求在解放生产力、发展生产力的基础上还要保护生产力的可持续性。以低成本的发展代价来促进经济效益、社会效益和生态效益的统一，在经济转型过程中以新发展理念为指导加强社会主义生态文明建设。这为新时代背景下重新界定财富的概念，在经济转型深化阶段能够更和谐地处理人与自然的关系，以及新时代背景下在全面建设社会主义现代化国家的进程中实现绿色发展提供了实践基础和理论依据。中国在经济转型深化阶段将面临经济转型成本较高的压力，为了走一条低成本的经济现代化转型之路，需要通过控制和分摊成本的途径消解在经济转型中后期持续释放出来的经济转型代价，促进经济转型绩效的稳定增长。接下来的研究将分别从成本控制与成本分摊的角度为设计新时代低成本经济转型的政策提供理论依据，为新时代顺利实现社会公平和经济可持续发展提供政策建议。

## 二、经济转型成本控制的必要性

经济转型成本综合表现为经济转型中各种"非均衡"状况的存在以及由此引起的收入减少和效率损失。这些"非均衡"因素产生的原因和由此引起的经济转型成本及其具体表现在第四章中已经进行过详细的研究和归类，在这里不再赘述。要分析控制经济转型成本的必要性，就首先需要分析经济转型成本存在的不良影响。因此，需要思考的是这些经济转型成本对于中国经济转型的不良影响具体反映在哪些方面，它们是如何影响中国经济转型的绩效以及中国经济转型的协调发展性的？这里将重点分析中国经济转型成本 3 个方面的负面影响。

第一，较高的经济转型成本引起市场运行效率低下，市场秩序混乱。经济转型虽然从根本上可以提高市场的灵活程度，促进社会主义市场经济体制的建立，然而由于中国经济转型中"双轨制"的存在使得建立之初的市场特征较不明显，从而影响了市场调节功能的发挥和市场的运行效率。在经济体制转型的过程中，一方面打破了旧有的计划经济体制，另一方面新的市场经济秩序的确立需要一个过程，制度创新还没有完全实现，这就使得从计划到市场的经济体制转型在其转换的过渡期内会不可避免地出现一些制度缺失并产生一定程度的秩序混乱。虽然"双轨制"保证了在没有完全建立市场秩序的情况下沿用计划体制以保证经济运行，但是在这两种对立的经济运行方式和资源配置模式的交替较量过程中出现的摩擦和冲突都与造成市场秩序混乱的因素有关，长期存在的区域经济转型绩效的明显差异就是这一低效率问题的典型表现。

在统一有序且完善的市场体系及制度安排未完全建立之前，各区域之间仍保持着计划经济体制下的封闭状态，因而区域之间存在着明显的市场分割。这种分割在中国经济转型的实践中又具体表现为沿海与内陆市场的分割，内陆地区中发达区域市场与欠发达区域的市场分割，以及发达与欠发达经济区域各自内部的城市市场与农村市场的分割。市场的封闭和分割是影响市场运行效率最重要的内容之一，它主要通过两个方面的作用影响着市场的秩序和市场的正常运行。市场分割现象一方面导致了各经济区域内部劳动力、资本、技术、信息等要素均无法实现自由流动，制约了生产要素和经济资源在宏观经济社会范围中的优化配置；另一方面，严重的市场分割可能引起地区性行业保护和垄断滋生，当垄断受到来自地区性行政势力的保护时，消费者就会别无选择地为此支付高额的费用，此时垄断组织获取了高额垄断利润，行政组织也因获得相应高额的财政收入而乐意维持垄断。当垄断组织与行政力量相结合时，在分割的市场环境下垄断的程度就会得到维持和进一步加强，其最终的结果是引起寻租行为蔓延和不同行业间的非正当竞争并可能由此造成民众的贫困。无论是要素非自由流动还是垄断都是由于市场分割造成的不良结果，并且造成了市场秩序的混乱和市场运行效率的低下。

第二，较高的经济转型成本加深了社会阶层的利益分化。这表现为经济转型在制度重新设计和重新安排的过程中有意或无意地发挥出调节社会经济利益关系的作用。这种调节作用必然会打破原有的利益结构，影响到不同社会阶层的利益关系。例如在经济转型初期，新体制自身需要一个建立的过程，即制度创新并得到民众认知、接收与适应的过程，在这一过程中如果社会主体阶层对新体制的预期利润低于旧体制的既得收益时，这部分群体可能就会成为经济转型的抵触者，并因此形成相互对立的利益团体，利益博弈过程中利益分配的明显分化会给下一步的经济转型带来较大的阻力。

在中国经济转型的实践过程中国有企业改革最具有这方面内容的特点。计划经济体制下的国有企业其生产和经营受到国家计划的控制，经济所有制为单一的公有制经济，由于计划经济奉行平均主义，其结果是效率低下与社会成员的普遍贫穷。在向市场经济转型和进行国有企业改革的过程中，大多数自身实力较弱、运行效率低的国有企业或被收购或与外资合并或者破产倒闭，在这一转换经营机制的过程中产生了大量下岗失业的劳动者，在相应的社会保障机制仍不健全的情况下他们由于失去工作而缺少收入，生活质量和社会地位大幅下降，经济状况的恶化可能引致其成为威胁社会安定和影响经济转型绩效的潜在动因。与此同时，国家对于重组后的大中型国有企业采取补贴的方式弥补其亏损，并且国有企业在银行的不良贷款也由国家偿付，国家还承担着对企业职工的社会保障职责，这些因素在一定程度上制约了市场配置资源的决定性作用，更重要的是这也加重了国家财政的负担。而对于国有企业自身来说，经济转型使得多种所有制经济并存，国家采取"抓大放小"的宏观调控政策，此后国有企业开始面临日益激烈的市场竞争，受制于价值规律的作用，企业开始成长为独立的经济主体参与到优胜劣汰的竞争当中。由此可以得知在过去改革开放40年的经济转型中，国家、集体、个人在经济转型的进程中逐渐成长为较之前更为独立的利益主体，三者在总体目标一致的前提下各自也成为利益的代表者和分享者。这种触动各阶层既得利益的经济转型为激励经济增长、活跃市场经济作出了显著贡献，但同时由此产生的利益分化也应当引起重视。例如在社会和国家受益的背景下，那些因经济转型而被淘汰的群体成为低收入者，在社会保障制度暂时不健全的情形中这部分成员没有成为经济转型成果的分享者，而成为经济转型成本主要的支付者和承担者，从整体上引起了经济转型的公平性损益问题，若不及时改变这样的状况无疑将加深各方之间的利益冲突且损害社会公平正义。

　　第三，增加的经济转型成本抑制了缩小收入差距的空间，加剧了分配的不公平性。经济转型以提高经济效益为目标，但是随着经济效益的实现出现日益严重的收入分配差距问题。经济在区域、产业、结构、体制等方面的非均衡性导致了先富与后富的差别，沿海与内地、城市与农村、工业与农业的差别均反映在各经济系统内部成员的经济收入上，从而加深了利益冲突和与公平性损失有关的矛盾。其主要原因在于：首先，市场化改革后的企业成为市场主体其经济效益表现出明显的差别，尤其是那些处在生产领域中的国有企业其初次分配在微观范围内表现为员工工资高低的差别，在宏观上就反映为企业间收入分配的差距，随着竞争的日益激烈这种差别必然更加显著；其次，公有制为主体多种所有制并存的格局导致了收入来源的多元化，另外当技术、管理、信息、资本等要素也参与分配时，社会各阶层劳动者的收入差距就会进一步扩大；最后，经济转型期和城市化快速发展阶段出现土地流转过程中的土地滥用情况引起了一些失地农民的利益损失从而加剧了城乡收入差距，城乡收入差距显著也成为影响城乡矛盾的重要因素之一。除了反映贫富差别的收入差距扩大之外，分配领域中其他因素的变动也是影响社会非公平性效率损失的重要原因。例如公共产品和公共资源的分配不平衡问题，教育资源享有的非公平性问题以及接受医疗服务权利的不公平性问题等。这些分配领域的不公平现象直接导致了贫富差距拉大，并且导致社会中因要素所有权垄断从而抑制了创新发生的机会和可能性。这些不公平现象既是经济转型成本的直接体现，又是引起经济转型绩效改善的现实障碍，并在长远的经济发展中抑制内生的技术创新。因此，这些矛盾引发的不充分不均衡问题及导致的效率损失如果得不到及时矫正和制约，将使经济转型绩效在未来出现下降的潜在风险。

　　综上所述，经济转型成本在所难免，其对于转型经济体而言有着现实的客观必然性。然而，对其若视之不见又不加控制，那么由此引发的市场秩序混乱、利益分化、分配不公平以及腐败等问题就会更加严重，将增加对经济转型绩效持续改善的影响甚至引起社会不稳定因素的出现，这对进入中后期阶段的经济转型将是一种严重的打击。因此，应当清醒地认识到所有的经济转型成本都有可能成为转型新阶段的不协调和不充分发展的因素，要保证经济转型在未来依然朝着较高的绩效水平推进，维护社会和谐和经济可持续发展，就需要设计合理且有效率的经济转型政策，以政策引导来调控经济转型的成本，推动中国经济走向一条低成本的转型之路。

### 三、经济转型成本控制的目标

如前所述在向市场经济体制转型的过程中，转型经济体如果能够为经济转型创造有利的条件，提高在经济转型 4 个方面中的收益并同时控制好相应的经济转型成本，那么该经济体的经济转型综合绩效就能够得到持续的改善。由于经济转型成本引起的资源配置不均及其效率低下的状态，导致市场经济出现秩序混乱、社会权利分化和经济收益分配不公平等一系列不良结果。因此，在向市场经济转型的中后期阶段，国家需要为经济转型的深化和实现经济转型绩效的改善创造条件，同时为在原先较高的经济转型成本下出现的各种困境寻找出路，从而为有效地降低经济转型成本对经济绩效的干扰提供解决的路径，以便找到一条低成本的经济转型路径来实现经济转型和社会发展的最终目标。由此可见，如何有效地控制经济转型成本并且尽量减少甚至消除不必要的费用支出和效率损失，更好地实现资源的优化配置，促使逐渐升高的经济转型成本朝向"倒 U"形的方向演化，这是控制经济转型成本的总体目标。

通过之前对中国经济转型成本变动趋势的研究发现，中国经济转型成本呈现前低后高并逐渐升高的总体趋势。然而，4 个方面的经济转型成本其各自的变动趋势却有所不同。其中体制转型成本和结构转型成本比较高，其变动影响了总的经济转型成本综合指数的变动趋势，然而在经济转型进入后期阶段时这两方面的成本均表现出平稳变动和下降的趋势并引起经济转型成本的下降，这使得经济转型成本有朝"倒 U"形方向演化的可能。但是，关于经济发展方式转型成本和经济全球化转型成本的研究却影响着这种可能性在当前和未来经济转型中的发展趋势。这两种经济转型成本的指数值虽然整体较小，在经济转型的前期和中期的变动也较为平缓，然而却在中后期表现为显著且快速上升的趋势，这意味着它们可能会对经济转型成本乃至经济转型绩效在中后期的变动趋势产生明显的干扰。这一实证分析结果对当前和未来的经济转型具有重要的现实意义，这意味着如果对经济转型成本的控制不理想那么可能出现经济发展方式转型成本和经济全球化转型成本的上升超过经济体制转型成本和经济结构转型成本的下降，最终抬升总体的经济转型成本，并影响综合经济转型绩效的提高。若这一结果成为现实必将加大深入推进经济体制转型的阻力，严重影响中国经济转型绩效的综合水平和未来变动，反映在现实经济生活中则表现为难以实现经济转型的阶段性目标。因此，当中国进入经济转型的关键历史时期后，控制经济转型成本的重点应当放在控制经济发展方式转型成本和经济全球化转型成本提升的方面，努力促进经济发展方式由粗放型向集约型的转变，促进中国市场向更加开放的全球化市场转型。对于呈现下降趋势的经济体制转型成本和结构转型成本，应当在继续深化转型的背景下，在促进市场的完善和提高市场化程度上多下功夫。同时通过经济结构调整，促进产业结构优化升级，以新型工业化道路引导经济结构由二元向一元转化，保持经济体制转型和结构转型成本的下降趋势。由此，可以得出在总体目标的约束下，转型深化阶段控制经济转型成本的具体目标为着重抑制经济发展方式转型成本和全球化转型成本的抬升，同时继续深化体制转型和结构转型，进一步引导经济体制转型成本和经济结构转型成本的下降趋势。

构建低成本的经济转型之路是中国在进入转型深化阶段时需要寻找并坚持的经济转型模式。实现低成本转型的目标主要靠的是适度合理的制度安排，这需要通过综合各种治理成本的转型措施来实现以较小成本成功过渡到社会主义市场经济体制的最终目标。无论是促使经济转型成本朝向"倒 U"形方向演化的总体目标，还是各种具体目标都是在建立成熟完善的中国特色社会主义市场经济体制这一根本目标下对以往累积的经济转型成本进行控制，这 3 个层次的目标在本质上具有一致性。在经济转型前期隐藏的经济转型成本在经济转型进入中后期时突然升高，控制经济转型成本已经成为社会经济生活中不容忽视的重要任务，统筹好 3 个层次上有关经济转型成本控制的目标，有利于减小经济转型的阻力，帮助促进构建协调可持续发展的中国经济转型道路。

## 四、经济转型成本控制的原则

控制经济转型成本要求在中国渐进式经济转型的路径下，充分了解经济转型成本产生的原因和变动趋势，合理地处置经济转型过程中的成本问题。这意味着控制经济转型成本，一方面要求对经济转型成本的存在和由此导致的转型困境引起足够的重视，另一方面要求合理地处置并消减经济转型成本，这关系和影响着中后期经济转型的成败和经济转型绩效的表现。因为如果经济转型成本问题解决不好，将可能在宏观经济层面导致经济进入持续的下行周期，从而使得经济社会面临前所未有的危机。控制经济转型成本势在必行而且是不可回避的重要论题之一，这里就对削减和处置经济转型成本的具体原则作出必要的规范。

控制经济转型成本并不是要一味地将经济转型成本降到最低程度即为

最好，削减和处置经济转型成本应当有其适度合理的范围，这要求在控制经济转型成本的同时还应当符合以下 3 个方面的原则。

第一，遵循经济效益原则。从结果上考虑经济转型成本控制的目的是削减和化解已经出现的经济转型成本，然而成本控制本身也需要花费一定的费用甚至引起一定程度的效率损失，这也就是说开展经济转型成本控制本身也存在着一个调控的成本。当成本控制的主体为了削减和化解已经出现的经济转型成本而采取行动所需要支付的代价和费用小于经济转型成本时，即削减经济转型成本而取得的收益足以弥补或者显著高于治理成本而花费的费用时，经济转型成本的控制行动就是有效率的，这便是控制经济转型成本需要遵循的首要原则即经济效益原则。它要求对经济转型成本的控制应当着眼于实际情况，灵活运用各种策略，节约经济资源的使用，以较低的消耗和有效的治理换取更多良好和正向的成果，确保经济转型成本控制的有效性。

第二，过程控制原则。经济转型其本身是一个动态变化的过程，不确定性是经济转型的一个明显特征。然而，这并非意味着未来的经济转型无法把握。相反，经济转型中经济行为的主体可以根据对已有信息的认知来调整自己的理性预期，判断未来经济转型的方向和变动特点。这是说明在市场经济中从事经济活动的行为主体具有理性预期的能力，经济转型成本控制的主体也可以在充分认识经济转型成本变动趋势的基础上采用相似的方法或借助科学的工具对经济转型成本控制的内容作出明确具体的设计和规划，通过每个阶段经济转型的主要矛盾和任务来选择和设计控制经济转型成本的目标。同时，应当注意根据经济转型的实际情况及时调整经济转型成本控制的措施，这也是过程控制原则的重要内容之一。

第三，全面控制原则。在本书的研究中都将经济转型成本归为经济体制转型、经济结构转型、经济发展方式转型和经济全球化转型 4 个方面的成本，它们各自的变动最终综合作用于经济转型的全过程并引起经济转型成本的阶段性波动。全面控制原则是指对经济转型成本实施的总体控制原则，总体是指对引起经济转型成本生成的全部费用支出和效率损失要加以控制，对 4 类经济转型成本的每一类都进行关注和控制，并且对于每种经济转型成本其内部的构成中不仅对经常变动的成本部分要进行控制，对较为固定成本也要进行控制。全面控制能够较为详细缜密地观察和预测经济转型成本的变动趋势，并能够寻找到经济转型成本的生成源头，这对发现经济转型成本变动的新趋势，强化经济转型成本控制的针对性都有重要意义。

## 五、经济转型成本控制的方式

在控制经济转型成本的具体操作中，控制的手段和方法可以有所不同，本书将经济转型成本控制的手段归纳为以下两种方式：第一，绝对控制是以降低经济转型成本支出的绝对额为主要的控制手段；第二，相对控制是指在考虑经济转型各方面成本变动关系的基础上，采用比较的方法，以求实现收益的增长和成本的相对节约。

这两种成本控制的手段既有相同之处又有着各自的特点，相同之处在于这两种成本控制的方式都以降低经济转型成本为根本宗旨。然而，绝对控制的方式以经济转型成本在数量上的绝对削减为衡量控制成功与否的唯一标准，难免缺乏灵活性。与此对应的是相对控制的手段则是在统筹各方面影响因素的基础上，采用成本和收益的比较原则而进行的。这种控制手段更加关注经济转型成本各方面相互关系的变动和成本收益的综合对比，以节约成本换取较高收益的原则为出发点，它强调的是对经济转型成本控制的效率，因此较单一的总量控制更加实用而有效。

相对成本控制的思路与本书对中国经济转型绩效研究选取的成本—收益分析方法相吻合。运用相对控制的原理和方法对中国经济转型成本进行控制管理的过程中，除了要求达到降低经济转型成本的总体目标，还要求关注经济转型成本内部 4 种成本变动的特征，以及其之间的相互关系，尤其需要从宏观视角上考察在成本控制的过程中，经济转型成本相对于经济转型收益的变化关系。这是因为削减经济转型成本的有效性取决于经济转型收益是否得到提高。如果经济转型成本下降而经济转型收益也下降，且前者下降的程度较后者更为剧烈，这时虽然降低了经济转型成本的总量，但同时也使经济转型的绩效在实际上有所下降，这也意味着没有实现对经济转型成本的有效控制。例如研究结果显示经济转型中后期成本控制的重点在于经济发展方式转型成本和经济全球化转型成本两个方面，同时要求经济体制转型成本和经济结构转型成本在保持现有水平的基础上通过优化经济结构和深化体制改革使得这两方面的成本也能有所下降。但是当经济转型成本的削减主要来源于经济体制转型和经济结构转型成本的下降时，经济发展方式转型成本和经济全球化转型成本则呈现继续上升的趋势，并不能武断地认为对经济转型成本的削减实现了有效控制。事实上恰恰相反，这正说明了对于经济转型成本的控制应当适时地调整控制的方向，关注具体的各类经济转型成本变动的趋势。就当前和未来而言，经济转型成本还存在更宽的下降空间，因此根据客观情况选取合理的控制手段有助于加强对于经济转型成本控制的有效性和合理性。

## 第二节　合理分摊经济转型成本

基于成本—收益比较研究的视角来探讨经济转型绩效的优劣是这个研究的出发点，这可视为经济转型绩效评价第一层次的内容。经济转型成本在一定的情况下是否得到合理分摊则是改善经济转型绩效第二层次的内容。成本收益比较分析的是宏观层面的经济转型绩效，而经济转型成本是否合理分摊的问题则是从参与经济转型的经济行为个体出发来对经济转型作出的微观层面的绩效改善。

### 一、经济转型成本分摊的特点

经济转型必然带来一定的经济成本，然而经济转型成本是否得到合理的分摊是决定后期经济转型能否继续顺利推进并实现经济转型目标的关键。若经济转型成本分摊不甚合理将给一个转型经济体带来包括社会风险和政治风险在内的一系列的隐患。因此，了解目前的经济转型分摊的机制与特点对于未来经济转型绩效的改善十分重要。在分析经济转型成本分摊问题之前，首先应当认识那些可能引起经济转型成本分摊的相关合理性因素。

经济转型成本分摊其实是经济转型代价的转嫁和承受问题，与经济社会系统中的公平性密切相关。如果经济转型带来的实惠只能为少数社会阶层等既得利益集团所获，而经济转型的成本却由占社会绝大比重的普通民众承担，当这种状态得以发生并延续时就会减弱民众对经济转型成本承受的意愿和包容能力，这将导致经济转型在向中后期转型深化的过程中难以得到民众的支持，使得经济社会的不公平性加剧并将最终影响经济转型绩效的改进。因此，本书将分析从改革开放以来中国经济转型成本分摊的特点，并进一步对经济转型成本的合理分摊问题进行讨论。

一是经济转型成本分摊呈现前期小后期逐渐增大的特点。首先，渐进式经济转型是从难度小、成本低、易见效的领域开始的，经济转型初期计划经济体制下的国有经济改革难度较大，经济体制转型始发于计划经济控制较为薄弱的农村集体经济。家庭联产承包责任制调动了农户生产经营的积极性，因农业部门取得的成效显著而将这种制度创新开始在其他部门迅速推广。同时，政府鼓励发展部分非公有制经济成分并使其成为构建社会主义市场经济体制的重要微观经济基础，在分配领域中也出现了与非公有制相适应的多种分配方式，这些来自所有制结构和分配方式的变革大大改善了宏观经济效率。这使得中国的经济转型在一开始就表现出迅速增长的经济转型收益和较低的经济转型成本，因而经济转型的综合绩效增长显著。当经济转型进入中期阶段后经济社会累积了较充足的物质基础，经济实力也大幅提升，使得宏观经济能够承担更大的经济转型成本，此时国家让权放利的国有企业改革才逐渐开始，20 世纪 90 年代在政府主导下建立现代企业制度，改革国有企业的经营机制不但没有对同期的经济增长产生严重持久的负面印象，反而成为激励后期经济绩效继续提升的动力。因此，中国经济转型在初期和中期遵循从易到难，步步深入的渐进式改革路径，摸着石头过河的实践在这一时期也稳妥有序。

其次，渐进式经济转型以新旧体制兼容的制度安排减小了经济转型发生之初的利益矛盾和摩擦，降低了前期经济转型的成本，使得经济转型能够得到广大社会成员的支持。新旧体制的并存必然带来一定的利益冲突，然而相比新旧体制急速更迭而带来的利益摩擦和不适应性并存的影响更小。这是因为双轨制的过渡性制度安排能够为新制度建立和推广提供一个缓冲期，民众对新制度的认可、接受、适应和预期也将在这一过渡期内形成。当新制度的示范效应得到不断积累和扩大后，旧制度将以较小的"阵痛"逐渐被新制度所取代，从而降低前期与中期经济转型的成本，并且为后期的经济转型铺平了道路。

最后，从增量到存量的梯度改革有利于减少前期经济转型的阻力。针对资源配置方式的转型首先是从资产的增量开始的，对新增资产率先引入市场机制作为资源配置的手段，到一定阶段后再对原有的存量资产实行市场调节。增量调节的方式对原有的利益集团触动较小，有利于经济结构调整和新体制的逐步建立，因而提高了经济转型在前期的宏观经济绩效，减少了前期的经济转型阻力。

以上的分析显示，渐进式经济转型是一种由表及里的经济转型路径，通过先易后难、由点到面、新旧兼容和增量改革的方式，以较小的成本换取了较高的收益并逐步建立起中国特色社会主义市场经济体制。在中国经济转型之初，渐进式转型模式给新体制的建立和运行提供了一定的发育和成长空间，同时也使民众对新体制有了逐步认识和接受的过程，并且在这一过程中较好地协调了各阶层的宏观经济利益，使得经济转型表现出较高的收益和较低的成本，推动了经济转型预期利润的上升。这些积极作用都为中后期经济转型的深化和经济转型绩效可持续改进提供了保障。

　　然而，也应当看到渐进式经济转型在成本摊销的过程中，同样存在着一定的负面影响。根据第四章实证研究的结果显示，中国经济转型成本的变动呈现前低后高的总体趋势，这是因为渐进式经济转型使得成本的摊销逐渐后推所引起的。渐进式经济转型使得经济转型过程中许多隐藏的矛盾和冲突出现了时间上的后推，所以经济转型初期的成本总体较小。但是，这些被隐藏的矛盾和问题并没有自行消解而是将在经济转型深化阶段得到释放并被要求清算，因此经济转型成本在中期逐渐上升并在后期表现出激增的趋势。如此经济转型成本在时间上的非均衡分摊和后期激增的经济转型成本无疑将给进入中后期的经济转型带来强大的阻力，增加了经济转型的难度。因此，应当充分认识到经济转型深化阶段面临的艰巨任务和挑战，解决好经济转型进入中后期的成本分摊问题。

　　二是经济转型成本的分摊在微观承受主体上呈现非对称性的特点。在经济转型的过程中，随着技术进步、社会分工的发展和机器大工业的产生，逐渐出现了城市的现代工业部门，从而形成了二元经济结构。在中国经济转型的历史轨迹中，二元经济结构一直是其根本性特征。二元经济结构的长期存在和延续，特别是城乡差距不断扩大，加重了农业部门的微观经济行为主体对经济转型成本的负担。传统农业部门的长期落后，使得农业的生产规模较小、技术水平不高、资金积累较少和农业收入低下，阻碍了农业的现代化进程。劳动者在利益的驱动下，会过度地流向收入水平较高的城市和地区，这对于农村经济而言会造成发展潜力的萎缩，因此导致的效率损失仍主要为农业人口自身所承担。同时，在二元经济结构背景下，城市工业化进程也受到了一定的阻碍。由于农业是工业的基础，落后的传统农业会影响为工业发展提供粮食、原料、副产品、市场等作用的发挥，造成物价上涨、就业困难、公用设施不足、住房紧张等社会性问题，从而不利于城市现代经济的发展，而社会秩序失序等问题引发的经济成本主要也由城市中的普通民众所承担。在中国经济转型的进程中，农村支持城市、农业支持工业的发展战略以及由此形成的二元经济结构造成了社会经济发展中的深层次矛盾和困难，然而相应而生的这部分经济转型成本却由处于弱势群体的农民和普通城市工薪阶层所承担，受益与成本负担双方表现出显著的非对称性特点，经济转型成本在微观经济主体上的分摊存在较大的改善空间。

此外，资源环境使用的成本分摊问题在承担主体上也表现出类似特点。作为一个发展中的社会主义国家，随着经济转型进程的加快，工业化和现代化进程也在加快，造成的环境问题也日渐突出。虽然中国在环境保护方面做了大量的工作但仍然存在相当严重的环境问题，大气和河流的污染、噪声的干扰、废弃物的堆存和水土流失及沙漠化现象都十分严重。然而，这部分环境成本主要由作为资源环境供给者的西部地区所承担，资源环境成本的负外部性作用已经严重地影响了西部地区的经济转型绩效，资源充裕的西部地区一方面不遗余力地向发达地区输出资源物品，另一方面受粗放型经济发展模式的制约，在生产过程中又出现严重的浪费和低效率状况，由于缺乏对应的利益补偿机制，西部地区既难以公平分享经济转型的成果，又要承受来自本就脆弱的生态环境的威胁。这种突出的非对称性矛盾在经济转型深化阶段应当引起重视并着力化解，这就要求在社会主义经济转型的建设过程中应当注重保护资源环境的发展模式，以可持续性发展战略为指导，正确协调和处理经济转型收益的获得与成本承担之间的利益分配关系，建立健全西部地区资源环境代价的利益补偿机制，促进经济转型成本在微观经济主体间的对称分摊，为经济的可持续发展和转型创造条件。

综上所述，中国经济转型成本的分摊特点与渐进式经济转型路径密切相关。一方面，在渐进式经济转型模式下，经济转型成本的分摊在时间上呈现前低后高的特点，这一特点既为前期和中期经济转型的顺利实施及推进作出了贡献，同时不断激升的经济转型成本又给中后期的经济转型带来了困难和挑战；另一方面，经济转型成本分摊主体的非对称特点反映出经济转型成本在受益与承担的分摊上表现出的非公平问题，建立促进经济转型成本在分摊上的公平性制度安排对后期经济转型的顺利推进和深化转型起着十分重要的作用。

## 二、经济转型成本合理分摊的原则

在经济转型向中后期推进的过程中，合理摊销经济转型成本对于提高经济转型绩效的作用至关重要。建立高效的经济转型成本分摊机制可以对经济转型成本在时间上的摊销以及经济转型受益与成本支付者的利益关系及行为进行调整，进而通过经济转型成本的变动，达到提高经济转型绩效的目的，是促进经济转型非均衡性朝"帕累托改进"的重要内容之一，设计经济转型成本合理分摊的制度安排应当符合以下 3 个方面的原则要求。

第一，公平性原则。经济转型成本的分摊涉及成本摊入和成本摊出两方面的主体。公平性原则就是要使得经济转型成本的分摊为两方面主体均能承受，这是将经济转型成本合理地分摊至对应的成本对象上的一项根本原则。这一原则强调的是经济转型成本在分摊方法上的合理性与公平性，具体地说主要由谁受益谁分摊的根本宗旨来引导。正如上述分析中提到的那样，现阶段经济转型成本分摊在微观受摊主体方面表现为非对称的特点，其实质就是经济转型成本的分摊缺乏公平性。在地域性和主体性方面的公平分摊均有待引起广泛的重视和关注，这两方面问题的妥善解决是中后期经济转型所需要面对的具有挑战性的课题之一。同时，经济转型成本合理分摊还应综合考虑摊入方对经济转型成本的承受能力，若摊入方自身经济实力较弱，经济发展还不十分成熟，一味地承担经济转型成本只能增加其经济转型的负担，最终依然会影响经济转型绩效的改善。因此，政府应当设计出一套与成本分摊相对应的致力于实现公平的成本分摊机制，通过财政政策的扶持与优惠，降低摊入方的成本分摊负担，提高微观行为主体的经济效益。

第二，经济性原则。经济转型成本能够以一种经济可行的方式被分摊，这是确保经济转型绩效的充要条件。对经济转型成本分摊涉及的各利益主体的受益权应有合理的、可计量的预期收益。这一原则要求经济转型成本能够以一种经济可行的方式被分摊。经济转型成本是在改革开放 40 年来经济转型过程中累积的结果，不能由一次性分摊来消除，只能采取逐步分摊的方式进行。由于涉及的分配基础较多，不同类型的经济转型成本与分摊方式的关系较为复杂，因此要对不同经济转型成本作出分摊次序的划分。对于上文研究中提到的由渐进式转型方式累积下来而在中后期转型深化阶段激升的那部分经济转型成本应当尽快建立分摊制度，不能再任其向后推延；而对于发生于转型深化阶段由新制度变迁引起的经济转型成本则可以按照成本收益原则，建立与之相适应的制度规范来约束。

第三，对等性原则。这里的对等性原则实际上是指经济转型成本的支付与受益在时间总体上的匹配程度不应当相差太大，这是对经济转型成本总量在时间上的分摊而言。改革开放以来，中国经济转型成本的分摊在整个制度变迁的时间范围中呈现前期低后期急剧升高的态势，这种态势反映出中国经济转型成本的支付与经济转型收益的获得在时间上存在不相对等的情况。虽然支付了一定经济转型成本而获取的经济转型收益经常出现滞于其后的情况，但是应当促进改善经济转型成本支付与获得收益权利在时间上的一致性问题，即需要符合当期支付当期受益的原则。

### 三、经济转型成本合理分摊的方法

经济转型成本分摊的方法具体可以分为以下 3 个方面的内容。

第一，加入支付法，即参与获得经济转型收益的主体应当根据其经济转型受益的程度对已获得的收益成果进行合理的费用支付，或者承担其所获收益对等的成本分摊的责任，这种补偿的方法可以用以矫正经济的外部性问题。

第二，阶段反哺法，即参与分享经济转型收益的原受益方享有较长时期的收益而未承担分摊成本的责任时，应当在受益者累积增加进入经济福利改进阶段时对经济利益受损者和经济转型成本的主要负担者进行一定程度的经济利益补偿，并承担相应的经济转型成本以及其分摊职责。例如二元经济结构背景下形成了城乡割裂、工农分割的局面，城市经济飞速朝向工业化和现代化方向大步迈进，而广大农村总体的经济水平仍然较为落后，农民承担了较重的经济转型成本。此时，当城市和工业经济发达起来之后应适当地对农村和农业进行反哺，减轻农村和农民承担的转型代价，促进经济朝着均衡发展的方向转型。在目前经济转型深化的进程中，经济转型不可避免地产生一系列的经济转型成本，其变动趋势呈现总体上升的态势，这部分经济转型成本如果不加控制必将演化成新时代社会发展不协调的因素。因此，若要在中后期的经济转型中减少发展不协调的因素并顺利实现其协调发展，就需要通过合理的制度安排和正确的经济转型政策来降低经济转型成本。

第三，动态均衡法，低成本的经济转型是指国家在一定时期内通过综合实施各种转型措施以较小的代价成功实现经济转型目标的过程。如前所述，合理分摊经济转型成本的发生本身就需要支付一定的成本，承认经济转型成本存在的客观必然性是正确理解低成本经济转型路径的前提。在这一基础之上，要注意以下 3 个方面的内容。首先，在分摊经济转型成本的机制设计与实施过程中，该支付的成本无法回避，需要运用比较分析的原则和长远预期收益作为衡量政策有效性的标准，因此并不能将低成本的经济转型路径片面地理解为成本越低越好，应当将"低成本"纳入动态立体的空间中进行定义。其次，经济转型成本分摊的机制设计的重点在于合理地明确成本分摊的主体，这是构建协调发展经济转型之路的核心内容。经济转型成本是否能够合理地分摊给相应的利益主体，是能否公平地使社会各利益团体承担经济转型的代价的重要决定因素。将收益主体与成本分摊主体综合起来作为确定经济转型成本分摊的准则，将有利于促进经济转型成本的合理分摊和社会公平，从而为实现低成本的协调发展提供保证。最后，作为合理分摊保障的利益补偿机制的设计和实施必须注意处理好公平与效率的关系，使更多的人能够分享到经济转型的成果，并以实现增进民生福祉作为政策设计的长远目标。

## 第三节　低成本经济转型的制度安排

### 一、构建低成本经济转型的伦理准则

低成本经济转型需要创新经济转型理念的指导，同时也需要在设计具体制度时遵循经济伦理和社会正义的原则，其将引导经济转型的实践，使经济伦理与科学实证追求的目标达成一致。一方面，世界各国经济发展的历史证明一味地追求经济增长速度和经济体量的扩张而任意使用自然资源并破坏生态环境并不能满足社会经济可持续发展的需要，这样的短期经济行为形成的经济系统不能被称为有效率的。另一方面，分配领域中绝对的平均化分配也并不是公平，经济转型虽然应该为足够的人均财富而努力，也应对其进行有效的维护和配置并保证公正合理的分配，以确保在较长时间周期里绝大多数的人能够维持这种经济收益并因此提高生活水平。这意味着对公平的理解和界定对妥善解决这个问题尤为重要，对发展中国家而言人均财富的最大化并不是目标，而人均财富足够才是最终目标。这是因为优越的物质生活不仅需要人通过经济活动来创造新的财富，也需要保护维持未来经济发展所持续需要的自然资本。财富最大化是随着时间流逝在生活中累积的足够多的财富数量总额，如果同一时间内经济产出持续超过潜在产出水平将导致生产要素和资源被过度使用，从而超过和损坏了自然的承载能力，这将导致接下来的时间里用于产出投入的可用生产要素的数量减少或者边际生产率进入报酬递减的区间。因此，合理的物质财富生产目标以及公平的分配制度应当是在财富足够而非最大化的前提下设计与安排的。而且对转型经济体而言，产生不平等的收益分配是客观结果，公平正义并不意味着所有人的财富都相等。但是在资源和生产要素的占有和使

用方面，目前的不平等程度已经超过了经济激励需要的程度，这一结果引发的公平性损益将是低成本经济转型要通过制度安排完善规制的对象。

在研究将有限不平等原则作为经济转型中的伦理准则被接受的时候，任何一个既定的自然资源规模能够达到的最大生产可能性边界是由使用时的技术水平决定的。例如当我们选择较多的经济行为参与主体但消耗较少的单位资源数量，或较少的主体消耗较多的单位资源数量，这两种情况是对不同意义上"足够好"的不同选择，第二种选择引起的粗放型经济发展方式使得连续的产出增长将以较高资源能耗为代价。这一模式的风险在于以破坏一国自然资源和环境的承载能力将影响当前和未来支持产出增长的生产力进步，就会引发这样一种悲剧：不得不以牺牲未来可持续发展的动力来维持当前财富快速增长，而过度的环境破坏和能源消耗则完全是违背经济伦理原则的不理性行为。这说明在经济转型过程中追求经济社会的物质财富增长是受到资源约束的，无代价的经济发展无异于天方夜谭，但应当遵循有限不平等条件下的适度原则。这样的有限不平等原则有利于推动经济行为主体从追求经济高速增长向高质量增长的转变，并且通过趋近稳态来消解经济发展方式在经济伦理上的缺失。环境价值的界定是从以人的需要为中心而展开的，萨戈夫认为经济行为主体应当从社会观点来考虑环境问题。[1] 当生产力进步达到以质量性改进为基础并且能够从同样的资源流中获得更多福利的程度时，对于经济增长就没有明显的限制了。但没有理由证明这种经济增长的成果可以被不平等地分享，因此应该有一个关于平等的概念来提供资源使用和收益分配的价值观判断基础。

马克思在研究资本主义生产方式的过程中目睹了资本主义大工业造成的一系列生态破坏现象，从而提出了"人化的自然"和"自然的人化"，在此基础上他认为人是自然的一部分，应当在遵循人、社会、自然的内在联系和基本规律的基础上开展社会生产活动，这构成了马克思生态经济的思想内涵。在《1844 年经济学哲学手稿》中马克思认为人有两种属性分别是自然属性和社会属性，"人本身是自然界的产物，是在自己所处的环境中并且和这个环境一起发展起来的"[2]。这一观点说明人对自然有本源的依赖性，自然也制约着人的存在和发展，人不能脱离自然独立存在。同时人又是社会经济人，在一定的社会生产活动中构建了与他人的经济关系即

① Sagogg M: *The Economy of the Earth*, American Political Science Association, 1989(2).
② 《马克思恩格斯选集》第三卷，北京，人民出版社 2012 年版，第 410 页。

生产关系。这两种属性相互统一、相互制约，人类与生态环境是息息相关的，因此在经济活动中既要实现经济发展的目的，又要遵循自然规律的要求，并在这两重约束下改造生产力。马克思生态经济思想中包含的物质循环观念解释了整个经济系统里无时无刻不在发生的物质流动和能量转化，形成了经济和生态系统的总循环即生态经济系统。在对资本主义经济运行机制进行批判的过程中他指出，这种生产"肆无忌惮地迫使人类去为生产而生产，从而去发展社会生产力，去创造生产的物质条件"[①]，他严厉批判了这种以物为本的经济运行机制，认为其不但对人产生了压迫和剥夺也对生态环境造成了绝对的破坏。为了促进整个系统的协调和可持续运行，要将生产中排放的废水、废气和固体废物进行合理的处理，等到分解以后再排放到自然中，这样能更好地促使生态经济系统自身的包容与净化能力，只有建立在良性循环基础上的经济生产活动才能进一步提高生态系统的产出效率。马克思的经济生态思想给中国经济发展方式转型提供了理论依据，遵循生态物质循环的规律，践行经济和生态有机互动的共生原则，能够较好地化解因生态失调而产生的经济转型成本。

　　中国在改革开放 40 年的经济转型中固然创造了经济增长的奇迹，但也绝不能走资本主义的老路，应当在马克思主义的指导下发挥中国特色社会主义制度的优越性，在物质生产方式和生产关系中超越资本主义，进而使得在经济转型的过程中一方面保护了自然资本，另一方面改善了人的境况，这是对马克思主义最高价值追求，即实现人的自由而全面发展的践行。马克思的经济生态思想深刻揭示了节约资源、减少污染、清洁生产等特点的循环经济是缓解人与自然关系、促进人与自然之间物质能量守恒的重要途径，转变经济发展方式促进循环经济的应用有利于兼顾经济转型中的经济效益、生态效益和社会效益，有利于推动中国经济发展方式的转变，对解决资源约束和提高中后期经济转型的绩效具有指导意义。马克思的经济生态思想对于现阶段中国经济转型的实践具有重要的现实意义，它说明了生产力的发展依赖于自然的馈赠，经济生产活动应当建立在生产力可持续发展的基础上，实践中应当重视经济发展和生态保护之间的关系。在从事生产活动时要遵循生态经济发展规律，主动调整经济主体的行为，推动自然—经济社会系统良性循环，增强生态环境的自我更新和修复能力，维持自然资源持续供给和经济的动态平衡。

---

　　① 《马克思恩格斯选集》第二卷，北京，人民出版社 2012 年版，第 267 页。

　　在中国面向现代化的经济转型中绝不能依靠资本逻辑自发地解决环境和生态问题。环境的库兹涅茨曲线并不会自动地降下来，如果不重视解决环境污染和生态破坏的问题，那么经济发展仍将对以往高能耗的方式表现出强烈的路径依赖，给经济转型绩效改进和经济发展方式转型带来现实困境。习近平总书记指出："保护生态环境就是保护生产力，改善生态环境就是发展生产力。"[①]生态环境问题归根到底是经济发展方式问题，解决这一问题的核心在于为提高生活质量和实现经济发展提供所需的高质量资源环境，经济发展方式导致的污染和环境破坏问题具有不可逆性因而不能用试错的方法解决。如果绝对地依赖资本逻辑下市场经济自发调节的作用，其结果也将面临负外部性带来的市场失灵而使未来的经济转型面临不确定性。中国经济发展进入新常态，在应对自然资源约束趋紧和生态环境恶化的现实挑战时，习近平总书记指出要把生态文明建设融入经济建设、政治建设、文化建设、社会建设各方面和全过程，强调"要正确处理好经济发展同生态环境保护的关系，牢固树立保护生态环境就是保护生产力、改善生态环境就是发展生产力的理念"[②]。这是对中国目前经济发展现状所作的准确判断，也是对自然生态环境保护可能带来的生态效益的重视。在今后的经济转型实践中着重将节能减排作为创新工业发展的核心要求，以此倒逼技术进步和产业结构优化升级，尽可能达到发展循环经济、降低能耗的目标，形成减量化、再利用的新型经济生产方式，提高资源利用的边际效益。综上所述，中国在未来经济转型和发展方式深刻变革的过程中，需要从多方面努力更好地改善生态和环境质量，从而为未来的经济转型创造潜在的收益。

## 二、低成本经济转型的正式制度设计

### （一）理顺分配关系，建立公平的利益补偿机制

　　建立适时合理的利益补偿机制对于降低经济转型成本至关重要。经济转型中面临的矛盾需要及时化解，否则由此产生的矛盾和冲突会增加经济转型的风险并可能降低经济转型的绩效，阻碍经济转型的深化。这就要求为在经济转型期内因承受非公平经济转型成本的利益受损者建立利益补偿

---

　　① 中共中央文献研究室编：《习近平关于社会主义生态文明建设论述摘编》，北京，中央文献出版社 2017 年版，第 4 页。

　　② 中共中央文献研究室编：《习近平关于社会主义生态文明建设论述摘编》，北京，中央文献出版社 2017 年版，第 20 页。

机制，其直接目的是降低经济转型的成本，减少经济转型的阻力，在经济社会可以承受的程度与范围内推进。然而，经济利益调整的目标与利益调整活动本身存在着一定的对立。这是因为在一定的利益补偿机制下，受损者的利益得到弥补后，转型将能顺利地继续进行，但利益补偿本身也需要支付一定的费用，这就需要考察利益补偿机制的成本—收益问题。如果利益补偿机制有助于消除经济转型的障碍并能够为经济转型带来较高的潜在利润，此时的利益补偿机制就是合理而有成效的；相反，如果因利益补偿机制引起市场秩序混乱并阻碍了改革，那么毫无疑问它就是失败的；或者利益补偿机制带来了社会福利的改善，但是也因此而支付了沉重的代价，此时就要根据利益补偿机制是否能够实现为社会大多数成员谋福利这一根本目标来确定其制度安排的有效性。但总体来说在设计经济转型成本补偿机制的相关政策建议时需要综合考虑补偿的程度、补偿的持续性、补偿的范围和补偿如何分配等因素，按照成本最小化原则来确保净福利最大化，只有如此才能扭转利益受损者所处的弱势地位，并矫正经济转型成本的非公平性分摊问题，最终使得经济转型的成果惠及整个社会。在科学预测补偿费用的前提下，需要从以下各方面来构建和完善经济转型成本的补偿机制。

经济转型的全面深化离不开广大人民群众的支持，然而目前收入分配差距拉大的社会现状不利于经济转型的协调可持续进行，不利于提高人民群众投身经济全面转型的积极性。根据之前的研究显示现阶段收入差距在全国各区域、各产业和不同社会阶层之间呈现显著扩大的趋势，由此可能导致的社会紧张和社会治安问题会严重地阻碍中国经济转型。因此，必须深化分配制度改革，理顺和调节不合理的分配关系，规范分配秩序。理顺分配关系需要对多种分配方式进行调节，调节的原则应当符合共同富裕的目标，通过扩大中等收入者的比重和提高低收入者的收入并且适当调节高收入者的收入，推动形成"中间大，两头小"的分配格局。此外，还应当规范分配秩序，健全有关政策法规来保证分配过程的循规有序。规范分配秩序依据的原则，即依法保护合法收入，合理调节过高收入，清理规范不合理收入，整顿收入分配秩序，坚决取缔非法收入。具体制度安排可以集中反映在以下 5 个方面：第一，建立和完善个人收入及纳税申报制度和储蓄存款实名制度，推进个人收入的公开化和规范化；第二，依法保护合法收入，取缔和惩处违法收入；第三，纠正和整顿个人非正当收入；第四，对合法收入产生的贫富悬殊现象，通过税收等手段进行收入再分配；第五，对城镇贫困居民实行保障基本生活的政策，对农村贫困人口加大扶贫力度，解决基本的生存问题。

通过对个人收入分配秩序的规范和强化使收入差距趋向缩小和合理化，防止两极分化的制度安排能够较好地维护弱势群体的经济利益，减少社会各利益集团的冲突和摩擦，降低经济转型的非公平性损失。然而，在具体的实施过程中还要处理好公平与效率的关系，因为在提高效率和分配公平之间存在着一定的矛盾。经济转型改变了原有计划经济体制低效率状态，在改善经济要素投入产出效率的同时也引起了收入差距的扩大从而有悖公平的准则。在当前所处的经济转型阶段里，根据公有制为主体的多种所有制结构和按劳分配为主体的多种分配方式并存的经济结构可以将公平理解为社会成员应当在保持适度的收入差距尺度下实现其投入与收入的适度平衡。这种理解允许人们的收入拉开合理的差距，但既反对平均主义又反对收入悬殊。这意味着，公平与效率的原则应当并重于收入分配的过程中，单纯以效率为目标的经济转型不可避免地产生不公平问题，同样一味以公平为收入分配的准则又必然会损失经济效率。因此，要以效率促进公平，以公平实现效率。经济转型需要统筹公平与效率，但究其核心还是体现着以人为本的社会公平。但是也应当认识到任何时候公平与效率都不能兼得，突出一个目标可能会影响另外一个目标，在市场经济中经济行为主体因各自所处的竞争地位和机会差异，投入产出的效益存在较大差距因而引起收入水平的差别。因此，提升效率和维护公平如何侧重还应根据经济转型所处阶段和需要实现的阶段性目标来抉择。

在经济转型进入中后期之时，建立健全同经济发展水平相适应的社会保障体系既是社会创新和国家长治久安的重要保证，也是全面建设社会主义现代化国家和发展中国特色社会主义市场经济的客观要求。在经济转型的过程中，不可避免地伴随着劳动力结构的调整。当那些效率低下或经营不善的企业破产倒闭时富余人员的分流就显得十分紧迫，那些面临失业威胁的人群就需要社会保障体系的支援和救济，对于那些低收入阶层，除了就业维持其生计的重要来源就是社会保障制度。因此，为社会弱势群体提供完善的社会保障不仅是社会正义的需要，更是维护市场经济制度的需要，社会保障制度是中国特色社会主义市场经济条件下的重大创新举措，是实现社会协调发展的必要基础。实现低成本的协调发展经济转型，提倡社会主义核心价值观，更应该为每一位公民提供平等的生存与发展的机会。同时，社会保障体系的健全和完善可以使企业摆脱养老、医疗、失业等社会性负担，有利于企业作为市场主体集中精力从事生产经营，提高效率，增强企业活力和转型企业经营机制。然而，中国目前社会保障体系却存在着较多的弊端，主要表现为：社会保障覆盖面狭窄，社会保障体系不完善、社会保障的管理体系不完善，缺乏协调、监督体系。因此，必须加快中国社会保障体制的改革和创新，建立健全中国的社会保障体系。社会保障体系应当独立于企事业单位之外，这是健全中国社会保障制度的难点和重点，企事业单位除依法缴纳社会保障费用外，不再承担发放保障金和保障对象的日常管理，使社会保障由社区组织统一管理和服务；建立资金来源多元化的保障体系，结合个人缴纳与财政预算两方面的力量筹措保障资金。

经济转型进入新阶段以来，建立健全社会保障体系应当关注以下 4 个方面的内容。第一，完善城镇职工基本养老保险制度和基本医疗保险制度。需要进一步扩大养老保险的覆盖范围，确保个人账户的有效积累；改革医疗保险费用的筹措办法，建立医疗费用支付的约束机制，特别是通过药品生产流通体制的改革，打破垄断以及严格规范药品的购销行为，以提供安全有效、价格合理的药品。第二，健全失业保险制度。将失业保险扩大到城乡各类企业的全部职工，通过加强再就业培训，强化职业介绍和扶持生产自救开拓多种就业渠道，创造再就业条件。第三，全面落实城市居民最低生活保障制度。要将符合条件的城市贫困人口纳入保障范围，根据当地生活水平和财政能力确定最低生活保障标准，准确调查核实保障对象家庭的经济状况和实际生活水平，规范申请、评审和基金发放的程序。第四，探索建立农村养老、医疗保险和最低生活保障制度。中国农业人口众多，农村经济发展水平相对落后，各地发展情况又不平衡，因此应从当地的实际情况出发，逐步探索建立符合当地农村特点的养老、医疗和最低生活保障制度。建立社会保障体制要遵循全民覆盖的原则，需要从"重点人群、重点保障"的模式向"广覆盖、保基本"的模式转变，将最广大的农村人口纳入社会保障体系中，完善城乡一体化的社会保障制度是经济转型进入中后期阶段时中国社会保障制度发展的必由之路。

（二）完善微观规制，规范市场经济主体的经济行为

统一、完善、竞争、有序是社会主义市场经济的鲜明特点，市场作为商品交换的场所和渠道是生产和需求建立联系的桥梁。市场要发挥其对资源配置的决定性作用，实现对资源的优化配置要求市场建立起完善的微观规制来约束经济行为主体的活动。首先，需要具备完整的市场体系。完整

的现代市场体系要求商品市场和要素市场相互影响从而形成一个统一的整体。改革开放 40 年来，在经济转型的过程中中国已经建立起较为完备的社会主义市场体系，当前中国各类市场已经从无到有、从小到大逐步发展壮大起来了，但是市场体系的发育程度和完善程度相对较低，依然还存在许多问题。主要问题表现为：各类市场之间发育不平衡，尤其是要素市场发展较为滞后，同时还存在行业垄断和地区封锁，伴随着流通体系欠发达市场形成价格的机制也有待进一步完善。除此之外与市场体系发展程度紧密相关的市场法规建设也比较滞后，这导致微观规制缺失从而引发市场秩序的混乱。为了培育和完善社会主义市场经济体系，经济转型新阶段应当重点关注的内容在于努力推进资本市场的改革开放和创新发展，给土地、产权、劳动力和技术等要素市场提供进一步发展的空间，促进商品市场和要素市场相适应并推动两者之间良性循环。同时，大力发展现代流通方式，打破地方和部门保护，努力培育有国际竞争力的跨地区、跨部门的大型流通集团，将引进外资与改造传统商业相结合，实现中国经济的高质量发展。

其次，市场经济要有配套的制度保证其合理有效地运行，完善市场经济的微观规制，实行维护公平竞争和抑制垄断滋生的微观经济政策，将有利于激发市场经济主体的积极性和创造性。在符合市场经济价值规律的前提下，按照成熟市场经济的要求凡进入市场的企业都应当是平等的竞争者，任何企业都没有商品生产者和经营者以外的特权。只有消除垄断组织防止对市场信号进行人为干扰，才能引导企业作出合乎市场规律的反应，防止保护主义和市场垄断行为有利于促进价格形成的市场化，提高中国的市场化程度，发挥市场价格调节在资源配置过程中的主导作用。

最后，市场经济体制下企业需要依靠自身力量，灵敏地适应复杂多变的市场需要，高效率地进行商品生产和经营，使企业具有自我发展、自我约束、自我积累、自我改造的能力，并能够在激烈的市场竞争中保持自身的生存和发展，通过生产和经营获取利润。这意味着企业通过激发内部的利益动机，有能力处理好所有者、经营者和生产者之间的利益关系从而形成经济运行所需要的激励机制；同时要求企业具备能够调整和控制自身行为的能力，使之适应各种约束条件和环境变化，优化自身的行为方式以便作出正确决策，保证企业最佳经济效益目标的实现；此外，企业还应当保持从投入到产出的良性循环，通过设计个性化的经营管理制度，完善内部组织管理机制，优化企业决策机制，使企业有效地取得生产经营所需要的各种生产要素及其收益，提高企业对外部市场、信息和金融状况的应变能力，使企业在市场经营的竞争中获得收益并发展壮大。虽然在经历了市场经济的洗礼和国有企业的效率重组之后，中国传统的计划经济体制中的各种弊端正在逐渐消除，但是部分企业的经营机制仍然不完善，还需要进一步健全经营机制和管理制度并向现代企业制度全面转型，这要求企业需要实现从非利益型向利益型转型，重视作为独立生产者和经营者所应具有的独立物质利益与经营成果之间的关系；需要企业从市场经济运行规律出发，主动地作出生产经营等决策；需要企业在市场机制的约束下扩大经营范围，加强企业间的横向经济联系，积极参与市场竞争，形成开放型的运行机制。

（三）规范政府行为，健全依法行政制度体系，提高宏观调控能力

全方位推进和深化经济体制转型是控制经济转型成本的重要方面，因为政府是推进经济转型的主导者，而政府行为必然对经济转型的综合成本变动产生重要影响。当政府在制定法律法规以及进行宏观调控的过程中能够统一地协调好宏观与微观的经济目标并设计出合乎经济规律的政策时，那么其在经济转型中的作用就是积极有效的。进入新时代，有效地控制经济转型成本是政府面临的重要课题之一，解决这一问题仍要从经济转型本身出发，依靠全面深化经济体制转型和改革生产关系中不适应生产力发展要求的部分，把影响经济转型成本中所占比重较大的体制转型成本控制在合理的范围内，从而有效控制经济转型成本上升的趋势。全面深化经济体制转型需要从以下角度作为政策设计的参考。

由于市场机制有自身局限性以及市场失灵现象的存在，使得现代市场经济体制下的生产活动单纯依靠市场调节不能完全实现资源的合理配置，还必须由国家对经济进行宏观调控来完成总量控制和结构优化的任务。社会主义国家对社会主义市场经济的运行能够实施更有效、更自觉的宏观调控，国家在处理整体利益与局部利益、短期利益与长远利益以及在处理计划与市场、微观和宏观协调发展的关系上更加快速有效。因此，在经济转型深化阶段应当继续充分发挥中央政府宏观调控能力较强的这一优势，使市场经济向健康和高质量的方向发展。

宏观调控的主体是中央政府，这一主体在实现经济总量平衡和经济结构优化以及全国市场统一中发挥总揽全局的作用。在中国经济转型的历史进程中，曾经因为沿袭计划经济体制下政府依靠指令性计划来管理经济的办法而造成企业经济效益低下的困境。特别是没有实行企业所有权和经营

管理权的分离，把国有企业由全民所有制规定的产权安排及其实现形式同政府机构对企业的直接经营管理相混淆，从而出现了政企不分和所有权与经营权不分的问题，这极大地束缚了生产力的发展和经济转型绩效的提高。经济转型依赖政府调控能力的不断加强，为了在转型深化阶段取得更高的经济转型绩效，降低经济转型成本，中国政府职能转变的步伐也在逐渐加快，这需要进一步完善政府的经济调节、市场监督、社会管理、公共服务、生态环境保护等职能，同时不断深化财政、税收、金融、投资部门的体制改革，强化政府经济监督和统筹规划的作用，规范和完善行政审批制度，合理划分中央和地方的经济管理权限。

近年来，在政府宏观调控下市场对资源配置起决定性作用，经济杠杆的作用不断增强，政府开展宏观调控方式已经发生了重大变化，社会主义宏观调控体系的框架也已经逐步建立。当经济转型步入中后期，更需要通过不断完善政府职能健全宏观调控体系，对市场经济中的微观经济活动主体及其经济选择行为进行调节和引导，减少微观经济主体参与经济活动的不确定性和风险，为中国经济转型的微观行为个体营造协调发展、创新发展的宏观环境，这对形成良好的市场预期和激励经济增长十分重要，也是迈向低成本转型路径必不可缺的重要制度保障。

市场经济是法治经济必须通过法律法规的建立健全来规范市场经济主体之间的利益关系。在当前全面建设社会主义现代化国家的新征程上，仅仅依靠简单的行政指令管理模式难以有效地解决经济领域以及社会生活中的各种纠纷和利益冲突，已经不能适应社会主义市场经济转型和经济现代化发展的需要。因此，深入推进依法行政，加快转变政府职能，建立法治政府是当前中国经济转型不断深化的必然要求。此前分析了政府作为市场经济运行的有效调控者和监督者，其自身的管理水平和调控能力对经济转型和市场运行发挥着举足轻重的作用，这意味着政府是推动社会协调发展的关键因素。然而，政府也时常会发生因其有限理性决策的局限性而带来的无效率状况，进而引发利益分配不合理等社会矛盾。在这一现实背景下健全依法行政制度体系就成为规范政府行为的必然要求。通过加强依法行政既可以约束政府行为，又可以为各利益主体提供可预见的稳定的制度环境。树立依法行政的观念要求把政府机关的各种经济管理活动纳入法律轨道，坚决维护人民群众的根本利益，切实解决人民群众最关心最直接最现实的利益问题。同时，还要求在科学界定政府职能范围的基础上，形成严格的行政问责制度，问责制是政府进行自身管理所建立的内部约束机制，对行政不正当所造成的问题依法追究责任人的责任。除此之外，还应加强针对政府行为进行监督的社会监督制度建设，使经济调控者和管理者自觉接受人民群众的监督，从而构建起依法行政的外部约束机制。当前，地方政府行政执法能力参差不齐，主要表现在政府管理政策的公开性不强、透明度不高、社会公认度低等方面。因此，要把公示、公开作为公平、公正执法的重中之重，从而强化社会各界和人民群众的监督与认可。同时，市场经济中的各级行政执法机关要主动争取和配合新闻媒体，加强对自身从事经济管理和执法活动的监督，以促进严肃公正执法。经济转型深化阶段市场经济中各种经济利益和矛盾错综复杂，当经济转型成本主要由处于社会弱势地位的群体所承担时，这种矛盾将进一步激化。因此，如何更好地反映民生需求，维护和代表广大人民的根本利益，这同样需要在加强社会法治建设的同时健全政府依法行政制度体系和问责制度，以此保证民意畅通。

### 三、低成本经济转型的非正式制度设计

新古典主义经济增长理论强调资本积累的重要作用并把储蓄率和投资率对发展中国家经济起飞的影响看得极为重要。在索洛经济增长模型中只要保证资本的积累率那么所有的国家无论其初始人均收入存在多大差异最终都有可能殊途同归。但几乎所有实施赶超战略的经济体大都陷入城乡二元分割导致的贫困化陷阱和通货膨胀以及经济结构失衡的困境中。兴起于 20 世纪 80 年代的新增长理论的观点认为一个经济系统要实现持续的增长，就必须克服规模报酬递减规律的制约并实现生产要素回报的递增，实现这一可持续发展的动力源泉在于技术的进步和人力资本的积累。新增长理论对于发展中国家跨越中等收入陷阱，解决经济转型和社会发展的冲突提供了导向和出路。实施以技术和人力资本为主的创新驱动型经济发展，需要经济行为主体在主观理性预期和价值观上相互一致。

对发展中国家而言，在贫困和环境退化之间有一种双向的关系，贫困人口尤其是在农村地区的贫困人口其每日的生计取决于当地的环境资源等生活资料。本地的公共资源也为低收入群体在歉收年份提供了食物来源，然而由于搭便车行为导致本地的公共资源退化产生的市场失灵问题，造成了农村低收入人口的生计困难。对发展中国家农业部门出现市场失灵问题及其影响的研究使人们越来越意识到国民收入增长率的速度和存量必须进行合理的调整，以反映自然资本存量的减少及其后果。在经济欠发达地

区，环境资源存量的减少往往对低收入群体而言成本更加高昂。

低收入群体在环境退化的情况下，由于贫困只能继续开发和过度使用土地、水源等自然资源，从而使得已经非常脆弱和有限的生态环境承受了更大的压力，甚至降低了修复和再生的可能性。这种双向影响的关系意味着低收入和环境破坏之间存在循环累积因果效应，但那些成功摆脱了低收入贫困陷阱的国家也经历着另外一种发展过程，其经济发展和环境质量之间的关系表现为先恶化后改善的"U"形曲线。这可能是因为对良好环境需求的收入弹性为正，这说明达到某一个收入水平后人们的环境意识逐渐改善并为增强宏观经济带来了正的效应。随着一个国家产业结构从农业向第二产业和第三产业转移，生产伴随的污染程度将会随之发生变化，或者可能是因为一个国家国民收入增加，其治理污染的技术和组织能力也随经济实力的增长而增强，从而抵消了经济增长过程中污染增加的恶果。

面临环境的负外部性问题以及解决"公共地悲剧"[①] 的问题，如果仅从科斯定理出发将直接的私有化作为解决的手段往往造成非常严重的分配方面的后果，特别是对低收入群体的权利将形成一种剥夺。即使在私人所有权中资源能够得到更有效率的管理，但这些资源的传统使用者往往无法得到充分的利益补偿而产生新的经济社会成本，当部分使用者权利受到剥夺而对私有化心生不满时，可能会由此产生破坏行为而增加社会成本。最终，每一个人包括新的产权安排下使用者的福利都会下降，从而增加了效率损失和经济成本。同样，全面国有化也可能存在过度开发和破坏性利用的现象。以往的理论研究和经验认为集团的规模对于合作非常重要，一般而言，在较小的集团里当人们的资源需求相似且相互之间联系紧密，并有同样的行为准则以及互惠收益时合作往往比较容易，因此交易成本小、经济效率高。在较大的范围内，全球化虽然可能会引起贫困地区已经脆弱的生态环境遭到恶化的可能，但是全球市场的拓展和经济的发展也会增加对提升污染防治技术、优化组织管理制度、提高和普及环保公共意识等的需求。但无论何种情况，在推进贸易全球化增长的同时如果没有强化国内的政策，结果将不利于环境问题的改善和解决。当环境退化存在门槛效应时，治理环境的成本要大于预防破坏的成本，贸易带来的收益难以发挥对环境长期的有利作用。

---

① 公共地悲剧，又称"公地悲剧"，是一种涉及个人利益与公共利益对资源分配有所冲突的社会陷阱，由于每一个个体都企求获得更多自身可使用的资源，最终就会因资源有限而引发冲突，损害所有人的利益。

除了以上两种极端情况还有一种可能非常重要，即通过本地非正式的社区组织来管理资源，并解决冲突和争议。这种依靠非正式制度的管理办法使得决策的权力落到了那些拥有信息和动力去处理这些问题的人手中，从而可以避免私有化所带来的影响。非正式制度的约束在经济中普遍存在，古往今来依靠约定俗成的可靠的非正式制度来解决纠纷和冲突十分常见。非正式制度安排的出现是为了协调重复进行的人类互动，可以看作正式制度的延续、阐释和修正，它在社会实践中以社会制裁约束的行为规范并形成组织内部的行动标准。因此，非正式制度产生就是从正式制度中演化出来为了解决特定交换问题的，虽然未纳入正式规则但也逐渐成为一种公认的制度约束。这类制度管理有一个共同的特点，它们都未经过精心设计但由于其能够满足绝大多数人利益而被奉行。究其原因，用新制度经济学的原理来解释即非正式制度管理以内部实施时的共识降低了衡量关键信息和实施的经济成本，结果是节约了交易费用并提高了合作行动主体的经济收益。非正式制度的影响使合作中达成共识的行为，对经济收益的激励与博弈理论中认为的通过改变贴现率和增加信息量来达到合作结果的观点形成了呼应。

非正式制度在长期或者短期的经济行为演化中对内部实施的选择集合形成了重要的关键影响。其中文化因素限定了个人处理和利用信息的模式从而影响到对非正式制度管理的理解。然而，什么形式的非正式制度能够最大程度地促成合作以及非正式制度应该如何渐进地变迁才能增加合作的结果是理论研究中值得思考的问题，对这个问题的模型化研究及量化研究也具有一定的难度和挑战。由于非正式制度无法被直接观测到，但交易成本及书面契约却可以为我们提供非正式制度变迁过程的一些线索和证据，例如 1978 年，小岗村村民以按手印为契约开启了"包干到户"，为社会主义市场经济体制的建立拉开了序幕。人们以这种非正式制度管理下的有效互动模式大大提高了经济转型的效率，从而增加了新产权的安全性。从家庭联产承包责任制到党的十四大正式提出"我国经济体制改革的目标是建立社会主义市场经济体制"[①]，中国经济体制改革逐步走向制度化。由此，我们必须承认约定俗成的观念、习俗、有组织的意识形态和共识都在形塑经济体系和规范社会成员行动中发挥着重要的作用。

---

① 中共中央文献研究室编：《十四大以来重要文献选编》（下），北京，人民出版社 1999 年版，第 1930 页。

非正式制度管理的形成与组织所处的文化环境相关，文化在制度演进方面起着重要的作用，这是制度形成路径依赖的根源。然而，对一个社会的文化演化进行建模较为困难，国内学术界几乎处于空白领域，这也是本书在这部分研究中的一个缺憾。但是我们可以知道文化具有顽强的生命力，而且大部分文化变迁是渐进的。同样从文化中衍生出来的非正式制度不会立即对正式制度的变化作出反应，所以已经改变的正式制度与同时存在的非正式制度之间有可能就会存在矛盾的张力，使新的制度组合体的衡量与实施成本升高，而成本越高，交换的双方就越是会利用非正式制度来形塑自身经济活动，极端情况下甚至导致正式制度遇到难以实施的威胁。正式制度与非正式制度之间的复杂互动与内部实施共同重塑了我们的经济生活和经济行为，这一历史过程推动了制度变迁中的经济转型，这也是理解经济转型成本及转型绩效的一个重要视角，二者的相互适应和协调与否影响了制度变迁的均衡或非均衡结果，进而也影响着经济转型成本和经济转型绩效的变动。

然而，在考察非正式制度对经济成本和经济绩效影响的过程中，需要以报酬的变化情况作为评价的客观依据。如果存在一种更好地节约交易费用并使总收益达到最大化的非正式制度，而且能与并存的正式制度一致，那么它就实现了制度报酬的递增，并且能够增强组织成员对该非正式制度的信念，即适应性预期水平升高。这有利于其他采取类似行动的经济主体参与合作，这样非正式制度将在更大范围的社会中得到普及并达成共识。这样由非正式制度所提供的各种机会就创立起组织，组织内部示范效应和学习效应日益显著，形成"干中学"的效应。这类组织及其非正式制度在报酬递增区间将不断得到自我演化，以便获得更多机会和收益。在此过程中随着适应性预期的调整，非正式制度逐渐自我优化和自我确认，并将对正式制度产生修改、补充和扩展的作用。在这里适应性预期是由在契约中受欢迎程度的增加降低了制度持久性和不确定性的基础上产生的，对非正式制度是否能够形成报酬递增起到了关键影响。

正式制度在社会中具有基础性的规范作用，它们是决定长期经济绩效的根本因素，而观念、价值观、文化、意识形态等非正式制度塑造了个人用以解释环境并做出选择的心智模式，在决定其重要的程度方面也发挥着重要作用。如果正式制度允许人们以更低的成本来表达自己的观念时，就为人提供了将自己及所在社会群体具有的文化、价值观念纳入选择的自由中。这些因素如果通过路径依赖取得报酬递增的机制就强化了非正式制度的实施，并以这样的方式影响长期的经济绩效。

　　根据以上分析可以认识到除了要建立有利于环境保护的非正式制度管理组织来降低经济转型的环境成本，同时也可以通过建立积累生态财富的绿色发展理念来重塑非正式制度中观念、文化、价值观的内涵从而改变以往高耗能的经济发展方式，并消解可能因此产生的路径依赖。作为新发展理念之一的绿色发展理念丰富了财富观的内涵，体现了马克思经济生态思想，扩展了生态环境的财富价值。党的十八届五中全会指出，要坚持绿色发展，必须坚持节约资源和保护环境的基本国策，坚持可持续发展，坚定走生产发展、生活富裕、生态良好的文明发展道路，加快建设资源节约型、环境友好型社会，形成人与自然和谐发展现代化建设新格局，推进美丽中国建设。[①]绿色发展理念要求在经济转型过程中除了获取物质财富还应当追求并维护生态效益，在经济发展方式转型的过程中要求我们考虑经济增长的能源消耗和环境污染代价，改变以往牺牲生态环境为代价换取经济利益的增长路径，下定决心走一条可持续的现代化经济发展道路。重视生态环境的价值，加强生态治理，向社会传递绿色发展理念，在保护生产力的同时，促进人与自然和谐共生，形成财富效益的最大化。在全社会范围内应该加强倡导以低碳消费方式代替过去造成浪费的不恰当消费方式，推动传统高消耗的生活消费习惯向有利于社会主义生态文明建设的绿色、低碳、环保的新型文明消费模式转变，倡导使用环保生活物品，减少一次性、高耗能的商品消费，以绿色生活、低碳消费、循环经济促进人与自然和谐共生。

---

　　① 中共中央文献研究室编：《十八大以来重要文献选编》（中），北京，中央文献出版社 2016 年版，第 729 页。

# 第八章　对不可测度成本问题的讨论

　　此前根据改革开放 40 年以来中国经济转型实践中所涉及的内容分别从经济体制转型、经济结构转型、经济发展方式转型和经济全球化转型4 个维度建立了综合指标体系，对经济转型成本进行了经济统计学基础上的测度和评价。正如实证分析所述，由于经济转型本身涉及大规模制度变迁，包含的内容十分复杂，因此难以面面俱到，而且受制于数据的可获得性，导致一些经济指标无法纳入评价指标体系中，因而与这类评价指标相关的经济成本问题在实证研究的过程中就难以得到较好的客观呈现。由于经济转型过程中引起的矛盾和问题有时也难以用指标体系评价的方法给予科学的测算，所以对这类问题而言，实证研究就难以涵盖其具体的表现及影响。因此，这类问题只能以思辨和规范分析的研究方法来进行论证和说明，以便更完整地呈现经济转型成本在实证研究中的缺失和不足。本章将集中讨论这些不可测度成本问题的表现及对经济转型绩效可能产生的影响和产生的后果的治理问题。

## 第一节　数字劳动的异化和治理

　　随着数字技术的日渐成熟，数字经济日益成为当今世界经济发展的新引擎，数字资本主义也成为当代资本主义发展的新形式。而数字平台中用户所产生的数据也成为重要的生产要素，数字劳动的概念逐渐出现并受到越来越多的关注。作为新的劳动形式，数字劳动具有产销一体化、劳动过程的无意识化、时空泛在化等鲜明特征。然而，在数字劳动的新外衣下仍然包裹着资本主义的内核，数字平台的使用者改为以免费数字劳动者的形式出现成为资本的剥削对象，数字劳动的异化程度也日渐加深，形式也变得更加隐蔽。这就对社会主义制度下更好地治理数字经济中资本与劳动的关系，更好地保护数字劳动者的合法权益提出了更高的要求。批判是为了更好地超越，对数字劳动异化消极影响的研究和批判有利于我们更加科学地认识数字劳动，更好地发挥中国特色社会主义制度优势建设社会主义和谐劳动关系。在此背景下，对数字劳动异化及其消极影响问题进行研究，一方面对中国发展健康、高质量的数字经济，助力经济发展与和谐生产关系的构建具有重要的现实意义；另一方面也有利于用马克思主义理论指导实践，对促进数字经济健康发展具有重要的理论意义。

## 一、数字劳动的概念界定及特征分析

学术界对数字劳动这一概念界定并未达成一致的观点，目前被普遍接受的有广义和狭义两种类型。广义的数字劳动涵盖了数字平台上下游的整个产业链，包括既有的互联网行业相关劳动形式，表现为传统雇佣关系辖域内的数字劳动，例如 ICT 矿产采掘的劳动、电子硬件装配流水线工人的劳动、互联网公司技术人员如 IT 工程师的劳动等，也包括近年来数字平台崛起后的新型劳动形式，例如数字平台上零工经济的新劳动形式，以及波及面更广的数字社交平台用户的使用行为即用户的无酬数字劳动。狭义的数字劳动则专指数字平台用户的无酬数字劳动。根据以上研究成果，本书从马克思主义政治经济学的研究视角出发对数字劳动的概念作出如下界定：数字劳动主要是指狭义的数字劳动即数字平台用户的无偿劳动，以及在劳动过程中结成的社会经济关系。

数字劳动异化最早出现在数字资本主义经济中，由于资本主义经济的私有制和剥削的性质并没有改变，数字劳动依然逃不出资本的运行法则，数字劳动就成为资本增殖的新来源，数字平台通过对私人信息数据的收集、占有、处理以及商业化的转化，使之转变成了资本流通中的重要资产。用户在使用数字平台时不知不觉兼有使用者与数字劳动者两种身份，他们生产的数字劳动产品归平台资本家所有并被出售给广告商，以便平台能更加精准地投放广告，更好地被利用和服务于资本主义再生产过程中，不间断地实现资本积累与增殖。这表明在此过程中，数字劳动的过程及结果由数字劳动者生产并被资本家无偿占有，从属于资本主义再生产过程，完全受制于资本运动和增殖的规律。从马克思主义政治经济学的研究视角来看，数字劳动所处的不公正的生产分配关系体现了数字资本主义背景下劳动者所处的境况，数字劳动的异化是资本主义私有制下生产关系在数字经济中的延伸，因而传统资本主义劳动关系的基本特征在其身上也有体现。作为数字资本主义时代新劳动形式的数字劳动也必然具有一些新特征，主要包括以下 3 个方面。

（一）产销一体化

生产与消费行为一体化存在于数字劳动之中，在社交媒体上的浏览与互动既是生产又是消费；既是劳动，又是休闲。数字劳动是一种如尤里安·库克里奇所言的"玩工"，将劳动的辛苦隐藏在玩乐的背后，让用户在"自以为玩乐"的同时进行了生产。

1. 客观上的产销同步性

数字劳动的过程对于用户而言，是在支付一定"数字地租"前提下的消费和休闲活动。数字平台被视为提供服务的场所，联结生产者与消费者的工具，用户可以在数字平台上进行购物满足物质需求，还可以通过发布或点赞作品满足精神需求。但是，对数字平台及其背后的数字资本而言，数字劳动无非是一般数据的生产过程，社交平台用户在此过程中产生的诸如消费者偏好、个人信息等数据才是真正有价值的。

2. 主观上的生产隐蔽性与消费外显性

数字劳动者使用数字平台之主观目的便是在物质上满足日常生活需求；在精神上满足社交需要并进行自我确证、达成自我展现、实现身心愉悦。从表面上看，这是一种主动选择的消费行为。然而在这一消费选择背后所产生的数据信息却被普通用户长期忽视，甚至从未走进大众视野。再加上数字技术"黑箱"导致普通用户对数据背后的价值与功用并不了解，数据所有权问题更是被资本有意模糊。因此，数据生产过程具有隐蔽性。

（二）劳动过程无意识化

数字劳动的产销一体化必然导致劳动过程的无意识化，平台用户通常认为自己只是在消费和消遣，而并未意识到自己是在劳动。其特点主要表现为以下两个方面。

1. 非雇佣化

形式上，用户与数字平台并未订立明确标定劳动时间、空间、考核与奖惩等内容的雇佣劳动契约，未达成法律意义上的雇佣关系。数字劳动者似乎摆脱了被劳动合同约束的身份与命运。相反，数字劳动者作为平台用户，需要遵守一些访问权限、数据获取等用户平台方的要求，看似体现为自愿平等的属性。然而，劳动者并未将使用数字平台视为一种劳动形式，而是将其视为一种消遣手段。因此，这使得数字劳动并未体现出契约性的雇佣劳动关系的特征。

### 2. 无酬化

事实上，用户与数字平台也没有任何经济报酬支付关系，未达成经济意义上的雇佣报酬关系。用户在使用平台的过程中，并未获取任何报酬，也未有任何获取报酬的目的。相反，其消费过程往往默认了支付一部分利润给平台方，以作为使用该平台满足需要的租金，其中介和工具属性进一步彰显。而资本公司则只需凭借前期平台开发的预付投资，便可理所当然地占有这些数据和文化产品，而无须向数字劳动者支付任何酬劳，甚至还可以同时既占有数字劳动者的无偿劳动产品，又可以获取用户支付的租金，两头获利。数字劳动不仅是无酬劳动，而且是付费劳动。

### （三）时空泛在化

传统的生产劳动有明确的场域，劳动必须在规定的时间内、在限定的场所里、在资本家或管理者阶层的监督下进行。数字劳动的时间灵活、细碎，数字劳动的空间和场所灵活多变、无孔不入，数字劳动的时空界限被打破。

### 1. 休闲时间劳动化

由于数字劳动产品的非物质形态，使得马克思所述的劳动时间与自由时间，以及劳动时间内部的必要劳动时间和剩余劳动时间变得难以界定。再加之数字劳动的产销一体化特征，资本主导下的数字平台实现了对人们闲暇时间的劳动化，即休闲时间隐蔽地转化为生产剩余价值的劳动时间，通过对人的休闲娱乐、社会交往甚至生命结构的商业化运作，使服务于资本增殖的剩余劳动生产与实现时间被无限拉长，劳动者的工作时间和休闲时间的明确界限逐渐模糊直至消失。

### 2. 空间工厂化

数字劳动不再要求固定的场所和特定的生产机器，只要是互联网覆盖的地方都可以成为数字劳动所需的虚拟场景。加之数字劳动对数字劳动者之间的技能联系变低，"人机互动"成为组织生产的主要方式。因此，数字劳动的空间突破传统工厂的限制而扩展到了整个社会。数字劳动打破了劳动的时空局限，实现了网民时间的劳动化和社会空间的工厂化，不断拓展着数字劳动者的时间和生理极限。

### 3. 监督自我化

如前所述，数字劳动有着明显的非雇佣化特征，与传统工业时代资本家对劳动者明显的外部监督和强制监督不同，数字劳动的外部监督形式逐渐消失。从表面上看，一方面，这种监督权似乎被移交到顾客手中，顾客的评价与反馈成为数字劳动者的重要评价依据和监督依凭；另一方面，数字劳动者的自我监督似乎逐渐增强，作为独立承包商的数字劳动者有对以顾客评价为主导的绩效考核的追求，从而内生出一种自我责任感和自我约束力。但事实上，这两方面都是算法监督下的外在表现，资本家外部监督让位给了更加精准、更加严苛、更加无处不在但也更加隐蔽的算法监督。

## 二、对数字经济背景下数字劳动异化的批判

随着数字技术的快速发展，数字经济作为一种新的经济模式和发展方式，对劳动力市场和劳动者的影响是全面而深刻的。首先，数字经济的发展为劳动力市场带来了新的就业机会。随着数字经济的发展，新兴产业快速崛起，例如电子商务、移动支付、共享经济等，给劳动者提供了更加灵活的就业机会。同时，数字经济的发展也使得一些传统产业的就业机会减少，例如制造业、加工业等。其次，数字经济的发展改变了传统的就业方式，例如互联网平台经济、远程办公等。这些新型就业方式具有灵活性和便利性，使得劳动者可以更加自主地选择就业方式，提高了就业效率和生产效率，也对职业技能提出了新的要求。最后，数字经济的出现给劳动者带来了更多的机遇和自由度，但同时带来了就业不稳定、职业技能和素质要求的提高以及劳动者权益保护等新挑战。

以马克思主义政治经济学的视角观之，随着数字经济而来的数字劳动仍然逃不出异化的命运，多数学者从消极方面分析了数字劳动对人的异化的表现，认为数字劳动是异化劳动的加深，或认为数字劳动本质上是异化劳动。朱阳、黄再胜（2019）[1] 等学者以马克思在《1844 年经济学哲学手稿》中提出异化劳动的四重表现为依据，从数字劳动产品、数字劳动过程、人的类本质以及人与人的关系 4 个角度总结了数字劳动异化的表征。也有一部分学者认为数字劳动的异化方面有双重影响。一方面，他们承认数字劳动者仍然没有摆脱异化劳动的宿命；另一方面，他们认为数字劳动的异化在一定程度上有所弱化，例如刘海霞（2020）认为数字劳动会带来劳资关系的重构、人的主体性复归的可能性[2]；朱阳、黄再胜（2019）等认为，数字劳动具有主体向度的回归、劳动范式的转型与劳动关系的重构、数字劳动的"去异化"假象等突破。

① 朱阳、黄再胜：《数字劳动异化分析与对策研究》，《中共福建省委党校学报》2019 年第 1 期。

② 刘海霞：《数字劳动异化——对异化劳动理论的当代阐释》，《理论月刊》2020 年第 12 期。

数字经济背景下数字劳动的产生是科技进步的结果，从应然的角度，即从生产力角度来说，有利于提高劳动生产率，从而促进人的解放与自由全面的发展。但是从实然角度，即从生产关系角度来看，由于生产资料私有制仍然在全球生产体系中占据主要地位，数字劳动仍然服从资本主义之逻辑，成为资本增殖的新形式，并使得生产剩余价值的过程变得更加高效、更加隐蔽。数字资本主义背景下生产力进步的曙光被资本主义对数字劳动开展剥削的阴霾所遮蔽。本书根据马克思异化劳动理论中对劳动异化的 4 个规定内容，对数字劳动的异化展开以下四重视角的政治经济学批判。

（一）一般数据与数字劳动者相异化

借用马克思"劳动一般""一般智力"的概念，蓝江提出了数字劳动产品的一般性概念——"一般数据"①。广大用户在数字平台进行浏览、上传、点赞、购物等活动时，便成了数字劳动者进行数字劳动，每一个用户在数字劳动过程中产生的数据的整体抽象便是"一般数据"。但是，在资本主义条件下，这一劳动产品却成为与劳动者异己的、敌对的、统治的力量。从表面上看，数字平台只是为用户的社交和自我需求提供了平台，但事实上在数字资本主义条件下数字劳动依然服从资本的逻辑，产品依然归资本家所有，一般数据作为数字劳动的产品对数字劳动者而言依然是异己的、敌对的。当用户在网络平台上浏览、点赞、上传、网购时，他们便成了生产一般数据的数字劳动者。正如马克思指出："工人生产的财富越多，他的生产的影响和规模越大，他就越贫穷。工人创造的商品越多，他就越变成廉价的商品。"②在数字产品生产中这一过程的结果表现为作为一般数据的数字化劳动产品不仅不为劳动者自身所有，甚至数字劳动者本身都不知道劳动产品的存在。

数字劳动生产出的数字产品又成为进一步支配劳动者的异己力量。如此这些可以作为满足人类交往需要的数据产品被数字平台用来服务用户，既可以通过满足用户需求来收取租金，又可以巩固用户群体进而获得更多的数字劳动者。这些信息和浏览痕迹同时会被平台跟踪、记录、收集、整理、保存、分析，形成一般数据或者后台大数据并生成个人专属数据肖像和群体数据形象打包出售给广告商。一方面服务于再生产对客户消费行为

---

① 蓝江：《数据—流量、平台与数字生态——当代平台资本主义的政治经济学批判》，《国外理论动态》2022 年第 1 期。

② 《马克思恩格斯文集》第一卷，北京，人民出版社 2009 年版，第 156 页。

和偏好的把握，用于更为精准化、科学化及符合市场需求的资源配置和生产投入，改善生产的盲目性，提高资本主义生产与再生产效率；另一方面服务于平台经营者，方便根据数据分析得出的群体特征和个人偏好，进行更为精准的广告靶向投放和产品推送。此外，通过海量商品推荐促使用户产生虚假需求，引诱和驯化用户进行消费，进一步占有、榨取和统治数字劳动者。这样，一般数据作为广大数字劳动者劳动的产物，不仅不为数字劳动者所有，而且不为数字劳动者所知，反而成为从数字劳动者身上收租、获利，并进一步驯化和框定数字劳动者的力量。

（二）数字劳动过程与数字劳动者相异化

马克思认为劳动作为人和动物的本质区别，劳动本应是以人自身为目的的、自由自觉的生产活动。但在资本主义生产关系下，劳动异化成了"不是肯定自己，而是否定自己，不是感到幸福，而是感到不幸，不是自由地发挥自己的体力和智力，而是使自己的肉体受折磨、精神遭摧残"[①]的活动，只要加在劳动者身上的强制劳动消失，劳动者便会立马停止劳动。数字劳动过程表面上看是用户的认知、情感、经历、思想等的生成、表达与传播过程，看似是自主自愿的活动，看似是自我意识和自我力量的确证，看似是自愿而非强制的劳动，然而事实上并非如此。数字劳动过程本应是数字劳动者自我确证的过程却成了自我丧失的过程；对象化的过程却成了被对象化、被塑造和被规训的过程。

1. 生产与休闲之泾渭消失

让·鲍德里亚在其消费社会理论中已论证过的生产与消费之间的界限早已被打破，消费已经成为一种意识形态，不再是满足人需要的过程，而成为一种满足被资本构造出的虚假物欲，其驱动着消费意识的扩张并裹挟着人们陷入消费主义的大潮。而在数字经济时代这一现象更甚，由于数字劳动的产销一体化，生产与休闲的界限被打破、被模糊，无论是刷短视频，还是上传电子文档完成工作任务，本质上别无二致，都是在进行数字劳动。生产的界限早已突破了前数字经济时代所谓的劳动之生理局限和道德约束，剩余劳动时间尽可能地被绝对延长，而且劳动强度也在日渐加强。在大数据算法的支配下，人不得不适应快节奏和默认无失误和误差的系统的支配，不断加快工作节奏，由于算法会按照最优解计算劳动所需时间，因而工作强度不断增强。

---

① 《马克思恩格斯文集》第一卷，北京，人民出版社 2009 年版，第 159 页。

### 2. 数字劳动之无法逃离

数字劳动下，生产与休闲之泾渭被打破，数字劳动实现了全方位全覆盖，成为数字劳动者无法逃离的存在。一方面，当垄断资本和先进数字技术强强联合对全社会进行强势而迅猛的攻击时，整个社会很快沦陷在各种社交媒体和各色网络平台之中。由于人的本质属性是社会性，当周围人都被包裹在信息技术和资本联合打造的网络世界中时，个人难以独善其身。基于对社交、娱乐和适应工作、学习新手段的需要，劳动者不得不融入其中，否则将会产生一种被周围社会隔绝的无力感和孤独感。另一方面，资本与数字技术的合谋双向强化了二者的地位，数字技术为资本增殖赋予了合理性与技术支持；资本为数字技术的社会现实性赋予了强大的助推力量。数字平台深入生活的方方面面，渗入社会的各个角落，营造了一种被数字技术—数字资本共生体监视和规训下的数字信息茧房，在给人们的生活带来方便与快捷的同时也产生了控制、专断和封闭，离开数字平台将寸步难行，在雇佣关系被削弱的表面下却以一种更隐蔽、程度更深的方式被资本控制。

### （三）数字劳动者与其类本质异化

马克思认为人的类本质在于自由自觉的生命活动即劳动，"有意识的生命活动把人同动物的生命活动直接区别开来"[①]。然而，在资本主义生产关系中劳动仅成为维持生存的手段，丧失了自我确证和体现劳动者自我本质力量的属性。正如马克思指出："人的类本质——无论是自然界，还是人的精神的类能力——变成对人来说是异己的本质，变成维持他的个人生存的手段。"[②]

### 1. 维持生存的手段

在资本主义条件下，劳动已经成为劳动者维持生存的手段，而丧失了其主体生命创造性。而大工业时代，劳动者虽已沦为机器的附庸，但总体上还是与机器呈互补关系。而到了数字经济时代，随着数字技术水平的提高，劳动生产率随之迅速提高；由于技术的进步和劳动力成本的上升，经济层面"算力成本"逐渐下降并渐渐低于"劳动力成本"。因而，数字技术与劳动力已呈现"替代性质"，大量低技能或者无技能劳动者被数字技术挤出劳动者队伍，成为"相对过剩人口"。而即使有少量因数字技术发

---

① 《马克思恩格斯全集》第三卷，北京，人民出版社 2002 年版，第 273 页。
② 《马克思恩格斯全集》第三卷，北京，人民出版社 2002 年版，第 274 页。

展所产生的新岗位，也会在数量上远少于被淘汰的"后备军"数量；又因新就业机会的劳动技能需求与被淘汰的"后备军"所持有的技能不匹配而造成结构上的不平衡，因此新就业机会也难以弥合大量的失业人口。因此，失业的焦虑始终在劳动者群体中徘徊，数字劳动不仅成为一种维持生存的手段，而且成为一种自我难以掌控的、不稳定的维持生存的机会，与实现人的类本质相去甚远。

2. 人类主体性的丧失

数字劳动表面上具有休闲娱乐、展现自我等诱惑，然而人们也面临在数字平台"美丽新世界"中逐渐迷失自我的困境。当人们在数字平台进行浏览、发布、搜索、购买等活动时并未意识到自身是在进行劳动，此时数字劳动变成了无意识的过程，作为人的主体意识和劳动自觉也逐渐丧失。随着数字平台娱乐功能的强化与普及范围的扩张，数字劳动者易受网络价值激励的刺激和大数据精准推送的引诱而沉溺于数字平台中，被资本与技术合作操纵并支配，这进一步加剧了劳动自觉的弱化，成为顺从地服务于资本价值增殖的工具。社交网络为用户提供了更多展现和表达自我的机会，提供了与他人交往和联系的渠道，但由于用户的沟通、社交、娱乐等能力和需求被商业化改写和利用，也提高了受众成为被剥削对象的可能性。这个过程就其本质而言说明数字劳动仍然是资本对劳动的统治和奴役的固化和深化，数字劳动也与自由、自觉渐行渐远。

（四）数字劳动中人与人相异化

马克思认为："人同自己的劳动产品、自己的生命活动、自己的类本质相异化的直接结果就是人同人相异化。"[1] 因此，劳动者与自身相异化是劳动异化的最终结果和表现。数字平台受众广泛，任何社会阶层的个人都可以在数字平台上表达和展现自我，这帮助消解了传统意义上的阶级对立，似乎有利于促进人与人的平等和人类解放。但事实上，在数字劳动中资本和劳动的对立依然存在，这种对立以新的形式表现出来。

首先，劳资关系不平衡性增强。依托数字平台资本与劳动之间建立了非接触性的、广泛的弱连接，数字劳动者与资本之间不表现为传统的雇佣关系，但是资本的统治力量反而得到了加强，资本家连微薄的薪资都无须支付就可以无偿占有数字劳动者创造的全部价值，并且进一步利用数据对数字劳动者进行引导、监督、支配，进而剥削。数字劳动加剧了劳资权利

---

① 《马克思恩格斯文集》第一卷，北京，人民出版社 2009 年版，第 163 页。

的不平衡发展，资本对劳动的统治进一步强化，一方面，凭借一般数据的所有权和垄断权获利的平台资本在数字劳动中获得了更大的权利与经济利益；另一方面，广大数字劳动者在毫不知情的情况下，被占有了一部分劳动产品、失掉了一部分应有的权利和收益。在赢者通吃的资本逻辑支配下，少数数字平台凭借资金和技术优势逐步确立并持续巩固其垄断地位，成为数字寡头，部分小数字资本家处于被支配地位，下沉为数字劳动者中的一员，极少数数字资本家与绝大多数数字劳动者之间的对立变得更加明显。其次，数字劳动内部等级化加深。由于对数字技术的掌握程度和数字网络规则的把握程度不同，数字劳动者日益分化成了不同的数字等级，其阶级内部开始演化出"数字鸿沟"。他们中间那些越是掌握了数字劳动规律和网络价值规则的人，越能在网络平台中得到更高的关注度和影响力，就越是能在数字等级中获得更高的地位，例如网红、大 V 等。这种数字劳动者的内卷只会不断加剧资本逻辑下对数字劳动者的剥削。最后，数字劳动者的关系与情感被数字化。人与人之间的关系被数据流量所绑架，人与人之间的情感越来越依靠数字平台来支撑和维系，点赞、评论成为维系人与人关系的途径。现实中有血有肉、有情感、有温度的人被抽象化为一堆数据信息，现实中人的感性认知活动也被理性的数据计算所取代。人的受欢迎程度和交往密切程度以数据和流量为准则和尺度，人与人的关系被异化为数据与数据之间的关系。

### 三、对数字劳动异化的扬弃与超越

需要肯定的是，数字技术的发展在一定程度上有利于生产力水平的提高和人的全面发展。一方面，数字技术的发展与应用提高了社会平均劳动生产率，这使得劳动者从事必要劳动的时间缩短，一部分人可以从生产线上解放出来，有了更多的时间用于发展自己的特长，培养自己的兴趣爱好；另一方面，数字技术的发展使学习资源的共享更加方便快捷、学习成本更加低廉、学习手段更加多样，有利于人力资本的培育和积累，推动社会发展向追求人的自由而全面发展的目标靠近，因此数字技术从来不是原罪，对于数字劳动异化问题我们要站稳生产关系批判立场。

数字劳动异化的根源在于资本主义制度，只有在资本主义生产关系条件下，数字技术才服务于资本运动的逻辑，成为资本增殖的工具，数字劳动也在此过程中发生以上所论述的四重异化，导致数字劳动者被资本家无偿剥削和压榨。马克思认为，要想实现对异化劳动的积极扬弃、实现人的本质的复归，道路只有一条即实现共产主义。作为共产主义第一阶段，社会主义制度可以实现人本逻辑对资本逻辑的超越，因而在数字劳动异化的积极扬弃方面具有优越性，具体体现在以下 4 个方面。

（一）社会主义基本经济制度是数字劳动异化扬弃的根本动力

劳动本应是劳动者自己的、自觉的活动。但在资本主义条件下，数字劳动过程本身却成为外在的、强制的、服务于他人的劳动。其根本原因在于资本主义私有制，因此社会主义制度对数字劳动过程异化扬弃的根本动力就在于社会主义所有制。

1. 资本主义私有制：数字劳动异化与强制性的根源

商品的生产需要生产资料和劳动力的结合。而在私有制社会中，尤其是资本主义社会中，劳动力是大量的、廉价的、易得的，而生产资料却是稀缺的、被少数人独占的，因此生产资料成为最重要的资源，对其的拥有便意味着强权。由于资本主义的发展，资本与技术耦合成了相互支撑、相互促进的共生体，数字技术从诞生之日起就受数字资本助产和供养，与数字资本捆绑且为数字资本服务，数字资本家在数字经济兴起之时就预先掌握了大量数字生产资料，即数字技术及数字平台，而数字劳动者却一无所有。因此，数字资本——数字技术共生体便掌握了数字资本主义时代的强权，实现了对全社会的统治。而数字劳动者从一开始就是无酬甚至付费的劳动者，并且参与其中的劳动者群体越来越多，也越来越难以逃脱。由此，"资极强劳极弱"的博弈格局形成，劳动者面临着要么进行数字劳动，要么拒绝数字劳动，但拒绝数字劳动可能意味着无法正常生活甚至生存困难。劳动者失去了对自己劳动力的拥有权和控制权，不得不成为无酬的数字劳动者。

2. 社会主义所有制：对资本主义私有制的超越

数字劳动异化和强制化的根源便是资本主义所有制。因此，要想实现对数字劳动异化与强制化的积极扬弃，根本上是要实现对资本主义私有制的超越。中国实行公有制为主体、多种所有制经济共同发展的基本经济制度，有利于推动数字劳动生产资料的社会共有，以打破私有制带来的"资极强劳极弱"的绝对被动局面。

大力发展公有制数字经济。在公有制经济中，数字生产资料是全民所有或集体所有，数字劳动剩余可以为全体数字劳动者共享，数字劳动过程不再是完全异己的，而是为我的，从而在源头上消灭了数字劳动过程的异化。在数字经济发展过程中，要做强做优做大国有数字企业，发展公有制数字经济，推动一般数据从私有垄断向全民公有的转变。推动数字劳动、数字资本、数字技术间的关系发生结构性变化，极端"资强劳弱"的格局被打破，劳动、资本间的关系从对立转变为有机结合，技术之于劳动也从替代变为服务。

毫不动摇鼓励、支持、引导非公有制经济发展。在非公有制经济中，数字生产资料依然是私有的，确实不可避免地存在着数字劳动的异化问题。因此，一方面要明确数字劳动同数字资本都是数字生产中的重要因素和条件，重视劳动作为生产要素的作用，承认数字劳动及其价值，进而可以建立劳资利益共享机制，以管理制度的创新来改善所有权带来的资本对剩余价值的绝对占有；另一方面要确认数据作为生产要素的地位，并推进数据的产权确权，以明确数字劳动者对一般数据的所有权，并以产权为依据分享数字劳动的剩余价值，从而改善数字劳动的异己性，提高数字劳动的为我性。

（二）社会主义分配制度：数字劳动产品异化扬弃的直接动力

劳动产品作为劳动者从事生产活动的产物，本应属于劳动者所有。但在资本主义条件下，数字劳动产品却不为数字劳动者所有，反而成为异己的、敌对的、统治的力量。其直接原因便在于资本主义分配制度，因此对数字劳动产品异化扬弃的直接动力就在于社会主义分配制度。

1. 资本主义分配制度：数字劳动产品异化的直接原因

"人们首先必须吃、喝、住、穿，然后才能从事政治、科学、艺术、宗教等等。"[①] 物质资料的生产，即劳动的目的首先便在于满足生存和发展的需要，劳动是人类生存之本，因此对劳动成果的分配直接关乎人们的生存状况。

数字资本主义时代，数字劳动产品之所以有价值、数字资本之所以实现了增殖，根本就在于数字劳动者的劳动。数字劳动是数字劳动产品价值的唯一源泉，数字劳动者理应是数字劳动产品的所有者。但生产资料所有制对分配关系起决定性作用，由于资本家在数字生产资料占有方面的绝对优势，广大数字劳动者在使用平台时所创造的价值和剩余价值，被资本家以平台所有者的身份无偿占有，实现了对数字劳动产品的全面绝对支配，形成了劳资双方极不公平的分配关系。并且在数字资本增殖本能和数字劳动剩余价值积累机制下，数字资本家的财富积累和广大数字劳动者的贫困

---

加剧并行不悖，分配关系更加两极化。

2. 社会主义分配制度：对资本主义分配制度的超越

数字劳动产品异化的直接原因就在于资本主义不平等的分配制度。因此，要想实现对数字劳动产品异化的积极扬弃，就要建立更加公平合理的数字劳动产品分配关系。

一方面，我们要通过完善法律法规推动数字劳动者的劳动关系认定，尤其是平台零工经济中劳动者的劳动关系认定，保障其劳动权益，从而提高这类新业态劳动者收入分配的公平性与合理性。另一方面，我们要完善收入分配制度，改善收入分配秩序。坚持按劳分配为主体、多种分配方式并存的分配制度。在初次分配方面，要调整好数字经济中企业、个人、政府三者在数字劳动收益分配中的关系，保障数字劳动者在市场分配中所占比重；完善数据、信息、知识、劳动等要素按贡献参与分配的体制机制，使数字劳动者的劳动能够以生产要素的形式获得合理收益；规范数字产业收入分配秩序，改变劳而不获、劳而少获的状况。还要重视再分配对公平的促进与保障作用，更好发挥政府作用，通过改革与完善税收制度，对数字产业以及整个社会的收入分配结构进行重组和调整；通过不断完善社会保障体系，尤其是在数字平台零工经济下完善劳动者社会保险制度，来托底和保障数字劳动者分配的公平性。此外，还要运用数字技术推动慈善事业的发展，发挥第三次分配对数字劳动分配公平性的补充作用。

（三）劳动者主人翁地位：数字劳动者类本质异化扬弃的人本逻辑

作为人的类本质，劳动本是人自由自觉的活动，是高于生存的生命活动。但资本主义条件下，数字劳动不再是人自由自觉的活动，而是劳动者维持生存的手段，数字劳动者同其类本质相异化。其直接原因便在于数字资本强权下数字劳动者主体地位与劳动自觉的丧失，因此社会主义分配制度对数字劳动者类本质异化扬弃的优越性就体现在社会主义制度下劳动者的主人翁地位，实现了从以资为本向以人为本逻辑的转变。

1. 劳动者主体地位丧失：数字劳动者类本质异化的缘由

在资本主义雇佣制度下，劳动者仅仅能获得维持自身和家庭存续的工资，而远超工资的那部分剩余价值被资本家无偿占有。而在数字资本主义时代，数字资本——技术共生体的强权更甚。数字劳动者被迫出卖甚至无偿出让自己的劳动力进行数字劳动，其生产的全部剩余价值和绝大多数价值被资本家无偿占有，备受剥削与压迫。数字劳动者甚至不再获得收入，而只是平台的使用权或者租赁权，即投入数字劳动的"入场券"。同时还面临着数字技术发展带来的失业压力以及由此造成的内卷与自我剥削。劳动者在终日的数字劳动中身心俱疲又战战兢兢，劳动成为人不自由、非自觉的活动。再加之数字劳动的无意识性特征，使数字劳动者的劳动自觉和劳动意识被掩盖。在此过程中，数字劳动者的主体性被剥夺，数字劳动也不再能够促进人的自我实现、发展与解放。此外，数字劳动的分散性、泛在性特征也使得工人联合变得困难，工人组织变得松散，数字劳动者的无产阶级团结性、组织性以及阶级意识、群体自觉被磨灭。

2. 社会主义劳动者主人翁地位：对资本主义劳动者地位的超越

数字劳动者同其类本质异化的缘由就在于劳动者主体地位的丧失。因此，要想实现对数字劳动者类本质异化的积极扬弃，关键在于要实现从资本逻辑到人本逻辑的转变，尊重和彰显劳动者的主体地位，而社会主义制度在此方面具有明显的优越性。人民当家作主是中国特色社会主义制度的本质属性，这为广大劳动者的主人翁地位提供了根本政治保证。在经济发展中，我们也始终强调要坚持以人民为中心的发展思想。社会主义制度强调热爱劳动、尊重劳动、维护劳动者尊严，与这一发展思想在逻辑上相一致。

通过颁布《新时期产业工人队伍建设改革方案》《关于提高技术工人待遇的意见》等文件，在指导思想层面强调对工人地位的重视与待遇的保障。并通过政府的监管来敦促数字平台承担起保护劳动者合法权益的社会责任，通过政府的规制有效治理数字资本，遏制数字平台的垄断及其因垄断地位而恶意剥削数字劳动者的行为。社会主义制度还可以运用数字技术赋能工会发挥作用，一方面，增强数字劳动者的群体自觉与凝聚力，提升数字劳动者的话语权，通过集体协商、谈判等方式，完善数字平台零工经济中劳动者的劳动管理与社会保障等，维护数字劳动者的合法权益；另一方面，通过在线工会，为劳动者提供免费的数字技术教育与技能培训，尽力弥合数字技术鸿沟，降低数字劳动者的可替代性。

（四）社会主义公平观：数字劳动者的关系异化扬弃的观念指引

劳动者与自己的劳动产品、过程和类本质都发生异化，必然意味着人与人不可避免地发生了对立，人同人的关系发生了异化。资本主义条件下，数字劳动中人与人的关系也发生了异化。其突出表现便是数字劳资对立与数字劳动者内部分化，因此社会主义制度对数字劳动中人与人关系异化扬弃的优越性之一就是社会主义公平观的价值指引。

1. 劳资对立与劳动者内部分化：数字劳动者劳动关系异化的突出表现

在数字劳动中，数字劳动者在进行生产的同时，也在生产出数字资本家与数字劳动产品的关系，以及数字劳动者与数字资本家之间的关系。劳资对立在一轮又一轮的数字劳动中不断得到强化。在资本逻辑的支配下，数字劳动者生产的一般数据越多，数字资本家积累的财富就越多，数字劳动者也就越贫穷，贫富差距不断扩大。这就构成了资本主义生产关系下相互对立的社会劳动关系，即劳资间的阶级对立，这是资本主义社会不可调和的矛盾，这一矛盾也最终会导致资本主义制度的灭亡。在劳资对立的境遇下，数字劳动者的失业危机带来的内部竞争和数字技术掌握程度不同导致"数字员工"之间的等级化以及数字劳动者的分散性等，导致数字劳动者内部也发生了分化。

2. 社会主义公平观：对劳资对立与劳动者内部分化的超越

数字劳动中人与人异化的主要表现是数字资本主义劳资对立的必然性以及数字劳动者内部分化的趋势。因此，要想实现对数字劳动中劳动者关系异化的积极扬弃，关键是要坚持共享发展的社会主义公平观，以消除资本主义制度下劳资对抗的必然性和数字劳动者内部的分裂趋向。

效率即资源配置的有效性以及投入产出比。公平，则主要包括机会公平、过程公平和结果公平。机会公平是前提，要求竞争机会的公平和权利的平等；过程公平要求按努力程度进行分配，使得收入与生产要素投入相适应；结果公平则要求社会成员间的收入、地位等不过分悬殊。资本主义坚信市场是最高效也是最公平的配置方式，从而采取单一由市场决定分配的方式。但事实上，这是形式上的公正而非实质上的公正，最终导致了"马太效应"和劳资对立的必然性。

坚持共享发展的社会主义公平观能够更好地处理效率与公平的关系，确立起更加和谐的社会劳动关系，从而提高避免数字劳动中人的关系异化的有效性。在效率方面，市场在资源配置中的决定性作用，使市场效率得以发挥。在公平方面，一方面，社会主义初级阶段的基本经济制度和分配制度消除了政治领域的阶级对立与身份地位的不平等，为劳动者政治上的平等提供了根本制度保障，也为经济、社会领域的公平提供了根本政治前提；通过社会主义法治对公民基本权利等加以保障，从而使竞争机会公平、权利拥有公平以及原则适用公平得到保证，即保证起点和过程的公平。另一方面，通过公有制经济主体地位、按劳分配的主体地位、政府对垄断和资本无序扩张的治理、社会保障体系的完善、区域协调发展、乡村振兴、脱贫攻坚以及政府、工会、企业共同参与的协商协调机制的建立等途径，做到保障劳动者所拥有的物质资料至少能使人的基本潜能得到发挥，将社会贫富差距控制在社会平均综合满意度临界值限度内，以保证结果和事实的公平，并实现对资本增殖逻辑下劳资两极分化与劳资对立的必然性的扬弃，实现根本利益相同下的公平与效率共同提高。因此，坚持共享发展的社会主义公平观强调效率与公平的有机统一，其中效率是不损害公平条件下的效率；公平是有利于提高效率的公平；就公平本身而言，不仅强调起点和过程的公正，也强调结果公正。社会主义公平观作为一种价值和利益共识、一种社会主要规范、一种评判标准与尺度，实现了起点和过程公平与结果公平的结合、效率与公平的协调、发展与稳定的统一，建立起和谐的社会主义劳动关系，以实现对资本主义劳资对立必然性的扬弃和对数字无产阶级内部分离趋势的矫正。

### 四、构建有中国特色的社会主义和谐劳动关系

随着数字经济的发展，产销一体化、劳动关系无意识化、时空泛在化的数字劳动正在不断生成之中，数字劳动异化问题也随之日渐凸显，成为数字经济时代下经济发展中生产关系变革面临的新问题和新挑战。为了更好地消除数字劳动异化的负面影响，建设和谐公平的新型数字化劳动关系，要坚持发挥中国特色社会主义制度的优越性，以社会主义的本质要求为价值旨向来引导中国数字经济朝着健康、科学、高质量的方向发展。

（一）推动数字经济高质量发展，为和谐数字劳动关系的构建创造物质基础

生产力是人类社会发展的决定性因素。这表明在社会主义市场经济中推动构建和谐劳动关系，实现对数字劳动异化的矫正和治理首先就需要发展和提高以数字经济为基础的生产力水平。当前，世界少数发达国家站在数字技术发展的前沿，数字技术霸权、尖端数字技术和垄断性数字平台主要掌握在资本主义统治阶级手中，这导致数字技术的发展致力于为资本增殖服务，造成了数字劳动的异化现象。要想突破资本主义数字霸权及其垄断的限制，构建公平合理的数字经济新秩序，最根本的要求是发展以社会主义数字经济为基础的生产力，并通过生产力的进步推动生产关系的创新和发展，使和谐生产关系成为助力社会主义数字经济发展的积极因素和经济增长新引擎的动力来源之一。一是要加强关键、核心的数字技术的攻坚克难，掌握发展数字经济的主动权和自主性，缩小与发达国家间的数字鸿

沟,从而减轻发达国家利用数字霸权对我们的剥削与遏制;二是要寻求技术创新范式的突破,探索数字技术发展的更多可能性,为数字劳动异化的矫正治理提供可持续的技术条件,同时要推动数字经济与实体经济的深度融合,使数字技术助力产业结构的升级与转型,发挥其对经济发展的倍增与放大功能;三是推动数字政府和数字社会建设,通过微观规制提升公共服务和社会治理的质量和水平,不断消除数字劳动异化的消极影响。

作为社会主义国家要超越和克服资本逻辑的负面影响,通过驾驭数字技术赋能经济发展。这要求政府引导和规范数字经济发展符合社会主义制度的本质要求,为实现社会主义制度的自我完善和经济高质量发展服务。数字经济是中国未来经济发展的重点内容,需要充分发挥社会主义制度的优越性和政府宏观调控的职能,利用国有资本引导数字经济健康发展,激活资本的文明面和数字技术的正面价值,使其为我所用以推动中国现阶段生产力发展和社会进步。同时,不断建立健全相关的经济政策和法律法规,使数字经济的发展兼顾经济效益和社会效益,处理好公平与效率的关系,从而更好地服务于中国特色社会主义现代化建设事业。

(二)创新数字劳动治理体系,为数字劳动管理提供相应的治理工具

数字劳动异化的根源在于资本主义私有制下落后的生产关系,因此矫正数字劳动异化需要充分发挥社会主义制度的优越性,重新构建和谐的劳动关系,最大程度地消解数字劳动异化对社会主义经济发展可能产生的效率损失。这要求树立符合社会主义核心价值观的数字经济治理理念,合理看待效率、公平、自由、安全的价值排序,辩证看待和统筹把握发展与坚持公平和安全的关系。2022 年 5 月 17 日,全国政协召开"推动数字经济持续健康发展"专题协商会提出,"要加强统筹协调,创新监管方式,健全数字经济治理体系"[①]。这要求宏观层面要建立相关的法律法规,保障数字劳动者的合法权益,使数字平台的运营处在法律法规的规范与约束下,为数字经济的科学发展和数字劳动的管理提供相应的制度保障;在中观层面则要建立有关数据资源的产权归属、市场流通以及安全保护等的制度与规范,以规范数字企业的行为;微观层面要加强发展相应的监管技术和技术标准,为数字劳动的管理和监督提供技术支持,加强网络信息安全监管,建设网络信息安全体系。通过宏观、中观、微观 3 个层面的治理工

---

① 《全国政协召开"推动数字经济持续健康发展"专题协商会》,《人民日报》2022 年 5 月 18 日。

具，推动数字治理的法治化、体系化以及常态化建设，推动数字劳动治理体系的完善和治理水平的提高。

（三）建立数字资源共享平台，完善以共同富裕为价值旨向的数字产品分配关系

共同富裕是社会主义的本质要求，也是社会主义生产关系在分配领域的集中体现。加强数字产品公平分配关系的构建是落实和谐劳动关系的关键。一方面，要推动数字资源的共享进程，着手建立国家层面的数据共享平台，有序开放基础公共信息数据库，政府合理运用国家宏观调控职能，通过税收等财政手段，以及政策上的资源配置的倾斜，主导和支持非营利性数字平台的建立与成长，向社会提供更广泛的数字公共产品和服务，从而更有力地打破资本对数字平台的垄断。另一方面，要充分发挥数字产品的宏观社会经济效益，提高数字化公共服务供给的质量和水平，建立和完善以实现共同富裕为价值旨向的数字产品分配关系，降低数字产品消费成本让广大数字劳动者能切实分享到数字劳动带来的收益。

（四）培育数字劳动者的主体意识，共筑以人为本的劳资关系

数字劳动以一种无意识、不自觉的形态掩盖在娱乐活动之下，数字劳动者的劳动自觉被数字化娱乐产品的消费过程所湮灭，因此数字劳动者重拾劳动自觉和主体意识是推动和谐数字化生产关系构建的重要内容。这要求不断加强培育数字劳动者的权利意识，增强数字劳动者的权益保护意识。此外，要引导数字平台在开发与运营过程中，包容、审慎、负责地发展数字技术和进行数字平台建设，通过以人为本的价值原则来矫正流量至上等资本逻辑指导下的价值观念，根据数字劳动者的生理特征、心理状况等因素不断进行人性化的技术创新，使数字平台更好地服务于人的发展。防范只顾经济效益而罔顾社会效益，只遵循技术理性而忘却价值理性的危害，处理好公平与效率、安全与自由的关系，助力中国数字经济行稳致远。

## 第二节　人工智能时代技术崇拜与高质量发展

进入人工智能时代后，在资本主导下技术的作用日益凸显，技术崇拜成为人工智能时代拜物教的新形式，具体表现为经济社会中人们对技术商品的追捧与狂热、对技术本身的追逐和依赖、对技术逻辑的信任与遵循，

以及各种技术决定论的盛行。如何科学地对待科技，发挥科技在推动经济发展方式转型中的积极作用，克服其消极方面的作用，是经济转型面临新形势新挑战的重要课题，也是彰显中国特色社会主义制度优越性的重要内容。

## 一、工具理性扩张与统治下的技术崇拜困境

人工智能时代延续了启蒙运动和工业革命以来工具理性膨胀的传统，并以新的技术手段加深了其渗透的隐秘性，成为经济生产实践中逐渐占统治地位的意识形态。

### （一）价值理性衰微

工具理性日益被推崇为思维方式和行为准则，"任何不符合算计与实用规则的东西都是值得怀疑的"[1]，在发展过程中排挤价值理性，企图把整个人类社会打造成"一个由理性指导和控制的机器"[2]。在意识领域里"工业化把人的灵魂物化了"[3]，工具理性成为人唯一的思维模式和考量向度，并在此过程中实现了向价值理性的僭越。在这种意识影响下的经济社会里，一方面，经济人以工具理性观物、处事、待人、自处，用物化的态度对待自然界、人类社会和他人以及自身；另一方面，对技术体系给予充分的信任与依赖，将效率视为唯一的目的，并将量化、标准化作为追求准确性和可预测性的依据。在经济生活的生产劳动中，工具理性开始出现对劳动的全过程统治，上下班打卡时间、工作系统在线时长等量化数据成为衡量劳动者工作态度与价值的重要依据。在日常生活中，人们也越来越倾向于寻求具象化的成功模板、标准化美好生活样态以及以数据为支撑的可靠评价系统。当工具理性成为现代社会人类思维和实践的唯一尺度时，就获得了从生产生活到生命结构再到人类社会的绝对统治，经济社会表现出对工具理性的高度崇拜，即出现了拜物教的性质。

### （二）人为物役的生存状态

工业革命以来，人类社会逐渐进入了以物的依赖性为基础的人的独立

① ［德］马克斯·霍克海默、西奥多·阿道尔诺：《启蒙辩证法——哲学断片》，渠敬东、曹卫东译，上海，上海人民出版社 2003 年版，第 4 页。
② ［英］弗里德里希·奥古斯特·冯·哈耶克：《自由宪章》，杨玉生等译，北京，中国社会科学出版社 2012 年版，第 37 页。
③ ［德］马克斯·霍克海默、西奥多·阿道尔诺：《启蒙辩证法——哲学断片》，渠敬东、曹卫东译，上海，上海人民出版社 2003 年版，第 25 页。

性阶段，"物的关系对个人的统治、偶然性对个性的压抑，已具有最尖锐最普遍的形式"①。随着资本主义工厂制度的建立、机器设备的应用和分工细化，人机关系倒置"工人服侍机器"以及"工人被当作活的附属物并入死机构"②，人在沦为机器附庸的过程中逐渐丧失了主体性和独立性。在生产领域人作为机器附庸的地位更加固化，高精尖技术掌握在极少数人手中，广大民众更多的是作为顺从的使用者，成为智能系统无足轻重的附庸。虽然人工智能等技术推动了生产的自动化、智能化进程，极大地提高了生产效率，但是由于大量"无人工厂"和智能机器人出现，传统劳动力被排挤出生产领域成为"无用阶级"。同时，人工智能也深刻地影响着生活方式的变革，技术对人们生活的渗入和侵占的范围与力度持续扩大，逐渐统辖和支配人的生活。首先，技术对人的支配的物质基础进一步扩大，根据世界银行及互联网数据统计公布显示，2021 年全球互联网用户数量达到 51.69 亿人，全球互联网普及率超过 70%。其次，技术对人的支配的主体范围进一步扩大，数字平台发展迅猛，在全球拥有大量用户。再次，技术对人的支配的影响范围进一步扩张，数字平台涵盖了日常生活的方方面面，衣、食、住、行、娱、教、医、养无所不包。最后，技术对生活领域的全方位占领也就意味着其专制性的加强，人们只能跟在技术进步和普及的后面亦步亦趋。如果没能及时掌握新技术、适应社会的发展进步，便会被这辆高速行驶的时代列车所抛弃，陷入边缘化和孤立化的状态。因此，人工智能时代的技术在人们面前展现出了强大的现实力量，人们按照技术理性的设定和规划生产生活，似乎技术对人形成了单方面的统治与压制，人展现出对技术力量的敬畏和对技术理性的无知觉遵从。

## 二、技术崇拜对生产关系的本质影响

技术崇拜则是资本拜物教在人工智能时代的延伸和演化，其本质仍逃不脱物与物的关系以及物与人的关系，并掩盖了人与人的关系这一资本主义拜物教的实质，技术拜物教的实质是资本—技术共生体的统治。人工智能时代下，技术崇拜渗透于生产、分配、流通、消费等各个环节，表现为数字劳动的剥削新形式、分配不平等、数字平台加速资本流通与虚假消费需求的满足等。

---

① 《马克思恩格斯全集》第三卷，北京，人民出版社 1960 年版，第 515 页。
② 《资本论》第一卷，北京，人民出版社 2004 年版，第 486 页。

（一）技术崇拜下生产关系的本质

马克思指出，商品"充满形而上学的微妙和神学的怪诞"①，"具有的谜一般的性质"②。马克思发现了商品的奥秘并指出："商品形式在人们面前把人们本身劳动的社会性质反映成劳动产品本身的物的性质，反映成这些物的天然的社会属性，从而把生产者同总劳动的社会关系反映成存在于生产者之外的物与物之间的社会关系。"③ 随着市场经济不断发展，商品交换的内容与形式日益扩大和加深，表现其他一切商品价值的货币诞生。货币出现后，商品间的矛盾就表现为商品和货币的外在对立，一切商品都需要通过交换为货币来实现自身价值，生产者只有通过将自己的劳动产品转换为货币才能满足自己的各方面需求。货币作为"万物的结晶"，逐渐扩大成为商品世界中具有支配性的力量，不仅支配商品，而且支配人的命运。人工智能时代下技术进步加速了生产方式的变革，技术支配性地位的提升与技术黑箱的并行不悖使技术表现为自行发展的、决定人的命运的神秘力量，人们对技术充满了敬畏和崇拜，技术拜物教逐渐兴盛。从本质上来说，技术崇拜仍从属于资本拜物教，是资本拜物教在人工智能时代的演化，马克思对资本崇拜的批判仍然适用于对技术崇拜的批判。

对技术崇拜的认识需要回到对其批判的过程中才能厘清其对生产关系的本质影响，依据马克思主义政治经济学研究方法需要回到市场经济生产与再生产活动中，从生产、分配、流通、消费等环节分析技术崇拜所遮蔽的社会生产机制，揭示经济内在矛盾及发展趋势。技术崇拜的本质是资本拜物教的新表现，即以技术为手段在资本逻辑下重构社会关系，技术代表的资本权利内生意识形态以塑造单向度的人，导致了技术对人的遮蔽。在资本主义社会，资本的增殖逻辑与技术的效率逻辑暗合，在社会生产、分配、流通、消费等各环节相互联结、实现统一，资本与技术有机共生。资本不停地、直接地塑造了技术的进步，反过来它也是由后者塑造的。④ 一方面，技术是资本发展的基础与核心，资本有机构成的提高是资本积累的基本规律，意味着资本的技术构成的提高，技术内嵌于资本，作为生产条件推动资本主义的发展。另一方面，现代科学技术从产生到应用都处在资

① 《马克思恩格斯选集》第二卷，北京，人民出版社 2012 年版，第 122 页。

② 《资本论》第一卷，北京，人民出版社 2004 年版，第 89 页。

③ 《资本论》第一卷，北京，人民出版社 2004 年版，第 89 页。

④ ［加］罗伯特·阿尔布瑞顿：《政治经济学中的辩证法与解构》，李彬彬译，北京，北京师范大学出版社 2018 年版，第 11 页。

本逻辑的支配下，"资本不创造科学，但是它为了生产过程的需要，利用科学，占有科学"。[①] 技术的发明与应用以资本增殖为准则和尺度，现代技术的发展并不是完全按照现代科学的理论演进而自我迭代，只有当某一技术的应用有利于资本增殖时，这一技术才会被选择、被推上历史前台、被推广与应用于资本主义生产、被普及给人们。"资本及其自行增殖，表现为生产的起点和终点，表现为生产的动机和目的；生产只是为资本而生产"。[②] 技术的发展对社会各个阶级的影响是不平衡的，技术帮助资本获得了更大的资本积累的权力，它"不会使工人致富，而只会使资本致富；也就是只会使支配劳动的权力更加增大；只会使资本的生产力增长"[③]。

技术的崇拜及其对资本积累产生的作用造成了生产过程中机器排挤劳动者的现象，造成了劳动时间对非劳动时间的侵占和扩展，随着技术对人们生产生活的全方位入侵，加剧了资本—技术的扩张并造成了两极分化现象加剧。因此，人们表面上看到了技术对人的支配现象，而容易忽视其背后生产关系发生的变化。技术以及技术于人的作用——物与物的关系以及人与物的关系，掩盖了人与人的社会关系，即生产关系。对生产关系的遮蔽使人将技术看作决定人命运的至高无上的力量，技术崇拜因此而盛行于世。

（二）资本—技术共生体下技术崇拜对高质量发展的消极影响

1. 人工智能时代技术崇拜下劳动力的相对过剩

随着数字技术、人工智能等技术的发展，数字平台下的数字劳动成为一种新型劳动形式，在产销一体化的推动下，数字资本—技术共生体实现了对网民时间的殖民化和对社会空间的工厂化，数字劳动的时间和空间极度扩张。社会空间的工厂化意味着资本汲取劳动价值的空间限制被不断打破，从而剩余劳动时间有了新的扩张的可能。数字劳动技能、设备、年龄、性别等门槛低，而人工智能、大数据等技术的发展不断推动使得数字劳动更易上手，只要拥有手机等智能设备并接入互联网，就可以成为数字劳动者，从而数字资本的剥削对象更为普遍。

人工智能技术崇拜下的资本对劳动的压迫形式更加隐蔽从而更具迷惑性。数字平台表面上是满足用户娱乐放松、社交需求、便利生活与自我展现的工具和舞台，刺激用户自发使用。但加之智能算法推荐对用户个人偏

① 《马克思恩格斯文集》第八卷，北京，人民出版社 2009 年版，第 357 页。
② 《马克思恩格斯文集》第七卷，北京，人民出版社 2009 年版，第 278 页。
③ 《马克思恩格斯全集》第三十卷，北京，人民出版社 1995 年版，第 267 页。

好的迎合，以及消费主义、泛娱乐主义等意识形态的渗透，催生出更多的、连续不断的使用需求，从而刺激人们自觉、自发、自愿地沉浸在数字平台中，并主动延长数字平台使用时间。生产关系的实质被掩盖在用户"自愿"且"需要"的表象下而更加隐蔽。资本—技术共生体的强强联合，使人不得不屈服于资本和技术的淫威，这种新型雇佣劳动受到资本—技术体系的联合支配，在被"制造"的"同意"中进行所谓"自我剥削"。技术拜物教下劳动与休闲、生产与消费界限日渐模糊，其本质依然是资本与劳动对立的矛盾。

2. 人工智能时代技术崇拜下分配的不平等

人工智能等数字技术的发展可能会加剧"机器排挤工人"的现象，造成结构性失业。由于人工智能的特征以及劳动效率高、没有生理界限等优势，在越来越多的行业和领域代替人力进行生产，大量传统意义上的产业工人被排挤出生产领域，成为数字经济时代下的"相对过剩人口"，这进一步拉大了贫富两极分化的趋势。虽然数字技术、人工智能技术等也会创造一批新岗位，但由于其高效率和高技术含量的特征，新岗位对知识的要求高，并且创造新岗位的数量弥合不了大量消失的低技能工作岗位，这造成在经济向现代化转型过程中一部分劳动者越来越被边缘化与相对贫困化的可能。而未被排挤出生产领域的劳动者也会因面临失业压力而不断内卷，这也有加剧劳动强度和恶化劳动条件的可能。

事实上，数字劳动创造的巨大财富在技术崇拜中表现为数字技术推动数字资本自行增殖的能力，掩盖了其内部劳资分配不平等的事实。人工智能时代数字技术作为信息技术基础设施，广泛参与到资本主义生产、分配、流通、消费各环节和产业资本、金融资本等各领域，数字平台凭借广大数字劳动者生产的一般数据参与资本主义生产过程中的价值分配。数字资本家占有了一般数据的所有权、使用权和收益权，成为一般数据的获益者。而广大数字劳动者作为数字资本参与分配的一般数据的创造者，却处于价值分配的边缘并往往以低酬劳动和无酬劳动的形式出现。广大用户作为数字劳动者在"玩劳动"的掩盖下，在一般数据的生产上付出了大量时间和精力，创造了数字平台的价值源泉，但其收益却被资本家无偿占有，这是比零工经济中的低酬劳动更加极端的价值分配模式。自由、自愿的表面下掩盖的是分配不公的事实，由于数字资本处于绝对的垄断地位，而广大数字劳动者则在劳动强度、劳动时间被提高和延长的同时处于分配的绝对边缘化地位，导致贫富两极分化被进一步拉大。

　　3. 人工智能时代技术崇拜下的资本流通和积累

　　数字平台通过占有大量数字劳动者生产的一般数据搭建起商品流通的中介，以新的方式加速了资本周转，推动了资本积累率的提高。互联网的深入发展和智能设备的普及，使得数字平台在全球化进程中得以广泛铺开，数字平台联通了全球范围内的生产者与消费者，使商品的流通突破了时间和空间的限制，使全天候、全球范围内的商品流通成为现实。与此同时，一方面数字平台通过对用户数据信息的抓取，生成用户的专属数据肖像，将群体数据信息及时反馈给生产商从而便于生产商掌握消费者需求，进行科学、高效、合理的生产；另一方面通过对个人数据肖像的分析生成个人的消费偏好，并通过智能算法推送精准的定向广告，完成生产端和消费端的有效对接，进一步提高了商品流通效率以及整个再生产环节的效率，加速了资本周转速度和资本积累。技术崇拜下数字平台便利人们日常生活的背后是加速资本的流通从而提高资本积累总量的现实，本质上是服务于资本增殖的逻辑。

　　4. 人工智能时代技术崇拜下的虚假消费需求

　　数字平台消费的产销一体化使人们的消费需求被准确捕捉并被积极迎合，大数据和云计算可以通过人们在数字平台留下的痕迹，根据人们的日常行为与观念，掌握人们的消费倾向和消费习惯，预测人们的消费意向，准确迎合人们的消费需求。通过智能算法推荐将消费意向进一步激发、引导和强化，使消费意向变成消费行为，而真实的消费需求会在智能算法的精准操控下变得过度和超量。大数据根据消费偏好，不断地为消费者推荐相似或相配套的相关产品，以刺激消费者在观念中将非必要消费变成必要消费，从而引致了更多不必需的消费行为。

　　消费与社交相勾连以联动效应促进了消费文化的快速扩张。用户的消费内容与消费体验成为其分享在社交平台上的重要内容，在与他人建立社会联系的同时也成为展现自我的方式，而在此过程中也达成了对商品的宣传，转而成为用户的自发广告。商家也抓住此机会采取社交媒体营销手段，利用其传播效应形成潮流式消费，例如网红产品、网红餐厅、明星同款等，吸引消费者进行了非必需消费。消费被符号化成为划分不同社会地位和群体的重要标志，也日渐成为人们确证自身身份和地位的重要象征。加上信贷系统对超前消费的鼓励，致使很多人透支未来，追求本不需要的物质享受，为资本的增殖提供了大量被创造出的、来自未来的消费需求。在社交媒体和算法推荐相结合，意识形态的灌输与物质商品的堆积相耦合中构建出的消费需求，使消费者沉迷虚假的欲望，甚至购物成瘾。受资本逻辑的推动，在智能算法和消费主义的夹击下，通过多种形式的商品堆积和消费主义文化的渗透，采取数字化的手段吸引人们消费，甚至制造出虚假的拜物欲望和消费需求，目的仅仅是提高消费的规模推动利润的实现和资本的增殖。

### 三、高质量发展视角下对技术崇拜的治理逻辑

要实现对技术崇拜的治理就要发挥中国特色社会主义制度的优势，理顺资本—技术共生体的治理逻辑，建立科学有效的资本—技术共生体治理体系，提高资本—技术共生体治理效率与治理能力。首先，要正确认识技术的作用，发挥技术促进生产力发展、创造社会财富、推动社会进步、改善人民福祉的积极作用。其次，要合理运用中国特色社会主义制度的优势对资本加以驾驭和利用，引导资本—技术共生体在社会主义市场经济中健康发展。再次，要加强和完善资本—技术共生体治理的顶层设计，通过生产关系改革、治理体系构建、伦理规范建设，推动技术的高质量发展。最后，要推动人的全面发展，提高广大人民的科学素养、劳动技能、道德品质、创新意识、批判思维，以更高的能力与智识应对加速发展的社会。

（一）还技术于生产力，推动技术的包容性发展

对于技术要辩证地看待其历史作用，就其本质而言是人在改造自然过程中作为人化自然和主体客体化的产物被创造出来服务于改造客体的实践活动。但技术并非是在真空环境下发展的，其发展与应用往往处在一定的历史条件下和社会环境中，在不同的历史条件下发挥着不同的历史作用。

一方面，技术有利于生产力的进步和人类社会的发展。历史地看，科技对生产力发展和人类社会的进步一直起着积极的推动作用。现实地看，科学技术已然成为第一生产力，科学技术武装了劳动者的头脑和身体，提高了劳动者的身体机能、劳动素质与技能；科学技术推动了劳动资料尤其是生产工具的进步与变革，提高了劳动生产效率；科学技术不断拓展劳动对象的范围。从马克思政治经济学到新古典经济增长理论都强调技术进步在推动生产力过程中的决定性作用，因此日新月异的现代科技推动着生产力的飞速进步，也推动着人类社会的发展。

另一方面，市场经济中技术与资本共生的关系使技术的应用对人和人类社会的发展也造成了消极影响。如上所述，资本—技术共生体形成了对现代社会的统治格局，支配着人的生存状况与社会的发展方向，导致了人

的单向度发展、技术与机器对人的支配、人的主体性丧失、两极分化加剧等消极影响，并在技术崇拜的掩盖下以更加隐蔽化、更具迷惑性的方式实现了对广大劳动者更加深刻的剥削，使整个人类社会服从和服务于资本的逻辑，即在物质生产力发展的同时形成了新型的资本对劳动的统治和占有。

因此，中国特色社会主义进入新时代，在经济转型面临更深刻的困境和挑战时应当努力推动技术合理健康发展，发挥技术促进生产力进步的积极作用、克服技术资本应用的消极作用。这要求：一方面要充分发挥技术对生产力的推动作用，大力推动数字技术、人工智能技术等的健康发展，发挥其引擎和叠加功能，赋能经济的持续、健康、高质量发展；另一方面要坚持以人为本的原则推动技术的健康发展，将技术从资本逻辑的统治下解放出来，发挥技术对生产力进步和人的解放的促进作用。将以人为本和技术开发伦理内化贯穿人工智能等技术的开发、选择、应用全过程，使技术发展服务于人的自由全面发展，致力于使人的主体性在科技发展中得到彰显，人的尊严和人格在技术支撑下的现代社会中得到保障和发扬。在技术的开发和起始阶段，要将人的因素作为评价一个技术是否可行、是否可以推广的重要考量和评价指标，例如是否导致机器对人的统治、是否冲击社会伦理等。在技术的选择与应用阶段，要注重产业升级型而非劳动节约型，使技术发展促成产业升级而非劳动者岗位的替代，使技术服务于人类社会发展进步而非资本增殖。

（二）发挥中国特色社会主义制度的优越性，引导资本—技术的健康发展

资本—技术共生体是技术拜物教产生的根本原因，所以克服资本技术合谋对人的遮蔽，实现人的解放和主体性复归，需要发挥好社会主义的制度优势。资本的扬弃和资本自身发展走的是同一条道路，"资本主义生产的真正限制是资本自身"[1]。马克思指出："发展社会劳动的生产力，是资本的历史任务和存在理由。"[2]因此，我们要尊重资本矛盾运动规律、理解"两个决不会"认识，即无论哪一个社会形态，在它所能容纳的全部生产力发挥出来以前，是决不会灭亡的；而新的更高的生产关系，在它的物质存在条件在旧社会的胎胞里成熟以前，是决不会出现的[3]，在允许资本发展过程中

---

① 《马克思恩格斯文集》第七卷，北京，人民出版社 2009 年版，第 278 页。
② 《资本论》第三卷，北京，人民出版社 2004 年版，第 288 页。
③ 《马克思恩格斯选集》第二卷，北京，人民出版社 1995 年版，第 33 页。

发挥其推动生产力发展的作用。当前，中国仍处于社会主义初级阶段，生产力发展水平有待提高，因此要善于引导、驯服和利用资本，充分发挥资本的积极作用，规避和控制资本的消极作用，为社会主义现代化服务。

习近平总书记指出，资本是社会主义市场经济的重要生产要素，在社会主义市场经济条件下规范和引导资本发展。① 首先，要在坚持社会主义制度的根本前提下促进数字资本等技术资本的发展，这是驾驭资本于社会主义的根本所在。社会主义制度下资本的发展目的不仅是资本的增殖与积累，而是要发挥其促进科技进步、提高生产效率、增加社会财富、便利人民生活的作用，从而服务于社会主义现代化国家的建设、服务于人民对美好生活的需要、服务于人的自由全面发展。其次，要在社会主义市场经济体制下引导数字资本等技术资本健康发展。在社会主义市场经济中，资本是重要的生产要素，是整合生产要素的重要枢纽，是市场配置资源的重要工具，是经济发展的重要驱动力。社会主义市场经济体制为数字资本等的发展提供了公平有序的市场环境，有利于数字资本活力的进发。同时，要有效防止数字资本的无序扩张行为，强化针对大型数字平台公司的反垄断，打击资本巨头和科技巨头的无限制扩张和对市场的随意操控，维护市场公平竞争环境。最后，要健全和完善驾驭资本的法律法规体系，为资本设置"红绿灯"②。要积极推动规范数字资本发展的立法、司法工作，尤其是针对目前存在的数据产权、平台监管等突出问题，要及时推动法律体系的更新、补充与完善，推动对数字资本和数字平台等的有效监管，规制资本市场的有序运行和数字资本的良性发展。

1. 加强规范技术的顶层设计，推动数字经济高质量发展

从生产关系、治理体系、伦理规范 3 个维度入手做好人工智能时代资本—技术治理的顶层设计，高屋建瓴地指导技术进步和资本运用。首先，要实现对资本技术崇拜的超越，根本途径在于社会主义公有制对资本逻辑的扬弃。面对数字经济时代下的技术浪潮，中国要注重发挥公有制主体地位的优势，国有经济要布局人工智能、数字技术等关系国家安全和经济前途的前沿科技及相关核心技术领域，使科技带来的收益由全体人民共同享有。其次，完善普惠性的社会主义分配制度。通过分配制度让人工智能等技术的发展成果惠及广大人民，在初次分配中更加强调劳动报酬的占比，

---

① 习近平：《习近平谈治国理政》第四卷，北京，外文出版社 2022 年版，第 217 页。
② 习近平：《习近平著作选读》第二卷，北京，人民出版社 2023 年版，第 576 页。

妥善处理资本—技术作为劳动要素参与分配时的比重，既要保障资本作为重要生产要素通过分配满足增殖的需要，又要提高劳动要素作为主体性生产要素参与初次分配的比重。通过再分配提高技术—经济发展的普惠性，通过财税政策缩小资本—技术带来的收入和财富差距，以社会保障机制来缩小技术发展带来的生活水平和发展机会差距，缓解技术进步带给不同群体收益和发展影响的不平衡。通过慈善等第三次分配进一步促进技术发展成果由人民共享。最后，促进人工智能等技术冲击下劳动分工的新发展。第一，要注重人工智能等技术与实体经济的融合，通过技术进步助推产业升级，在不可避免地造成一部分岗位缩减甚至消失的同时创造出就业增长极。第二，要注重人力资本的投入，一方面要加强失业人群的再就业和新职业技能的培训；另一方面要加强人工智能等前沿技术的教育普及，加强一些人工智能等技术无法替代的主体性、创造性、情感类等工作的培育。第三，要完善新就业形态的法律保障体系，例如目前在立法上还不是很明朗的数字零工的劳动保障问题。

2. 创新资本—技术治理体系建设

要在科学认识资本作用、准确把握资本发展规律的基础上，建立和完善科学、有效、完备的资本—技术治理体系。要建立事前引导、事中防范、事后监管全程覆盖和有效衔接的科学、高效、合理、公正的资本—技术治理体系。要健全资本—技术的科学监管、民主监管、依法监管机制，落实监管职责，赋监督权于人大、政协、社会组织、人民群众，调动社会各方参与对资本—技术发展以及资本—技术治理主体、程序等监督的积极性，创新监管方式和渠道，提高资本—技术治理水平和能力。

3. 完善技术发展的伦理规范

有 50% 的利润，资本就会铤而走险；为了 100% 的利润，资本就敢践踏一切人间法律；有 300% 的利润，资本就敢犯任何罪行。[1] 在没有约束的情况下，在增殖逻辑的支配下，资本会无限度扩张、践踏道德伦理。近年来，基因编辑、伴侣机器人等技术的出现挑战了社会伦理价值。为此，需要建立和完善全人类统一的科技研发伦理价值规范，将道德、伦理、习俗、价值观等价值因素内化成为人工智能等技术发展的评判准则，并外化成为人工智能等技术研发应用的约束和规定，以防范科技风险。一方面，人工智能等行业应加强行业自律，在行业内部成立行业自律组织

---

[1] 《马克思恩格斯文集》第五卷，北京，人民出版社 2009 年版，第 871 页。

和自治机构，共同商议达成对行业发展方向、研发道德准则和伦理规范的共识，制定行业自律准则和伦理规范，设立伦理委员会及其日常监督机构，经常开展行业自省、自审、自查。另一方面，各国政府和各国际组织应推动形成范围更广、更权威性的技术伦理共识和技术研发伦理道德规范，并针对各细分领域的立法进程和法治建设进程进行专业的规划与监督。

4.增智于人，促进劳动者智能化的升级转型

科学技术作为人在实践中创造的产物既是人本质力量的确证，也是人进一步发展的基础。面对人工智能等技术迅猛发展，全社会要加强对人力资本的投入，大力发展教育事业、提高教育水平，通过教育与培训提高全民科学素养，从而能够正确认识和理智对待新技术与新概念，避免陷入对技术的恐惧和盲目崇拜；提高科学素养和技术技能，提升劳动者在生产中适应人工智能的能力；提升全民认知能力，用价值理性和工具理性双重向度看待技术进步和经济社会发展，提高对资本—技术共生体支撑下纷繁复杂的经济现象和科技概念及科技产品的辨别、认知能力。培育文明的道德规范和高尚的道德品质，树立正确的世界观、人生观和价值观，弘扬和践行社会主义核心价值观。创新既是当今发展的第一驱动力，也是人类不断发展和进化的必然选择，要推动全民树立创新意识、提高创新能力、葆有创新热情。要坚持独立思考习惯，树立批判精神，面对技术拜物教的蒙蔽和消费主义的诱惑，唯有保持批判的精神看待世界，才能正确看待科技，不断地通过批判性思考来推动社会的进步和人的全面发展。

## 第三节　收入差距扩大与社会主义分配正义

随着经济社会的发展，居民收入随之呈现较大的变化，主要表现在两方面：一方面我国居民收入不断提高，购买力不断增强；另一方面居民的收入差距也表现出扩大的趋势，这种情况的出现不容乐观。过大的贫富差距可能导致社会矛盾的激化，影响社会稳定和经济持续健康发展。马克思的分配正义观涉及多层次的内容，他在对资本主义分配制度的辩证否定中提出了对共产主义分配方式的构想，这为我国现阶段解决贫富差距增大的社会状况提供了理论支撑，同时在一定程度上为实现共同富裕提供了借鉴。

## 一、马克思对社会主义共同富裕的论证

马克思在《政治经济学批判（1857—1858 年手稿）》中提到，"生产将以所有的人富裕为目的"①。这是马克思首次对共同富裕进行论述。共同富裕是马克思对未来社会的设想，也是中国特色社会主义的本质要求。我国正处在全面建设社会主义现代化国家的关键时期，人民贫富差距的问题迫切需要改变，而缩小贫富差距、逐步实现共同富裕需要在马克思分配正义观的指导下不断完善分配制度，推进社会公平正义。

（一）对资本主义分配方式的辩证否定

马克思虽然在总体上对资本主义制度持批判态度并指出了资本主义必然灭亡和社会主义必然胜利的社会历史发展趋势，马克思在《共产党宣言》中也指出了资产阶级在历史上曾经起过非常革命的作用，"资产阶级在它的不到一百年的阶级统治中所创造的生产力，比过去一切世代创造的全部生产力还要多，还要大"②。而资本主义创造的巨大物质财富也为共产主义社会的实现奠定了坚实的物质基础。

总的来说，马克思对资本主义的分配方式持有辩证的态度。一方面，在资本主义的分配条件下资本家凭借对生产资料的占有，通过雇佣劳动可以无偿占有无产者创造的剩余价值，在资本积累过程中造成了贫富的两极分化。在资本主义经济中，由于生产资料的资本家私人占有造成了生产和分配上的双重不正义，这种观点称之为与马克思主义价值判断相符的分配正义。另一方面，在唯物史观视域里在资本主义的上升时期，其分配方式与生产方式相适应在一定时期内促进了生产力的发展，增加了物质财富的积累，从促进经济社会发展的角度来看也是一种正义，可以称之为与生产方式相符合的正义。

1. 与马克思主义价值判断相符合的正义

马克思主义是从无产阶级立场出发的为绝大多数人谋利益的学说，在资本主义经济制度中工人与生产资料被迫分离，只能依靠为资本家提供劳动换取生活资料，而资本家凭借对生产资料的占有无偿剥夺工人创造的剩余价值，导致富者愈富、贫者愈贫。资本主义经济制度的一端是资本家财富的积累，另一端是工人阶级贫困的加剧，这种状况显然是一种不正义的

① 《马克思恩格斯文集》第八卷，北京，人民出版社 2009 年版，第 200 页。
② 《马克思恩格斯文集》第二卷，北京，人民出版社 2009 年版，第 36 页。

现象，违背了马克思主义无产阶级利益观的原则，马克思对资本主义这种分配方式进行了批判。他曾在著作中多次使用"盗窃""抢劫"等词语来描绘资本家对工人阶级剩余价值的无偿占有，而这些词显然是从道德出发来对资本主义的分配方式进行谴责的。在资本主义社会中，表面上实行等价交换的雇佣劳动制度却在实际上掩盖了资本家对工人剩余劳动的掠夺，这是用表面上的"正义"掩盖了实际的不正义的手段。值得注意的是，马克思并不赞同单单从道德正义出发去批判资本主义社会，道德正义作为一种观念只能在一定程度上影响社会发展却不能决定社会制度的变迁。恩格斯在批判"做一天公平的工作，得一天公平的工资"时指出："在道德上是公平的甚至在法律上是公平的，从社会上来看可能远不是公平的。社会的公平或不公平，只能用一门科学来断定，那就是研究生产和交换这种与物质有关的事实的科学——政治经济学。"① 也就是说，只有从马克思政治经济学的视角出发依据生产力与生产关系的矛盾运动规律，才能说明资本主义生产关系的必然灭亡与社会主义的必然胜利。

**2. 与生产方式相适应的正义**

由于从道德出发并不能对资本主义制度进行彻底的否定，马克思进一步对资本主义的分配正义问题进行了理论阐释。在《资本论》中他提到："只要与生产方式相适应，相一致，就是正义的；只要与生产方式相矛盾，就是非正义的。"② 分配方式作为一种生产关系，需要与一定的生产力相适应，在二者相适应的情况下就会促进生产力的发展，在二者不相适应的条件下就会阻碍生产力的发展，而这种由生产关系适应生产力的状况而促进社会经济的发展也被马克思视为一种"正义"。

在这种正义观念的指引下可以看到在资本主义生产条件下，当雇佣劳动的生产形式还能促进资本主义生产力发展时也是一种"经济正义"。马克思指出："劳动力使用一天所创造的价值比劳动力自身一天的价值大一倍。这种情况对买者是一种特别的幸运，对卖者也决不是不公平。"③ 这种劳动力的买卖在表面是等价交换，却在形式上蒙蔽劳动者，使其被迫为资本家不断地生产剩余价值，由此使资本主义在发展的一定时期内能够推动生产力和社会经济进步，此时社会处于生产关系与生产力相适应的"经济正义"阶段。但是，只要我们把视线拉得更长，就会认识到资本主义随

---

① 《马克思恩格斯全集》第二十五卷，北京，人民出版社 2001 年版，第 488 页。
② 《马克思恩格斯文集》第七卷，北京，人民出版社 2009 年版，第 379 页。
③ 《马克思恩格斯文集》第五卷，北京，人民出版社 2009 年版，第 226 页。

着生产力的进步而产生并向上发展，也必然会随着生产力的发展而进入历史的下降期并最终灭亡，基于未来共产主义社会发展的立场，就不难看出资本主义社会分配方式的不正义性。

（二）对社会主义按劳分配合理性的辩证阐释

在《哥达纲领批判》中马克思首次阐述了未来社会的分配方式，首先是共产主义的初级阶段也就是社会主义时期，其次是共产主义的高级阶段也就是发达的共产主义时期。马克思在《哥达纲领批判》中批判了拉萨尔所谓的"不折不扣的劳动所得"，马克思指出拉萨尔认为"劳动是一切财富和一切文化的源泉，而因为有益的劳动只有在社会中和通过社会才是可能的，所以劳动所得应当不折不扣和按照平等的权利属于社会一切成员"①。马克思认为集体的劳动所得就是社会总产品，而社会总产品中应该扣除用来补偿消耗掉的生产资料的部分，用来扩大生产的追加部分以及用来应付不幸事故、自然灾害等的后备基金或保险基金，类似于当代政府宏观调控的财政支出。除此之外，还应该扣除同生产没有直接关系的一般管理费用、用来满足公共需要的部分和为丧失劳动能力的人设立的基金等，这样拉萨尔所谓的"不折不扣的劳动所得"就成为"有折有扣的劳动所得"了。在马克思看来把上述需要扣除的部分扣除，再把剩余产品按劳动进行分配就是按劳分配，也就是"每一个生产者，在作了各项扣除以后，从社会领回的，正好是他给予社会的。他给予社会的，就是他个人的劳动量"②。这是相对于资本主义社会劳者不获、获者不劳更为公平的分配方式。但是，马克思认为这种按劳分配方式同样存在着不正义的方面，因为"它默认，劳动者的不同等的个人天赋，从而不同等的工作能力，是天然特权"③。不仅如此，每个人所要担负的责任也各不相同，有的家庭子女和老人多而劳动力少，则收入少支出多，而有的家庭子女和老人少而劳动力多，则收入多支出少，所以就算相同的劳动能力由于家庭的制约也会导致生活的差距和分配的不公。马克思辩证地论述了这种不平等存在的必然性，"这些弊病，在经过长久阵痛刚刚从资本主义社会产生出来的共产主义社会第一阶段，是不可避免的"④。而只有到了共产主义的高级阶段，才能真正实现分配的正义。

---

① 《马克思恩格斯文集》第三卷，北京，人民出版社 2009 年版，第 428 页。
② 《马克思恩格斯文集》第三卷，北京，人民出版社 2009 年版，第 434 页。
③ 《马克思恩格斯文集》第三卷，北京，人民出版社 2009 年版，第 435 页。
④ 《马克思恩格斯文集》第三卷，北京，人民出版社 2009 年版，第 435 页。

（三）对共产主义按需分配的追求

马克思认为："在共产主义社会高级阶段，在迫使个人奴隶般地服从分工的情形已经消失，从而脑力劳动和体力劳动的对立也随之消失之后；在劳动已经不仅仅是谋生的手段，而且本身成了生活的第一需要之后；在随着个人的全面发展，他们的生产力也增长起来，而集体财富的一切源泉都充分涌流之后，——只有在那个时候，才能完全超出资产阶级权利的狭隘眼界，社会才能在自己的旗帜上写上：各尽所能，按需分配！"[1] 在马克思看来，共产主义社会按需分配的实现需要 3 个条件，首先是分工以及脑力劳动与体力劳动对立的消失，其次是劳动成为人生活的第一需要，最后是物质财富的极大丰富。

分工的出现在一定时期内促进了生产力的快速发展，但由于人长期被限制在同一种分工内部也阻碍了人的全面发展，而在共产主义社会人成为社会发展的目的，真正的财富就是所有人发达的生产力，人的发展不再受到社会分工的限制，脑力劳动与体力劳动的差别消失，所有人的发达劳动力为分配提供物质基础。这时劳动已经不再是人们为了生存而不得不进行的谋生手段，而成为人生活的第一需要，劳动产品不再是异己的力量，彻底消灭了劳动的异化状态，劳动产品能够根据个人需要进行分配，为人的全面发展服务。马克思认为共产主义社会的按需分配是建立在发达生产力之上的，他在关注分配的同时更加关注生产，他指出："消费资料的任何一种分配，都不过是生产条件本身分配的结果；而生产条件的分配，则表现生产方式本身的性质。"[2] 生产是分配的前提和基础，只有生产出来的物质财富才有可能被分配，也只有在物质财富极大丰富的时候正义的分配才有可能真正实现。

## 二、改革开放以来对共同富裕的实践经验

（一）改革开放和社会主义现代化建设新时期

在经历了计划经济的一系列挫折后，我国于 1978 年召开了党的十一届三中全会，改革从农村开始，安徽省凤阳县小岗村"包产到户"的做法为农村改革提供了借鉴。随后，在农村大范围实行以包产到户、包干到户为主要形式的家庭联产承包责任制，这种自负盈亏的方式使农业生产率大

---

①《马克思恩格斯文集》第三卷，北京，人民出版社 2009 年版，第 435~436 页。

②《马克思恩格斯文集》第三卷，北京，人民出版社 2009 年版，第 436 页。

幅提高。农村改革的成功也推动了城市改革如火如荼地开展，极大地解放和发展了社会生产力。在分配方面，从总体上看，不管是城市还是农村，都在按劳分配的基础上克服平均主义，逐步探索适合我国基本国情的分配制度。

在这一时期社会主义分配制度主要经历了 3 个阶段，第一阶段是1978~1992 年，在这一时期主要任务是克服平均主义。克服之前的"左"倾错误和平均主义，为改革开放打破思想桎梏成为重中之重，允许一部分人先富起来也成为改革的重点。第二阶段是 1993~2006 年，这一时期主要是效率优先、兼顾公平。邓小平的南方谈话进一步解放了思想，促进了生产力的发展，在那个时间就是金钱、效率就是生命的年代，为了快速把我国建设起来，党的十四届三中全会正式将"效率优先、兼顾公平"的分配原则写入《中共中央关于建立社会主义市场经济体制若干问题的决定》之中。第三阶段是 2007~2012 年，这一段时间比较短，这时候的分配政策已经相对成熟，兼顾效率和公平。这时我国经过改革开放 30 年的发展，经济水平已经有了很大的提升，但贫富差距拉大成为重要的社会问题，甚至公平问题已经影响到了经济转型效率的进一步提升。在这样的背景下，党的十七大报告指出，初次分配和再分配都要处理好效率和公平的关系，再分配更加注重公平，这表明我国的分配制度朝着不断完善的方向发展。

（二）中国特色社会主义进入新时代

党的十八大以来，中国特色社会主义进入新时代，我国的经济发展在很多方面出现了新的变化，这些变化中既隐藏着机遇也有挑战。我国社会主要矛盾已经转化为人民日益增长的美好生活需要和不平衡不充分的发展之间的矛盾。这种发展的不平衡不充分也体现在收入分配的差距上面，为了解决社会的主要矛盾，要进一步改革完善收入分配制度。进入新时代，分配领域要以解决社会主要矛盾为重点，以共同富裕为目标，强调发展与共享的同步。新时代在分配制度上依然兼顾效率和公平的统一，这一时期分配方式思想的创新主要体现为拓宽了按贡献参与分配的要素范围[1]，将管理作为要素纳入分配范围。党的十九届四中全会则首次将土地和数据纳入按贡献参与分配的要素范围，并明确了由市场评价贡献、按贡献决定报酬的机制。

---

[1] 白永秀、周博杨、王泽润：《中国共产党百年分配思想演进的历史逻辑、理论逻辑与实践逻辑》，《中国经济问题》2021 年第 3 期。

党的二十大报告明确指出，分配制度是促进共同富裕的基础性制度。坚持按劳分配为主体、多种分配方式并存，构建初次分配、再分配、第三次分配协调配套的制度体系。[①] 同时强调要多种渠道增加中低收入群众要素收入，多渠道增加城乡居民财产性收入，引导、支持有意愿有能力的企业、社会组织和个人积极参与公益慈善事业，努力健全第三次分配。新时代以来，虽然我国在分配制度上有一定的创新，但是依然面临着严峻的问题和挑战，在马克思分配正义观的指导下解决分配问题，完善分配制度依旧是重要的任务。

## 三、当前我国收入分配领域面临的困境

2021 年在建党 100 周年之际，我国历史性完成了消除绝对贫困的艰巨任务，实现了全面建成小康社会的目标，这是人类战胜贫困的里程碑式的伟大事件，但是也要意识到实现共同富裕依然任重道远。现阶段收入分配差距依然很大，基尼系数长期以来一直高于国际警戒线，初次分配、再分配和第三次分配都有其不同的困境，在马克思分配正义观的指导下，摆脱这些困境不断完善分配制度是实现共同富裕进程中的重要环节。

### （一）劳动报酬在初次分配中占比较低

受世界经济增长放缓的影响，宏观经济下行，我国国内生产总值增速进一步放缓，城乡居民可支配收入增速也同步减缓。在初次分配中，中国目前劳动报酬相对于资本报酬越来越低，1992~2008 年，劳动报酬在初次分配中的比重从 49.26% 下降到 43.66%，而资本报酬在初次分配中的比重从 36.65% 升高到 41.31%，其间虽各自有所波动，但总体上劳动报酬下降了 5.6 个百分点，而资本报酬提高了 6.66 个百分点。[②] 在 2008 年以后受国际金融危机的影响，资本报酬有了下降的趋势，劳动报酬逐步上升。但是从社会生产来看依靠劳动报酬获得收入的群体要远远多于拿资本报酬的群体，而二者在初次分配中的占比却相差不大。可见，在我国的初次分配中劳动报酬的比重一直低于资本报酬所占的比重，劳动报酬在初次分配中的占比较低。

市场是主导初次分配的经济主体，改革开放 40 年里我国已经初步建

---

① 习近平：《高举中国特色社会主义伟大旗帜　为全面建设社会主义现代化国家而团结奋斗——在中国共产党第二十次全国代表大会上的报告》，北京，人民出版社 2022 年版，第 46~47 页。
② 潘华、谭永生：《我国劳动报酬与资本收益结构失衡的原因分析及对策建议》，《中国物价》2018 年第 8 期。

立社会主义市场经济体制，市场在资源配置中逐渐起决定性作用。我国又是一个人口基数大的发展中国家，人口众多、人均资金少是常态，经济的发展在一定程度上依赖劳动密集型产业，必然造成劳动报酬增长占比较低的局面。当前，经济转型处在产业升级的关键期，经济发展方式逐步朝高质量发展的方向转变，经济发展越来越依靠科技和创新。随着教育事业的全面发展，我国劳动力受教育水平也越来越高，未来脑力劳动者的大量出现以及劳动形式的多样化发展也许会对这种局面起到一定的缓解作用。

（二）再分配调节力度有待加强

再分配是在初次分配的结果上，政府通过税收、社会保障、转移支付等方式对居民收入进行再次调节。再分配以政府为主导，是调节收入分配的强有力措施。随着我国经济趋向高质量发展和各项制度的不断完善，再分配制度改革也取得了一系列的成就，初步构建了税制合理、结构优化的现代税制体系，建立了世界上规模最大的社会保障体系，转移支付的规模也在稳定扩大，[①] 但是也存在一些不容忽视的问题。

首先，在税收方面个人所得税制度需要进一步完善。我国政府的税收结构以流转税为主，但对收入分配起重要调节作用的是个人所得税，很多高收入的经济主体其收入来源多样，征收和管理难度较大，导致一部分税收的流失，再分配的调节力度下降。其次，我国社会保障的规模虽然大但是力度有限，尤其是对低收入群体而言，他们的基本生活保障不高，造成他们对教育、医疗、养老等方面存在相当程度的担忧和实际困难，这种现象的长期存在不仅对缓和收入差距的作用有限，而且在一定程度上阻碍了消费的增长。[②] 最后，在转移支付方面，效率和精准度也有待提升。不发达地区如何将转移支付发展成为内生动力是一个亟待解决的问题，不能使不发达地区对转移支付产生依赖，抑制了自身发展的内在动力，这些都是当今经济转型中需要认真面对和解决的问题。

（三）不断推动第三次分配机制的创新和完善

《中华人民共和国国民经济和社会发展第十四个五年规划和2035年远景目标纲要》明确指出，要发挥慈善等第三次分配作用，改善收入和财富

---

① 赵峥、冯文猛、王炳文：《共同富裕视域下的我国再分配制度：成效、挑战与建议》，《改革与战略》2022年第2期。

② 朱成全、李东杨：《中国居民收入分配问题研究——基于马克思的分配正义理论》，《东北财经大学学报》2018年第2期。

分配格局。[①] 所谓第三次分配是在道德、文化、习惯等影响下，企业、社会团体和个人自愿通过民间捐赠、慈善事业、志愿行动等诸多方式济困扶弱、促进公益事业的行为。其在形式上是对初次分配和再分配的有益补充。[②] 第三次分配以社会作为主导力量，侧重道德义务及社会责任，是先富带动后富的一种形式，在实现共同富裕的进程中能够发挥重要的作用。但是，我国的慈善事业发展还不够充分，第三次分配在完善相应制度、呼吁号召捐助者、确定受助对象等方面还存在一定的困难，需要不断地推动第三次分配机制的创新和完善。

首先，在继承制度方面我国并未收取遗产税等，很多富有群体将自身的财产直接交给下一代继承，缺乏慈善捐赠的动力，使得第三次分配缺乏稳定捐赠的来源与制度保障；其次，在捐赠人方面主要依靠企业履行捐助责任，个人捐助的积极性相对较弱；最后，在受助对象方面我国第三次分配目前关注的领域仍是教育、医疗健康和扶贫等传统领域，对科学、文化、国际事务、环境和公共卫生等"大慈善"领域关注不足，还存在范围拓展和结构性优化的空间。[③] 要实现共同富裕，就要最广泛地凝聚起社会力量，发挥慈善的力量，不断完善第三次分配。

## 四、在马克思主义指导下不断完善收入分配制度

改革开放 40 年以来，我国经济发展取得了举世瞩目的成就，创造了世所罕见的经济快速发展和社会长期稳定两大奇迹。在不断做大经济总量的同时，需要持续关注收入分配领域存在的效率与公平的矛盾，减少公平性损失对经济转型绩效的影响，促进经济高质量增长。针对我国现阶段收入分配面临的困境，需要在马克思分配正义观的指导下对目前经济转型的现状进行客观分析，并基于客观现实提出合理的解决方法，不断完善我国的分配制度，扎实推动共同富裕。

（一）坚持和完善公有制为主体、多种所有制经济共同发展的基本经济制度

我国的基本经济制度决定了基本分配制度，1956 年三大改造的基本完成改变了生产关系，实现了把生产资料私有制转变为社会主义公有制的任务，

---

① 《中华人民共和国国民经济和社会发展第十四个五年规划和 2035 年远景目标纲要》，北京，人民出版社 2021 年版，第 146 页。

② 梁朋：《重视发挥第三次分配在国家治理中的作用》，《中国党政干部论坛》2020 年第 2 期。

③ 张银平：《重视发挥第三次分配作用　助推实现共同富裕》，《求知》2021 年第 11 期。

标志着社会主义基本制度在我国的初步确立，为当代中国一切发展进步奠定了根本政治前提和制度基础。但是，我国是在生产力并不足够发达的情况下建立起的社会主义制度，物质资料也不够丰富，这决定了在建立社会主义制度后，很长一段时期内的任务是发展生产力，使生产力的发展与生产关系相适应。我国社会主义生产资料的公有制克服了资本主义生产资料私有制与社会化大生产之间的固有矛盾，能够在最大程度上集中社会力量发展生产力和改善民生，在促进社会公平正义等方面发挥出重要的作用。

马克思认为真正的公平分配只有在生产力高度发达、社会物质财富极大丰富的基础上才能够实现。按照政治经济学的基本原理，生产是分配的前提，正如马克思指出，"分配的结构完全决定于生产的结构。分配本身是生产的产物"①，这说明只有生产出了足够多的物质财富，才能有分配的物质条件。这与现代福利经济学有关社会福利的第一定理是一致的。生产资料公有制为我国集中力量发展生产力提供了重要的制度保障，只有坚持公有制为主体的基本经济制度才能促进我国的基础设施建设，为再分配的实现提供生产物质基础的制度前提，才能更好地促进社会的公平正义和共同富裕的实现。

（二）坚持和完善按劳分配为主体、多种分配方式并存的分配制度

按劳分配是马克思对共产主义第一阶段的基本分配原则的科学构想，在马克思看来，虽然按劳分配还有其无法克服的缺点，但是相对于资本主义社会资本家对工人阶级劳动成果的剥削式分配已经是相对公平的了。我国坚持按劳分配为主体、多种分配方式并存的分配制度是由我国的国情和基本经济制度决定的。

按劳分配的精神实质是肯定劳动创造价值是正义的②，劳动者的劳动产品应该归劳动者本人所有，而不是被生产资料的占有者剥夺。劳动者依靠自己的劳动参与社会分配才是真正正义的分配。社会主义按劳分配制度是对资本主义制度下劳者不获、获者不劳的根本否定，是对广大劳动者的正义分配。按劳分配是我国的基本分配制度，也是实现共同富裕的基本分配原则，③但是按劳分配在实现的过程中还要注意一些问题。一方面，按劳分配要坚持公平与效率相结合的原则。按劳分配是在生产资料公有制的

---

① 《马克思恩格斯文集》第八卷，北京，人民出版社 2009 年版，第 19 页。
② 贺汉魂：《按劳分配的正义追问——重读马克思按劳分配思想》，《上海师范大学学报（哲学社会科学版）》2019 年第 5 期。
③ 葛扬：《分配制度完善中实现共同富裕的社会主义现代化》，《理论与现代化》2021 年第 6 期。

条件下对社会总产品作了各项必要的社会扣除以后，按照个人提供给社会的劳动数量和质量分配个人消费品。所以按劳分配在关注公平的同时，也重视劳动数量和质量，这是公平与效率相结合的方式。另一方面，按劳分配还不能成为我国单一的分配形式，我国的社会主义制度并不是在生产力高度发达的基础上建立起来的，而是通过改变生产关系建立起来的。也就是说，在长期内的主要任务依然是发展生产力，需要非公有制经济和多种分配方式来提升经济活力以及增加就业和税收。

多种分配方式并存与多种所有制经济相适应，在社会主义初级阶段完全的公有制和按劳分配是不现实的，也不利于促进经济发展与财富积累。改革开放以来，我国引进了大量外资并鼓励私人资本投资来促进经济发展，多种所有制经济的发展造就了多种分配方式的并存，按生产要素参与分配能够增加人民收入的渠道，从而更好更快地增加财富和实现富裕。

马克思分配正义观带给我们的启示在于，在一定生产方式下能够促进生产力发展的分配关系就是正义的分配。我国仍处于并将长期处于社会主义初级阶段，物质积累不够雄厚，要想经济获得长期稳定的增长，还需要多种分配方式并存，让更多民营企业、外资企业获得发展，使创造财富的源泉充分涌流。多种分配方式是指按劳动、土地、资本、信息技术和管理等要素参与分配，是中国特色社会主义市场经济的鲜明特征。其中，按劳动、技术等以个人能力为中心的要素参与分配能够激发劳动者的积极性，推动社会发展。

值得注意的是，按土地、资本等生产要素分配在实际中可能导致收入差距的进一步拉大。因为在生产中，这些不以个人能力为中心的生产要素的分配可能偏向于同一群体，往往会出现社会上越富有的群体，获得收入的途径就越多，而越贫穷的群体，拥有能够参与分配的要素就越少，形成一个富者愈富、穷者愈穷的循环。而要改善这种不正义的分配方式就要通过国家的再分配进行，通过税收杠杆在富人和穷人之间的转移，向贫困群体多补贴，我国的共同富裕不是同等富裕，也不是同时富裕，它的实现需要物质的积累和时间的打磨。

（三）完善分配制度需要坚持以人民为中心的发展思想

坚持以人民为中心的发展思想，体现了党对人民群众的重视，是对马克思人民观和正义观的继承与发展。马克思分配正义观不仅是对经济社会的正义，更是为人民的正义。我国经济发展的目的是为增进人民福祉，而不是为少数人谋取福利，因此在生产结果的分配上，也应该以人民为中心，维护人民的公平正义。

马克思认为共产主义高级阶段的分配方式应该是各尽所能、按需分配，而这种分配方式建立在共产主义社会生产力高度发达和个人的全面发展的基础之上，也能够最大程度地满足人的全面发展，突破分工的片面性要求，这是最高级也是最公平的分配方式。按需分配是一种以人的需求为核心的分配方式，而人的能力也为物质的创造提供了保证，因为"真正的财富就是所有个人的发达的生产力"[①]，所以个人的需求与个人的生产力形成一种良性的相互促进关系，一方面个人生产力为其需求的满足提供了物质前提，另一方面个人需求的满足也为其生产力发展提供了动力。要实现社会公平正义就要坚持以人民为中心的发展思想，但也要依据具体的国情来看待，毕竟我国处于社会主义初级阶段的基本国情没有变，我国是世界上最大的发展中国家的国际地位也没有变，经济建设依然具有重要的地位。

综上所述，实现共同富裕是社会主义的本质要求，长期以来中国共产党一直在为实现共同富裕这一目标而努力奋斗，马克思的分配正义观是丰富的理论资源宝库，在新的发展阶段要以其为理论指导不断完善我国的分配制度。共同富裕之路任重道远，在理论上要不断挖掘马克思分配正义观的理论宝库，为实践发展提供理论支撑；在实践上要以国情为出发点，不断完善收入分配制度，促进共同富裕的扎实推进。马克思分配正义观是在对资本主义分配制度的辩证否定中提出的，这种分配观念对正在发展的社会主义市场经济具有重要的借鉴意义，一方面要利用市场体制来发展经济；另一方面市场在资源配置中的决定性作用可能会导致收入差距的拉大，因此要尽力防止贫富的两极分化。坚持和完善以公有制为主体、多种所有制经济共同发展的基本经济制度，坚持按劳分配为主体、多种分配方式并存的分配制度是社会主义经济发展的基本准绳，只有在这些基本制度下深化改革推动经济转型，才能不断促进经济发展和社会的进步，不断缩小收入差距，逐步实现共同富裕的目标。

## 第四节　道德失序与市场经济规则重建

改革开放以来，中国共产党带领人民不断探索适合社会主义经济发展

---

[①] 《马克思恩格斯文集》第八卷，北京，人民出版社 2009 年版，第 200 页。

的建设道路，经济转型绩效持续改进。然而，在发展非公有制经济的过程中也出现了经济道德失序等急需解决的问题，建立中国特色社会主义市场经济道德秩序迫在眉睫。有关市场经济运行秩序的建立和完善问题引起了学术界的广泛关注，中国的许多学者们力求通过马克思经济伦理思想为当代社会主义市场经济道德秩序的构建提供有益的理论指导。学术界关于马克思经济伦理的研究主要是集中在对马克思经济伦理思想的来源、主要内容、发展历程、时代价值等方面的探究。其中，具有代表性的著作有余达淮的《马克思经济伦理思想研究》、刘琳的《〈资本论〉的经济伦理思想研究》、吴兵的《马克思经济伦理思想及其当代价值》、徐强的《马克思主义经济伦理思想研究》，这些著作从不同的分析视角对马克思经济伦理思想进行了研究。这里我们对马克思主义中经济秩序与伦理思想及其在中国特色社会主义市场经济建设过程中的创新发展进行梳理，并在此基础上以问题为导向对新时代中国特色社会主义市场经济道德秩序的建设路径进行初步探索。

## 一、马克思对资本主义经济道德失序的批判

马克思站在广大无产阶级的立场上科学剖析了资本家和工人之间对抗性的经济伦理关系，全面分析了在资本主义社会经济运行过程中经济主体的道德状况，批判了资本主义经济道德失序的恶果，指明了在更优越的社会主义制度下应有的经济道德状态和经济伦理准则。

（一）资本家和工人之间对抗性的经济关系及其影响

马克思在批判分析资产阶级经济学家理论的过程中揭露了国民经济学所谓的"劳资统一"的虚假性，说明了劳资对立的必然性。马克思认为在资本主义制度下劳动和资本之间的冲突是不可调和的，必然会导致工人和资本家之间的对立。

从剩余价值生产的过程来看，资本的本性决定了资本对剩余价值无止境的贪欲，这使得作为资本人格化的资本家为了获得更多的剩余价值，就会尽可能地剥削工人。马克思将剩余价值的生产分为绝对剩余价值生产和相对剩余价值生产两种形式，并对剩余价值的生产过程进行了详细论述。在马克思看来剩余价值来源于工人的剩余劳动，无论是哪种形式的剩余价值的生产都体现着资本家对工人的剥削。劳动力作为一种特殊的商品，不仅可以生产出等于自身价值的价值，而且可以生产出超过自身价值的价值，这部分价值被称作剩余价值。劳动力的价值作为一个相对固定的量，

在其他条件不变的情况下，工作时长越长工人所生产的超过自身价值的价值也就越多。因此，资本家就会尽可能地延长工人的劳动时间，甚至强迫工人进行超过自身身体负荷的劳动，从而榨取更多的剩余价值。

从物质利益的分配来看，资本家对工人剩余价值的无偿占有导致了两者在利益分配上的不平等。马克思通过对资本主义生产过程的考察分析，揭示了资本家利润的真正来源。在资本主义私有制条件下，工人除了自身的劳动力外一无所有，只能靠出卖自己的劳动力来获取生活资料以维持自身的生存。在资本主义生产过程中，资本家通过付给工人工资来获得工人的劳动力，并以工资和实际创造的价值差额赚取利润。在这一过程中，使得资本主义社会出现了"劳者不获，获者不劳"的现象。此外，资本逻辑的逐利性使得资本家为了追求更多的利润，人为地压低工人的工资从而减少成本，更多地占有工人创造的剩余价值，导致财富越来越集中于少数资本家手中，也进一步加剧了大部分工人的贫困化程度。

资本家在生产过程中对工人的压迫以及在利益分配上对工人的剥削必然会导致工人对资本家的反抗。在资本主义发展的过程中，不管是在实践领域还是在思想领域工人阶级都试图采取各种反抗行动来反对资本家的压迫和剥削。而资本家为了维护自身利益会尽可能地镇压工人阶级的反抗，这就导致资产阶级和无产阶级之间的矛盾日益成为资本主义社会的主要矛盾，资产阶级和无产阶级之间的对立冲突也成为资本主义社会的常态。由此可见，资本家和工人之间的关系并不像资产阶级经济学家说的那样平等和谐，而是一种对抗性的关系。马克思深刻批判了这种对抗性的经济关系，认为这是一种不利于经济社会发展的伦理关系。

（二）社会经济运行过程中经济主体的道德状况

任何道德观念都是一定社会经济状况的产物，受一定时期经济基础的影响。马克思基于资本主义社会经济发展的现实，全面分析了资本主义社会资本家和工人的道德状况。资本家的经济行为都是从利己主义出发的，资本家为了证明自己利润获得的合理性为资本主义剥削披上道德的外衣，道德沦为资本家追逐利润的手段。马克思通过考察地租、利润和利息的真正来源，批判了资产阶级经济学家利用"三位一体"公式为资本主义制度辩护的虚假性，说明了资本家获得利润的途径是不道德的，揭示了资本主义剥削的秘密。部分资本家为了追逐利润进行不正当竞争。马克思从市场竞争主体之间的关系入手，对竞争的本质进行了研究。马克思认为竞争实际上是竞争者之间争夺利润的关系，这就导致部分资本家为了获得更多的利润，从而进行不正当竞争。资本家在利益的驱使下，不合理地开采自然资源。在资本主义社会以前，人服从、敬畏自然，到了资本主义社会，人们开始重新审视人与自然的关系，开始占有和利用自然。资本家为了最大限度地获得利润，采取各种手段掠夺自然资源。资本家的这种行为不仅破坏了自然界的生态平衡，而且导致有限的自然资源越来越紧张。

工人的道德恶化是不平等生产关系的映射。在资本主义生产的过程中，工人沦为资本家发财致富的机器，成为服务资本增殖的工具，"工人生产得越多，他能够消费的越少；他创造的价值越多，他自己越没有价值、越低贱；工人的产品越完美，工人自己越畸形；工人创造的对象越文明，工人自己越野蛮；劳动越有力量，工人越无力；劳动越机巧，工人越愚笨，越成为自然界的奴隶"①。马克思通过工人生存状况的分析找到了工人不道德行为产生的原因。第一，工人的极端贫困造成了工人道德丧失。资本主义生产关系逼迫工人阶级除了靠出卖自身的劳动力获得可怜的报酬来维系生存以外没有其他任何合法的收入来源，但是有时候这些报酬甚至连工人最基本的生活都无法保障，残酷的生存状态可能迫使工人为了生存而去做一些不道德的事情，以非法手段获取生存资料。第二，工人缺乏自由和享受闲暇的时间。"资本由于无限度地盲目追逐剩余劳动，像狼一般地贪求剩余劳动，不仅突破了工作日的道德极限，而且突破了工作日的纯粹身体的极限。"② 资本家对工人劳动时间的极端延长导致工人几乎没有可供自己支配的自由时间。自由时间的缺失和不能享受闲暇使得工人很难形成自己的思想，只能机械地屈从于悲惨的命运，这迫使工人心理变得畸形、痛苦甚至道德丧失。

拜金主义盛行导致人与人之间的关系被物与物之间的关系所掩盖。"资产阶级在它已经取得了统治的地方把一切封建的、宗法的和田园诗般的关系都破坏了。它无情地斩断了把人们束缚于天然尊长的形形色色的封建羁绊，它使人和人之间除了赤裸裸的利害关系，除了冷酷无情的'现金交易'，就再也没有任何别的联系了。"③ 在以人的相互依赖为社会基本关系的封建社会里，君臣、父子、夫妻、兄弟之间的关系是以人身依附为实质的，而到了以物的依赖为基础的资本主义社会则打破了封建的、天然尊长的关系，用金钱货币关系、利害关系代替了这种禁锢和束缚人的发展的

---

① 《马克思恩格斯文集》第一卷，北京，人民出版社 2009 年版，第 158 页。
② 《马克思恩格斯文集》第五卷，北京，人民出版社 2009 年版，第 306 页。
③ 《马克思恩格斯文集》第二卷，北京，人民出版社 2009 年版，第 33~34 页。

关系。马克思认为在资本主义社会，一切东西都可以用金钱货币来进行交换，人们为了获取利润甚至可以牺牲自己的人格和尊严。对金钱的盲目崇拜和追逐使得人们为了获得金钱不择手段。"资产阶级抹去了一切向来受人尊崇和令人敬畏的职业的神圣光环。它把医生、律师、教士、诗人和学者变成了它出钱招雇的雇佣劳动者。"[1] 这意味着资本不仅体现为各样的物质现象而且更体现为生产社会生产关系的资本，资本在谋求自身扩展的经济活动中荡除了一切神圣和崇高，把一切推向市场，置换成有标的商品。在对资本积累无止境的追求中，资本将自己塑造成新的神圣物。

（三）指明理想社会经济道德的价值追求

马克思经济伦理思想启示我们经济发展应遵循自由平等的原则。他在批判资产阶级经济道德的自由观和平等观的基础上阐述了马克思主义的自由观和平等观。按照马克思的分析资本主义社会的自由和平等是有局限性的，工人实际上是从属于整个资本家阶级的，工人只有选择将劳动力出卖给哪个资本家的自由，没有选择不出卖自己劳动力的自由。马克思认为，这种形式上的自由和平等虽然在资本主义经济社会历史发展过程中发挥着一定的积极作用，但也存在着不可忽视的对人产生异化力量的消极影响。这种掩盖了资本主义剥削实质的平等和自由对社会的稳定发展是极为不利的，只有努力实现真正意义上能够实现人的全面发展的平等和自由，才能推动经济社会的长远发展。

经济发展要以实现人的自由全面发展为目的，马克思认为资本主义社会以资本增殖为目的的经济发展导致了人的异化，阻碍了人的全面发展。马克思从论述人的本质入手详细地分析了人在社会历史发展中的地位和作用，说明了实现人的自由全面发展的必要性，并对这一目标的实现条件进行了分析。马克思运用唯物史观基本观点对以往思想家关于人的本质的错误看法进行了批判，对人的本质的科学内涵进行了分析论证。他指出，"人是人的最高本质"[2]，资本主义社会对人的支配导致了人的本质的异化，要实现人的本质的复归，就必须依靠无产阶级推翻资本主义的统治，消灭资本主义私有制，建立生产资料社会占有的社会主义制度，把饱受压迫和剥削的无产阶级从资本主义统治下解放出来。

---

[1] 《马克思恩格斯文集》第二卷，北京，人民出版社 2009 年版，第 34 页。
[2] 《马克思恩格斯文集》第一卷，北京，人民出版社 2009 年版，第 18 页。

## 二、马克思经济伦理思想在中国特色社会主义市场经济建设中的新发展

改革开放以来，中国共产党在建设社会主义市场经济的过程中，坚持从实际出发把马克思经济伦理思想与中国具体实际相结合，丰富和发展了马克思经济伦理思想，为马克思经济伦理思想赋予了新的时代内涵。

（一）邓小平理论中的经济伦理思想

邓小平吸收和借鉴了马克思经济伦理思想中关于经济与道德关系的理论，对社会主义物质利益和伦理道德之间的关系进行了科学论述。邓小平不仅充分肯定了物质利益的重要性，认为伦理道德是建立在一定的物质基础之上的，还看到了道德规范在经济发展过程中的重要作用。邓小平在分析中国具体国情的基础上提出要以经济建设为中心，坚决维护人民群众的根本利益。他指出："社会主义的本质，是解放生产力，发展生产力，消灭剥削，消除两极分化，最终达到共同富裕。"[①] 邓小平对社会主义本质的这一论述既说明了发展生产力是建设社会主义的必由之路，充分肯定了发展生产力在经济建设中的重要地位，又指明了共同富裕这一经济发展的最终目标。邓小平认为在生产力尚不发达的社会主义初期阶段，要想实现共同富裕就必须允许一部分人先富起来，通过先富帮后富的方式实现共同富裕。

任何经济发展模式都不可能是完美的，邓小平对经济发展中可能出现的拜金主义、贫富分化等方面的问题进行了科学预判，并提出了应对之策。他提出一是要重视道德规范在经济发展中的作用。社会主义建设在发展物质文明的同时也不能忽视精神文明的建设，要两手抓，两手都要硬。在经济发展的过程中要加强社会主义精神文明建设，提高人民的道德素质，引导人民在实现个人利益的同时兼顾国家、集体和他人的利益，不因个人利益的实现而去损害其他人的利益。邓小平引导人们自觉遵守市场经济运行过程中的诚信、平等竞争、互惠互利等准则，从而构建良好的社会主义市场经济环境。二是开启了"效率优先、兼顾公平"的社会主义市场经济体制的改革时代；在分配方式上坚持按劳分配为主体、多种分配方式并存；在税收制度方面让先富的人多交税，贫困的人少交或者不交税，从而缩小收入分配差距。三是要不断地完善相关的法律法规，在经济发展过程中以问题为导向，以微观规制来规范经济主体的行为，减少欺诈、恶意

① 《邓小平文选》第三卷，北京，人民出版社 1993 年版，第 373 页。

破坏市场秩序等不道德行为的发生。

此外，邓小平还在经济发展中的生态伦理、对外开放等方面丰富和发展了马克思经济伦理思想。在生态伦理建设方面，邓小平认为绝不能以牺牲生态环境为代价来发展经济，在经济发展的过程中要重视环境保护，不能为了眼前利益就放弃长远利益，要重视经济的可持续发展。在对外开放中，不能损害国家利益和人民利益，要坚持独立自主，与世界各国和谐相处，在学习借鉴国外先进技术和经验的过程中，要注重防范资本主义错误思潮，坚定社会主义理想信念，加强社会主义经济道德建设。

（二）"三个代表"重要思想中的经济伦理思想

以江泽民同志为主要代表的中国共产党人在科学判断国内外形势的基础上，提出了"三个代表"重要思想，这一思想中蕴含着丰富的经济伦理思想。首先，"中国共产党始终代表中国先进生产力的发展要求"。发展先进生产力要求既要重视人在经济发展中的地位，又要发挥科学技术在经济发展中的作用。随着以信息技术为核心的新科技革命在全球的迅猛发展，人在推动科学技术发展中的作用日益凸显，科学技术在推动生产力发展中的作用也越来越明显。江泽民在分析新科技革命的过程中清晰地认识到了知识和人才在科技发展中的作用，他认为要在全社会形成尊重知识、尊重人才的氛围，全面提升人的素质，推动科学技术的创新发展。科学技术的发展也带来了新的伦理问题，这就需要建立高尚的科技伦理，使科技的发展在合乎伦理道德的范围内进行。

其次，"始终代表中国先进文化的前进方向"。江泽民针对社会主义市场经济发展过程中出现的新问题，进一步完善了关于加强社会主义精神文明建设的相关论述。制度法规作为规范经济行为的上层建筑，不管如何完善也不可能完全覆盖社会的各个领域，因此需要伦理道德等非正式制度的建设来进行有益补充，以实现伦理道德价值观引导市场主体进行自我约束，以达到规范市场主体行为的目的。江泽民十分重视社会主义道德建设，提出"把依法治国与以德治国结合起来"[①]。除了要形成符合市场经济发展的伦理道德规范以外，还要不断推动社会主义先进文化的建设和发展，为经济发展提供精神动力。

最后，"始终代表中国最广大人民的根本利益"。江泽民站在广大人民群众的立场上进一步发展了马克思关于人的全面发展的论述，提出将

① 《江泽民文选》第三卷，北京，人民出版社 2006 年版，第 221~222 页。

"人的全面发展"作为评判经济发展水平的最终目标。一是实现人的全面发展要推动效率和公平的协调发展，实现社会公平正义。江泽民完善了邓小平理论中"效率优先、兼顾公平"的相关论述，指出要正确处理初次分配和再分配之间的关系，他认为"初次分配注重效率，发挥市场的作用，鼓励一部分人通过诚实劳动、合法经营先富起来。再分配注重公平，加强政府对收入分配的调节职能，调节差距过大的收入"[①]。二是要重视人民经济利益的实现。江泽民认为发展社会主义市场经济要充分肯定人民追求利益的道德合理性，满足人民的各方面需要不断提高人民的各方面素质，推动实现人的全面发展。三是要将实现人的全面发展与社会的可持续发展联系起来，在发展经济的过程中要重视改善生态环境、提高资源利用效率，促进人与自然和谐发展，推动经济社会可持续发展。

（三）科学发展观中的经济伦理思想

科学发展观是在温饱问题基本解决，初步小康已经建成的背景下提出的，这一发展观克服了以往发展观存在的弊端，对推动中国经济和谐发展发挥着极为重要的作用。"以人为本"的核心改变了旧发展观中以物为本的观念，反映了中国共产党在经济发展过程中对人的重视。重视人并不意味着放弃物，科学发展观是一种以实现人和物的协同发展为目标的发展观。科学发展观不仅看到了人在经济发展中的作用，而且看到了实现人的全面发展这一目标对推动经济发展的引导作用。

全面协调可持续的基本要求改变了旧发展观中片面的发展方式，体现了中国共产党在经济发展过程中对公平正义等伦理道德观念的追求。科学发展观不仅强调同代人之间的公正平等，还重视代际之间的公正平等。就同代人之间的公正平等而言，科学发展观强调要努力解决经济发展中的不公正、不平等问题。一方面，针对市场经济发展过程中因不道德经济行为造成的不公正、不平等，通过进一步加强道德和法治建设来减少这类行为的发生，实现经济发展的公正平等。另一方面，针对因自然条件、政策差别导致的地区经济、行业经济发展不平等以及由此带来的社会成员之间在收入、社会地位等方面的不平等，通过统筹城乡、区域协调发展以及完善相关制度等方面来促进社会公正平等。在统筹发展方面要重视分析造成差距的原因，有针对性地采取措施解决问题。在完善制度建设方面重点是要完善社会保障制度，着力解决人们在享有社会公共服务等方面存在的不平

---

① 《江泽民文选》第三卷，北京，人民出版社 2006 年版，第 550 页。

等问题。就代际之间的公正平等而言，科学发展观认为在经济发展中既要考虑当前发展，又要考虑未来发展。"建设生态文明，是关系人民福祉、关乎民族未来的长远大计。"[1] 科学发展观认为，在经济发展的过程中要重视节约资源和保护环境，正确处理人与自然之间的关系，不能为了当前的利益就浪费资源、破坏生态环境，损害子孙后代的利益。

（四）习近平新时代中国特色社会主义思想中的经济伦理思想

党的十八大以来，中国特色社会主义进入新时代，国内外形势发生了巨大变化，中国的发展面临着机遇与挑战并存的局面。为了更好地推动中国经济社会全面发展，以习近平同志为核心的党中央立足新的历史条件，在继承发展以往经济伦理思想的基础上，为马克思经济伦理思想的创新发展作出了原创性贡献。第一，从经济发展的伦理目标角度提出了以人民为中心的发展思想。以人民为中心要求落实共建共享，既要依靠人民推动经济发展，又要保证人民共享发展成果。"我们要着力解决人民群众所需所急所盼，让人民共享经济、政治、文化、社会、生态等各方面发展成果，有更多、更直接、更实在的获得感、幸福感、安全感，不断促进人的全面发展、全体人民共同富裕。"[2] 新时代发展经济要以解决人民问题、满足人民需要为目的，要在推动社会发展的过程中促进人的全面发展。要实现这一目标就需要推动经济社会的高质量发展，为实现人民利益提供坚实的物质保障，并在经济发展中保障和改善民生，使人民切实感受到经济发展给自己带来的好处，激发人民参与经济建设的热情和信心。第二，在经济发展的生态伦理层面提出了形成人与自然和谐共生的格局。改革开放以来，中国共产党始终高度重视正确处理人与自然的关系，不断结合经济发展的实际状况，为马克思经济伦理思想赋予新的时代内涵。习近平总书记针对人类发展面临的生态环境恶化、资源能源短缺等问题，提出了"绿水青山就是金山银山""人与自然是生命共同体"等推动经济绿色发展的重要理念，这对指导新时代经济可持续发展具有重要意义。第三，基于经济发展的全球视域，提出了构建人类命运共同体的伟大构想。人类命运共同体理念中内含合作共赢的经济伦理思想在推动世界各国协同发展中发挥着积极作用。中国的发展离不开世界，世界的发展也离不开中国。中国在推动自身发展的过程中，为世界各国的发展提供了中国方案，对推动世界的

---

①　胡锦涛：《坚定不移沿着中国特色社会主义道路前进　为全面建成小康社会而奋斗——在中国共产党第十八次全国代表大会上的报告》，北京，人民出版社 2012 年版，第 39 页。

②　习近平：《论坚持全面深化改革》，北京，中央文献出版社 2018 年版，第 515 页。

发展作出了巨大贡献。在推进中国式现代化的伟大征程中，中国不断丰富和发展构建人类命运共同体的理论与实践，追求全人类共同价值，致力于构建新型国际关系，倡导共建"一带一路"重要实践平台，提出全球发展倡议、全球安全倡议、全球文明倡议，充分彰显了中国的大国风范和天下情怀。

### 三、中国特色社会主义市场经济道德秩序建设的困境

改革开放以来，受资本逻辑的影响，社会主义市场经济运行过程中出现了诚信缺失、不合理剥削、收入分配差距较大、不正当竞争、生态环境遭到破坏等伦理道德失范现象，这些现象的出现给新时代中国特色社会主义市场经济道德秩序的建设带来了严峻的挑战。

（一）诚信缺失问题日益突出

诚信作为经济伦理的重要实践原则在市场经济发展中发挥着重要作用。但是由于受市场经济逐利性、经济体制机制不完善、社会伦理道德规范缺失等各方面因素的影响，经济生活中违背诚信原则的行为时常发生。从个人层面来看，偷税漏税、利用欺诈手段骗取他人财物、购买盗版产品、欠债不还等现象仍然存在。从企业层面来看，生产销售假冒伪劣产品、财务造假、恶意负债等诚信缺失问题仍然突出。不管是个人还是企业，这些不诚信的经济行为都严重阻碍了社会主义市场经济的健康发展，诚信的缺失不仅造成了交易成本的上升，还破坏了市场秩序，给市场经济的发展带来了一系列的风险挑战。例如各类制假售假行为不仅损害了消费者的合法权益，还给消费者的生命健康造成了威胁，破坏了社会的和谐稳定。

（二）劳动者权益保障渠道亟待畅通

随着社会各项制度的不断完善，不合理的剥削现象逐渐减少，但是权力寻租、克扣工资、非法雇佣等违反法律规定的非法经济行为仍然存在。这些非法经济行为给社会造成的危害是不言而喻的，既在一定程度上阻碍了生产力的发展，又破坏了社会的公平正义，对社会的稳定和谐产生了极为不利的影响。随着经济发展和劳动形式的多样化，这类问题在新就业形态中也纷纷表现出来，针对当前新就业形态劳动者维权难等问题，人力资源和社会保障部发布了《新就业形态劳动者权益维护服务指南》等，为解决劳动者维权问题提供了更有效的解决办法。明确鼓励各地探索创新劳动纠纷调解处理机制，建立企业内部解决矛盾纠纷的有效渠道，从而引导企

业进一步依法合规用工，更好地维护新就业形态劳动者权益，引导劳动者
依法合理维权。

（三）收入分配差距较大

党的十八大以来，党和政府高度重视经济发展过程中出现的收入分配
差距问题，并采取各种措施努力缩小收入分配差距。具体来说，我国收入
分配差距主要表现为城乡收入差距、地区收入差距和行业收入差距3个方
面。就城乡收入差距来说，造成差距的原因主要是城乡之间经济发展的不
平衡，受传统观念以及政策制度等的影响城市主要发展工业、服务业等收
益相对较高的产业，而农村以农业为主收益相对来说较低。加之受城乡二
元结构的影响，农村剩余劳动力在就业方面与城市居民相比也处于劣势地
位，这就进一步加剧了城乡居民之间的收入差距。就地区收入差距来说，
造成经济发展水平不同的主要原因是自然条件、国家政策等，经济发展较
好的地区居民收入水平较高，而经济发展相对落后的地区居民收入水平较
低。就行业收入差距来说，造成差距的原因是多方面的，但是人力资本、
技术水平和宏观政策倾斜的非均衡性是造成这一问题的主要原因。马克思
认为部门之间利润率的差别可以在市场竞争中资本和劳动力的自由流动
中得以平均化。由于不同行业所需要的技术水平和人力资本投入成本存在
差距，就导致了不同行业在技术与人力资本外溢效应作用下经济利润的
差异，高技术和优势人力资本要素在收入方面有更明显的优势。同时，由
于各行业对宏观经济增长的贡献也有所不同，某一时期的主导产业对经济
增长贡献大因而更容易获得政府的政策支持以实现优于其他行业的快速发
展，进而获得更好的利润回报。目前，在我国各行业中信息技术类收入较
高，农林牧渔的收入较低。

（四）部分行业存在不正当竞争行为

公平竞争有利于促进市场经济的发展，为了更好地发挥竞争的作用制
止不正当竞争，制定了《中华人民共和国反不正当竞争法》，明文禁止各
种非法和违背商业道德的不正当竞争行为。这一法律的制定在规范经营者
行为方面发挥着积极作用，但是在市场竞争中仍然有一些经营者为了获得
更多利润，无视法律法规，通过虚假宣传、商业贿赂、低价倾销、混淆市
场等违反法律或者道德的手段进行不正当竞争。这些不正当的竞争行为不
仅扰乱了市场竞争的秩序，还损害了其他经营者或消费者的合法权益。这
就需要在进一步完善相关法律法规的同时加强对市场经营者的道德教育，
引导经营者自觉遵守法律，采取正当的竞争手段，营造公平竞争的市场环

境，推动社会主义市场经济的健康发展。

（五）生态环境面临严峻挑战

"良好生态环境是最公平的公共产品，是最普惠的民生福祉。"[①] 建设良好的生态环境对推动中国特色社会主义事业的发展具有重要意义。近年来，在党和国家的努力下，在新发展理念的指导下，我国生态文明建设取得了显著成效，大气、水、土壤污染等突出的环境污染问题得到了明显改善，但是当前我国的生态文明建设仍然面临着严峻挑战。过度砍伐树木导致的森林面积锐减、不合理的土地利用方式以及地表植被破坏导致的水土流失以及水资源污染和浪费导致的淡水资源短缺、自然资源的不合理开采以及工业污染和气候变化导致的生物多样性减少等生态环境问题亟待解决。此外，有些地区仍然不能正确处理当前发展与长远发展之间的关系、生态环境保护意识不强，由此造成的生态破坏和环境污染现象仍然经常出现。新时代处理好人与自然的关系、加强生态文明建设仍然任重道远。

## 四、中国特色社会主义市场经济道德秩序的建设路径

建设中国特色社会主义市场经济道德秩序，要从中国的实际情况出发，解决好经济发展过程中的突出道德问题，以制度、法律为保障，加强社会主义道德建设，发挥好正确价值观在市场经济道德秩序建设中的作用，推动新时代中国经济的高质量发展。

（一）全面深化改革，促进高质量发展

社会主义基本经济制度中蕴含着公平正义、和谐发展的伦理追求，合理的经济制度有利于推动建立适应社会主义市场经济发展的道德秩序。从马克思对资本主义社会伦理道德的分析可以看出，私有制是造成资本主义社会经济伦理道德失衡的最根本原因，而以生产资料公有制为基础的社会主义经济制度以实现全体人民的共同富裕为价值目标，并且能够推动生产力的发展，具有道德合理性，在新的历史条件下，不断完善这一制度具有重要意义。

新时代完善社会主义基本经济制度，一是完善收入分配制度，缩小收入分配差距，促进社会公平正义。马克思揭露了资本主义分配制度的不正义，对实现公平正义的分配制度进行了探究，他认为社会主义社会应实行按劳分配，共产主义社会应实行按需分配。中国共产党从中国仍处于社会

---

① 《中共中央国务院关于加快推进生态文明建设的意见》，北京，人民出版社 2015 年版，第 13 页。

主义初级阶段的国情出发，在市场经济改革的过程中确立了按劳分配为主体、多种分配方式并存的分配制度，并根据实践的变化不断完善相应的体制机制。2021 年 8 月 17 日，习近平总书记在中央财经委员会第十次会议上指出，要"正确处理效率和公平的关系，构建初次分配、再分配、三次分配协调配套的基础性制度安排"[①]。当前，解决好分配体制中存在的问题是促进社会公平正义的必由之路。一方面优化收入分配制度，可以帮助改善人民的生活，使人民的基本生活得到保障；另一方面完善收入分配制度，可以推动教育、医疗等基本公共服务均等化，有助于减少因起点不公平导致的结果不公平，为社会成员提供平等的致富机会。二是完善市场经济运行的监督机制，加强对民众经济行为的监管，防止不道德经济行为的发生，同时推动生产要素市场、劳动力市场、资本市场等的有序发展，降低市场的交易成本，促进社会主义市场经济健康平稳运行。三是建立健全市场竞争机制，促进公平竞争。市场竞争机制的建立和健全，可以帮助营造一个良好的市场竞争环境，减少不正当竞争行为，以公平合理的竞争推动经济高质量发展。

（二）加快推进中国特色社会主义法治体系建设

马克思揭示社会基本矛盾运动时指出，上层建筑产生并服务于相应的经济基础，而在私有制社会里，法律作为上层建筑的重要组成部分则是为了维护和巩固资本主义私有制，为剥削阶级的利益服务。在社会主义社会法律是为绝大多数人服务的，其根本目的在于维护人民的利益。"要运用法治手段解决道德领域突出问题。法律是底线的道德，也是道德的保障。"[②]在实践中培育经济道德意识，使经济行为主体能够主动进行符合经济伦理道德要求的经济行为，需要不断完善规范主体行为的法律法规，促进经济伦理的法治化。因此要根据时代的变化，以问题为导向充分填补不完善领域，加快完善相关的法律法规。

新时代加快社会主义市场经济法治体系建设，要制定相应法律法规来规范经济活动中新出现的反伦理道德的行为。改革开放以来，相继出台了《中华人民共和国消费者权益保护法》《中华人民共和国公司法》《中华人民共和国劳动合同法》等法律法规。这一系列法律法规在规范市场主体行为、维护市场经济秩序等方面发挥着重要作用，然而，随着市场经济的发

---

① 习近平：《习近平著作选读》第二卷，北京，人民出版社 2023 年版，第 503 页。
② 习近平：《习近平谈治国理政》第二卷，北京，外文出版社 2017 年版，第 134 页。

展，特别是近年来数字经济的快速发展，经济领域也出现了一些法律尚未明确规定的严重违背公序良俗、影响经济发展的行为，这就需要对已经出台的经济法律进行修正或者制定新的法律法规，以法律的形式明确这些行为是不道德的，应当受到处罚的。此外，还应加大执法力度，打击各类违法犯罪活动，发挥法律对经济主体的威慑作用，增强人们的法律意识。中国特色社会主义进入新时代，党和国家高度重视打击各种经济违法行为，进一步加大了对损害消费者权益、以污染环境为代价谋求经济发展、侵犯他人财产、贪污受贿等破坏社会主义市场经济秩序的违法犯罪活动的打击力度。

（三）以社会主义核心价值观为导向加强社会主义经济秩序建设

马克思认为经济发展应当符合道德秩序，经济道德秩序的建立离不开正确价值观的指导和引领。社会主义核心价值观是以实现人的全面发展为最终目标，并指导人们以一种合乎道德的方式为实现这一目标而奋斗的价值观念。社会主义道德作为一种崭新的、先进的道德，对发展中国特色社会主义市场经济建立良好的道德秩序具有重要意义，必须以社会主义核心价值观为导向加强社会主义道德建设，充分发挥其在社会主义市场经济中的积极作用。

新时代加强社会主义经济秩序建设，首先，要尊重劳动者的主体地位，充分发挥劳动者的作用。唯物史观认为，人民是历史的创造者，不管是精神财富还是物质财富都是人民在劳动实践的过程中创造的。社会主义道德是党领导人民群众在马克思主义指导下，立足中国国情在实践过程中形成的与社会主义发展状况相适应的社会道德。社会主义道德不断完善和发展既离不开劳动者的实践活动，也离不开劳动者主观能动性的发挥。科学技术的不断发展提高了劳动者的劳动效率，使劳动者能够拥有可以自由支配的时间，劳动者可以利用这些时间不断提高自身的劳动技能和各方面素质。劳动者技能和素质的提高反过来又能够进一步推动科技的发展。因此，要实现经济的高质量发展，就必须正确认识劳动者在推动科技创新和促进经济发展中的重要地位，重视高质量人才的培养，发挥劳动者在道德秩序建设中的主体性作用，以劳动者为主体实现经济和道德的协同发展。

其次，要充分发挥中华优秀传统文化的积极作用。"中华优秀传统文化的丰富哲学思想、人文精神、教化思想、道德理念等，可以为人们认识和改造世界提供有益启迪，可以为治国理政提供有益启示，也可以为道德建设提供有益启发。"① 中华文化源远流长、博大精深，具有深厚的伦理道德意蕴。新时代推动社会主义经济生活中的道德建设，要坚定文化自信，在马克思经济伦理思想的指导下，继承和弘扬中华民族"天人合一""君子爱财，取之有道""义利合一"等伦理道德观念，根据社会发展的实际状况，赋予这些传统美德以新的时代内涵，用以指导人们的实践，使人们的经济行为符合道德规范，实现人与自然的和谐共生以及经济社会的可持续健康发展。

最后，要坚持弘扬社会主义核心价值观，以社会主义核心价值观来约束经济行为主体。社会主义核心价值观是依照社会主义道德规范确立的，建立社会主义市场经济道德秩序需要发挥社会主义核心价值观的引领作用。新时代要发挥社会主义核心价值观的作用，就要让人民认识到致富不能违背法律法规和公序良俗，不能为了实现自己的利益而损害他人的利益，更不能为了个人利益损害集体的利益，要引导人们树立正确的金钱观，要采取正当方式获取金钱。可以通过微博、微信、抖音等新媒体平台面向民众进行诚信、自由、平等、公正等价值理念的宣传，也可以通过家庭、学校、社会等多方面的教育使这些价值观念深入人心，从多方面全方位地引导人们自觉遵守道德规范，培育良好社会风气。

## 五、小结

本书在成本—收益分析方法的基础上从理论上提出了有关经济转型绩效的分析框架，并对中国 1978~2017 年改革开放 40 年来的中国经济转型绩效进行了实证检验。在围绕经济转型绩效量化评价这一核心问题上作出了探索性的研究尝试，对经济转型成本以及经济转型收益的概念进行了重新界定，测度并分析了中国改革开放 40 年来经济转型的成本和经济转型收益各自的动态化变动特征。将经济学中的成本—收益分析法用来分析经济转型绩效及其度量是本书在研究思路上所作的创新之一，再者根据实证研究部分，本书对全国范围内部分省、自治区、直辖市的经济转型综合绩效作了地区时序差异分析，从经济转型成本与经济转型绩效多重维度综合描述了改革开放 40 年来全国各地区经济转型绩效的地区性差异与特征。本书对于经济转型成本所作的研究以及对经济转型综合绩效的时序分析与

---

① 中共中央文献研究室编：《习近平关于社会主义文化建设论述摘编》，北京，中央文献出版社 2017 年版，第 143 页。

地区性差异分析也是在该研究主题上依据改革开放 40 年来部分省、自治区、直辖市共 4 万多个数据所作的计算。经过规范而严谨的逻辑推理和细致的量化分析之后，得出了以下 5 个方面的结论。

第一，在经济转型成本方面，从本书研究的结果看 1978~2017 年中国经济转型成本指数是显著上升的，然而经济转型成本上升的幅度正在逐渐趋于平缓，这意味着中国经济转型经历了初期和中期阶段之后，即将进入经济转型的后期阶段。从经济转型成本构成的 4 个维度来看，经济体制转型成本与经济结构转型成本所占比重最大，但变动幅度较小，且初显拐点；经济发展方式转型成本、经济全球化转型成本占比较小，但增长较快，且呈上升趋势。这说明经过 40 年的改革开放和经济转型，中国的经济体制已逐步由计划经济模式转变为市场经济模式，两种经济体制之间的契合性正在加强，相互协调的能力也正在提高。结构转型成本在转型过程中也出现了拐点，这表明我国的经济结构在经过结构调整和优化后，结构转型的成本基本上趋于稳定。但经济发展方式转型成本和经济全球化转型成本则在转型中后期的上升趋势较为显著，这对目前所采取的发展模式产生一定的启示，我国经济发展方式依然面临从传统到现代的转型挑战，而且在长期对外开放过程中形成的通过外需拉动经济增长这一模式的风险日益明显。改革开放 40 年以来，从中国经济转型成本阶段性动态变化特征来看，经济转型总体上可分为 4 个阶段，这基本符合中国渐进式经济转型的实践轨迹。随着各个阶段经济转型与改革措施在继续推动中国经济转型的同时，经济转型成本也表现出激增态势。从中国经济转型成本总体变动趋势来看，在未来一个时期内仍将保持上升态势，这也说明经济转型是一个长期的历史过程。

第二，在经济转型的收益方面，根据中国经济转型收益的综合指数测度结果来看，经济转型在经历了转型的初期和中期的全方位改革后，目前中国经济转型已经进入一个收益递增的区间。这意味着中国经济转型走出了初期经济效率低下、经济徘徊不前的困境，经过引入市场等一系列充满活力的经济改革和新的生产要素后，中国经济转型表现出效率递增的趋势，并朝向经济、社会更深层次的方向继续深化。从经济转型收益 4 个方面的内容来看，经济体制转型收益与经济转型综合收益的变动基本保持一致，并且经济体制转型收益为 4 个方面转型收益中效果最优的一项，这说明中国经济转型收益主要是靠经济体制转型的收益推动积累而得到提高的。经济结构转型收益的变动在总体增长的趋势中呈现一定的波动性，随着经济结构转型走向深入，经济结构转型的收益将继续释放，并且在经济转型深化阶段保持收益递增的态势。经济发展方式转型收益和经济全球化转型收益均表现出上升的趋势，但其增加的幅度与经济体制转型和经济结构转型相比并不十分显著。因此，当经济转型进入中后期阶段，应注重激励人力资本积累，努力推动经济发展方式向集约型转换，并同时致力于人民生活水平的持续改善，以促使经济发展方式转型收益有更大的提升空间。经济全球化转型收益在未来的经济转型进程中还有较大改进空间，加快融入经济全球化进程，推动贸易自由化以及更深地融入全球产业价值链是经济转型深化阶段在对外开放方面需要着力解决的任务。"一带一路"倡议既为中国带来了发展的机遇也带来了挑战，在发挥市场在国际贸易活动中的积极调节作用的同时，也需要配合适度的宏观调控保持国民经济有条不紊地运行，以强化中国经济抵御国际金融危机和风险的能力。

第三，经济转型的综合绩效方面，实证研究的结果表明中国经济转型呈现持续上升这一总的变动趋势。经济转型成本和经济转型收益在经济转型各个不同阶段的力量对比使得经济转型绩效发生了局部量的波动和整体改进的趋势。当经济转型进入中后期，生产力因经济体制转型得到解放和发展，对应地表现为经济转型进入收益增长的阶段，在未来发展中为了突破边际收益递减规律的制约，实现高质量发展和经济现代化的目标，控制和分摊经济转型成本成为保持经济转型绩效的关键。与传统计划经济不同的是，在中国经济转型的前期阶段，经济体制转型等制度因素对经济绩效的影响十分重要，然而在经济转型的中后期由经济体制转型引起的发展方式转型及其绩效的增长最为明显，这说明中国在经历了前期的经济转型后已经初步建立了社会主义市场经济体制，经济体制转型的任务已经基本完成，经济转型正在朝着集约化和创新驱动的方向继续演进。而经济结构转型绩效也在更有效率的表现中持续增长，经济转型深化阶段需要继续推进产业结构优化升级和促进二元经济结构转化来推动结构转型绩效的改善。经济全球化转型绩效的总体水平呈现在波动中略有下降的态势，原因主要来源于经济红利消退后经济全球化转型成本的升高，因此控制经济全球化转型成本，以新发展格局构建互惠互利的新型全球化合作战略更能够促进经济全球化转型绩效在未来表现出较大的效率改进空间。

第四，在经济转型成本的控制和分摊方面，研究结果显示若要在后期的经济转型中减少不协调发展的因素并顺利实现协调发展的经济转型，就需要依靠合理的制度安排，即通过有效率的经济转型政策来降低经济转型成本。低成本的经济转型是指经济转型国家和地区在一定时期内通过综合实施各种转型措施和制度安排以较小的代价成功地实现经济转型目标的过程。如前所述，控制经济转型成本的发生本身就需要支付一定的经济成本，承认经济转型成本存在的客观必然性是正确理解低成本经济转型路径的前提。在这一基础之上，还要注意以下 3 个方面的内容。首先，在控制经济转型成本的政策设计与实施过程中，该支付的成本无法回避，需要运用比较分析的原则和长远预期收益作为衡量政策有效性的标准，因此并不能将低成本的经济转型路径片面地理解为成本越低越好，应当将低成本纳入动态立体的空间中进行定义。其次，政策设计的根本重点在于合理地明确成本分摊的主体，这是构建协调发展经济转型之路的核心内容。经济转型成本是否能够得到合理分摊是决定社会各利益团体在承担经济转型的代价时是否获得相对公平的重要影响因素。将收益主体与成本分摊主体综合起来作为确定经济转型成本分摊的准则，将有利于促进经济转型成本的合理分摊，促进社会公平从而为实现低成本的协调发展转型提供保证。最后，成本补偿机制作为合理分摊的保证，其设计和实施必须注意处理好公平与效率的关系，使更多的人能够分享到经济转型的成果，并以实现增进全体公民的福利作为政策设计的长远目标。

以上围绕中国经济转型绩效这一核心问题分别从经济转型成本和经济转型收益的综合视角来分析经济转型绩效的影响因素及变动趋势，从而得到了以控制和分摊成本的思路走一条低成本经济转型路径的结论。然而，在整个研究过程中难免存在一定的缺陷和不足，这又引导着我们进一步深入研究。

一是有关经济转型成本的控制和分摊的研究，是对经济转型绩效研究的进一步分析和补充。通过分析经济转型绩效的变动特征后得出的结论是：在经济转型深化阶段提高经济转型绩效需要依靠低成本的经济转型模式。在咨询了部分相关领域的研究学者后，普遍的意见是认为该问题的量化太复杂，涉及的变量不确定性太大，如果就某个省或特定的地区设计成本分摊模型可能更为现实，然而要获得具有普遍意义上都适用的成本分摊模型就比较困难或者难以具有科学的说服力。主要原因在于既缺乏理论基础又缺乏数据支持，难以提供可靠的实证结果，由此作为政策设计依据的参考价值也会大打折扣，无论理论性还是现实意义上都存在较明显的不足。所以，在集合了专家的意见之后从尊重现实情况的角度出发还是坚持了规范分析的研究方法，对成本分摊问题仅从制度设计的角度进行了规范分析的思考和梳理。因此，这一部分的内容仅是规范研究而缺乏精确的实证支持。对于这一问题，可以作为未来继续深入探索和研究的一个专门的主题与方向。二是不平衡不充分问题制约了经济转型绩效的提高，应当深入研究不平衡不充分问题的表现和影响。其中，最突出的问题表现为收入差距。改革开放40年来，随着中国经济发展从快速增长到进入新常态，城乡的收入差距不断扩大，尤其在欠发达地区例如西部省份某些经济发展落后的偏远乡村，这一差距呈现持续扩大的趋势。深化经济转型要求平衡区域发展、缩小区域差异，如何为欠发达地区的农村提供经济发展的机会是解决不平衡不充分发展问题的途径。发展经济学理论认为，除了为欠发达地区进行基础设施建设的投资之外，更需要努力改善人民生活水平和提升人口素质，例如改善教育、医疗和养老条件，在保证人口素质的前提下组织经济发展活动才是可持续和有积极意义的。因此，农村地区的医疗、教育、公共健康问题的发现和解决对缩小区域收入差距改善不平衡不充分发展和提高经济转型绩效有重要的促进作用。三是创新与经济转型。中国要成功实现低成本的转型需要依靠创新来推动。只有创新能够打破规模报酬递减规律的制约，为形成技术、资本密集型集约型经济发展方式提供动力。因此，未来量化评价经济转型绩效时也可以从高科技领域中的自主创新能力入手。由于人力资本积累和创新能力高度相关，如果能对中国未来人力资本积累与经济转型的关系进行模型化的分析和趋势预测，对提高创新能力、早日实现经济转型的完成具有重要的理论和现实依据。

第五，对不可测度成本问题的探索。数字经济背景下劳动的异化，人工智能时代对技术的崇拜，收入差距拉大对社会主义分配正义的损害，市场经济道德失序与秩序重建，这些问题在现象上也许有所不同，但对经济转型而言都属于效率损失，不同程度地影响了经济转型绩效，而且从马克思主义政治经济学的视角来看都是经济转型过程中遵循资本逻辑导致的结果。因此，对这些不可测度成本问题本书运用了马克思主义政治经济学的方法和理论对其进行分析和批判，并结合中国特色社会主义制度对其治理问题展开了相关研究。一方面论证了中国特色社会主义制度在经济转型过程中解决这些矛盾和化解这类成本上所具有的优越性；另一方面也对这些问题产生的影响作了理论分析，希望引起学术界相关研究者的兴趣并能够对这些目前不可测度的成本问题尝试进行可能的量化研究，以便为其治理提供科学的实证依据。

# 参考文献

## 一、专著

［1 ］《马克思恩格斯文集》第一卷，北京，人民出版社 2009 年版。

［2 ］《马克思恩格斯文集》第二卷，北京，人民出版社 2009 年版。

［3 ］《马克思恩格斯文集》第三卷，北京，人民出版社 2009 年版。

［4 ］《马克思恩格斯文集》第五卷，北京，人民出版社 2009 年版。

［5 ］《马克思恩格斯文集》第七卷，北京，人民出版社 2009 年版。

［6 ］《马克思恩格斯文集》第八卷，北京，人民出版社 2009 年版。

［7 ］《马克思恩格斯全集》第三卷，北京，人民出版社 1960 年版。

［8 ］《马克思恩格斯全集》第二十五卷，北京，人民出版社 2001 年版。

［9 ］《马克思恩格斯全集》第三十卷，北京，人民出版社 1995 年版。

［10］《马克思恩格斯全集》第四十六卷，北京，人民出版社 2003 年版。

［11］《马克思恩格斯选集》第二卷，北京，人民出版社 2012 年版。

［12］《马克思恩格斯选集》第三卷，北京，人民出版社 2012 年版。

［13］《列宁选集》第二卷，北京，人民出版社 2012 年版。

［14］《资本论》第一卷，北京，人民出版社 2004 年版。

［15］《资本论》第三卷，北京，人民出版社 2004 年版。

［16］《邓小平文选》第三卷，北京，人民出版社 1993 年版。

［17］《江泽民文选》第三卷，北京，人民出版社 2006 年版。

［18］《习近平谈治国理政》第一卷，北京，外文出版社 2018 年版。

［19］《习近平谈治国理政》第二卷，北京，外文出版社 2017 年版。

［20］《习近平谈治国理政》第四卷，北京，外文出版社 2022 年版。

［21］《习近平著作选读》第二卷，北京，人民出版社 2023 年版。

［22］ 习近平：《决胜全面建成小康社会　夺取新时代中国特色社会主义伟大胜利——在中国共产党第十九次全国代表大会上的报告》，北京，人民出版社 2017 年版。

［23］ 习近平：《高举中国特色社会主义伟大旗帜　为全面建设社会主义现代化国家而团结奋斗——在中国共产党第二十次全国代表大会上的报告》，北京，人民

出版社 2022 年版。

[24] 中共中央文献研究室编：《习近平关于社会主义生态文明建设论述摘编》，北京，中央文献出版社 2017 年版。

[25] 中共中央文献研究室编：《习近平关于社会主义文化建设论述摘编》，北京，中央文献出版社 2017 年版。

[26] 习近平：《论坚持全面深化改革》，北京，中央文献出版社 2018 年版。

[27] 《中国共产党第十九次全国代表大会文件汇编》，北京，人民出版社 2017 年版。

[28] 《中国共产党第二十次全国代表大会文件汇编》，北京，人民出版社 2022 年版。

[29] 道格拉斯·C. 诺思：《制度、制度变迁与经济绩效》，上海，格致出版社、上海三联书店、上海人民出版社 2014 年版。

[30] 林毅夫、蔡昉、李周：《中国的奇迹：发展战略与经济改革》，上海，格致出版社 2024 年版。

[31] 吕炜：《经济转轨理论大纲》，北京，商务印书馆 2006 年版。

[32] 吕炜：《经济转轨的过程与效率问题》，北京，经济科学出版社 2002 年版。

[33] 张宇：《过渡政治经济学导论》，北京，经济科学出版社 2001 年版。

[34] 张宇：《中国的转型模式：反思与创新》，北京，经济科学出版社 2006 年版。

[35] 张宇：《转型政治经济学》，北京，中华书局 2009 年版。

[36] 盛洪主编：《中国的过渡经济学》，上海，上海三联书店、上海人民出版社 2006 年版。

[37] 吴敬琏：《中国增长模式抉择》，上海，上海世纪出版股份有限公司远东出版社 2006 年版。

[38] 陆铭等：《中国的大国经济发展道路》，北京，中国大百科全书出版社 2008 年版。

[39] 张军：《中国经济改革的回顾与分析》，太原，山西经济出版社 1998 年版。

[40] 刘先进：《经济发展的文化阐释：韦伯与马克思比较》，北京，科学出版社 2018 年版。

[41] 王海霞：《马克思经济学人文关怀思想研究》，北京，光明日报出版社 2017 年版。

[42] 李陈：《马克思关于经济发展方式的思想及其当代价值》，北京，人民出版社 2017 年版。

[43] 钱颖一：《现代经济学与中国经济》，北京，中信出版社 2017 年版。

[44] 洪银兴主编：《转型经济学》，北京，高等教育出版社 2008 年版。

[45] 洪银兴：《经济转型和发展研究》，北京，经济科学出版社 2008 年版。

[46] 任保平：《以质量看待增长：对新中国经济增长质量的评价与反思》，北京，中

国经济出版社 2010 年版。

［47］ 任保平、魏婕、郭晗等:《超越数量:质量经济学的范式与标准研究》,北京,
人民出版社 2017 年版。

［48］ 洪银兴、任保平:《经济新常态下发展理论创新》,北京,经济科学出版社
2017 年版。

［49］ 张宇:《中国特色社会主义政治经济学》,北京,中国人民大学出版社 2018
年版。

## 二、论文

［1］ 潘黎、钟春平:《文化、经济行为与经济发展——基于经济学视角和文化内在
特性的研究前沿》,《国外社会科学》2015 年第 6 期。

［2］ 饶卫、陈娴、陈欣:《文化与地区经济发展:一个文献综述》,《经济问题探索》
2017 年第 4 期。

［3］ 赵子乐、林建浩:《经济发展差距的文化假说:从基因到语言》,《管理世界》
2017 年第 1 期。

［4］ 李建民:《经济文化的当代特征及其对中国的启示》,《经济问题探索》2012 年
第 10 期。

［5］ 魏杰、董进:《高成本时代与中国经济转型——兼论节约型经济》,《中国工业
经济》2005 年第 9 期。

［6］ 蔡昉:《探讨成本最小的改革之路——评李实、佐藤宏主编的〈经济转型的代
价〉》,《经济研究》2005 年第 6 期。

［7］ 赵磊:《交易费用是制度进化的衡量标准吗?》,《学术月刊》2006 年第 11 期。

［8］ 姚先国、郭东杰:《世界转型经济绩效差异的比较制度分析》,《世界经济与政
治》2004 年第 5 期。

［9］ 岳永:《强制性制度变迁、意识形态与经济绩效——一个关于中俄改革分析的
模型框架》,《中国制度经济学年会论文集》2003 年。

［10］ 钞小静、任保平:《中国经济增长质量的时序变化与地区差异分析》,《经济研
究》2011 年第 4 期。

［11］ 任保平、李梦欣:《我国主要城市经济增长质量的状态、特征和比较》,《中共
中央党校学报》2017 年第 6 期。

［12］ 任保平:《新时代高质量发展的政治经济学理论逻辑及其现实性》,《人文杂志》
2018 年第 2 期。

［13］ 魏婕、任保平:《经济失衡、增长困局与供给侧改革逻辑》,《福建论坛（人文
社会科学版）》2016 年第 10 期。

［14］ 任保平、田丰华:《中国特色社会主义新时代经济发展新动力的重塑与协调》,《经济纵横》2017 年第 12 期。

［15］ 郭晗、任保平:《中国区域结构转换的增长效应：要素流动与技术扩散》,《经济问题探索》2017 年第 12 期。

［16］ 阎树群、张艳娥:《中国特色社会主义制度研究的重要视角——基于非正式制度的分析》,《当代世界与社会主义》2014 年第 6 期。

［17］ 任晓伟、赵娜:《推动有效市场和有为政府更好结合研究》,《中国高校社会科学》2021 年第 3 期。

［18］ 顾海良:《贯彻新发展理念是新时代我国发展壮大的必由之路》,《红旗文稿》2022 年第 9 期。

［19］ 洪银兴:《贯彻新发展理念的中国式现代化新道路》,《经济学家》2022 年第 11 期。

［20］ 尹艳林:《切实推动高质量发展：经验、要求与任务》,《经济研究》2023 年第 8 期。

［21］ 刘凤义:《在经济规律体系中深入理解和把握高质量发展》,《马克思主义研究》2023 年第 7 期。

［22］ 袁祖社:《数字鸿沟及其跨越：一种技术公共性重建的实践理性视角》,《学术研究》2023 年第 4 期。

［23］ 刘力波、韦晰玄:《我国人工智能高质量发展的基本内涵及其时代价值》,《江苏大学学报（社会科学版）》2024 年第 3 期。

［24］ 张建刚:《新时代新阶段重视探索我国经济高质量发展之路》,《毛泽东邓小平理论研究》2023 年第 6 期。

［25］ 李彬、金梦迪、段雨晨:《新发展阶段、新发展理念与新发展格局研究》,《政治经济学评论》2023 年第 2 期。

# 索　引

# 后　记

回顾课题研究的整个过程，对中国经济转型绩效的研究随着书稿的完成暂时告一段落，然而我对中国经济转型和经济发展相关问题的研究不会就此停止。关注中国改革开放以来经济转型的问题让我有机会更加深入地了解转型经济学和发展经济学的相关理论知识，也提高和拓宽了我的科研视野。改革开放开启的中国经济转型已经走过了 40 多年的光辉历程，随着中国经济的高速发展，经济总量不断增长的同时也伴随着一定的效率损失，经济发展中依然存在不平衡不充分的问题。通过对这些问题的研究，本书也试图找到那些制约经济转型绩效的具体原因，为高质量的绿色经济发展之路提供学理支撑。同时，在研究中也充分运用了马克思主义政治经济学的相关理论和分析方法，坚持以唯物主义辩证法的基本立场和基本观点来看待和解决问题，尤其是对那些难以量化考察的经济转型成本的分析，马克思主义政治经济学为其提供了科学的方法与思辨的逻辑。

在本书的写作与修改过程中，衷心地感谢国家社科基金提供的研究资助，同时也要感谢各位评审专家所提出的宝贵意见，以及出版社编辑认真细致的修改建议，他们专业与耐心的工作使得研究成果更加严谨和规范。

最后感谢一贯给予我支持的家人、师友，感谢他们一直以来的鼓励，在我进行写作的过程中，他们对我的支持、关怀和帮助都给了我克服困难的勇气，愿他们都能健康喜乐。

中国经济转型问题涉及的内容较为复杂，限于作者的理论水平，在这本拙作中所作的研究尚显粗浅和简陋，敬请专家、学者和读者评判指正。

陈丹丹

2024 年 11 月